이 책의 한국어판 저작권은 EYA(Eric Yang Agency)를 통해 케임브리지대학교 출판부(Cambridge University Press)와 독점계약한 (주)소와당에 있습니다. 저작권법에 의하여 보호를 받는 저작물이므로 무단전재와 복제를 금합니다.

Korean translation copyright © 2021 by SOWADANG
Korean translation rights arranged with Cambridge University Press through EYA(Eric Yang Agency)

CAMBRIDGE WORLD HISTORY: Volume VI(PART 2)
Copyright © Cambridge University Press 2015

세계화의 시대 4
근대 종교와 근대 역사학

제리 벤틀리·산자이 수브라마니암·메리 위스너-행크스 편집 / 류충기 옮김

기원후 1400년 – 기원후 1800년

Cambridge World History
VOL. VI Part 2 Ch.13-18

소와당

케임브리지 세계사 시리즈 소개

케임브리지 세계사 시리즈는 활발한 연구가 펼쳐지고 있는 세계사 분야를 새롭게 개괄하는 권위 있는 개론이다. 세계사 및 지구사의 최근 연구 경향을 반영함으로써 포괄하는 시간적 범위를 확대했으며, 문헌 기록 이후의 역사뿐 아니라 인류의 전체 역사를 대상으로 했다. 국제적으로 다양한 분과 학문에서 선도적인 연구 업적을 내는 필자들을 섭외했고, 200명 이상의 저자들이 참여하여 오늘날까지 인류의 과거를 종합적으로 설명했다. 세계사는 다양한 방법론을 통해, 그리고 다양한 시공간적 범위에서 검토되어야 한다는 인식이 성장하고 있음을 감안하여, 시리즈의 각 권에서는 지역별 연구, 주제별 연구, 비교 연구의 성과를 수록했으며, 사례 연구를 더하여 넓은 시각의 연구를 깊이 있게 들여다볼 수 있도록 기획했다. 바로 이런 점이 케임브리지 세계사 시리즈의 특징이라 하겠다.

시리즈 편집 총괄

메리 위스너-행크스(Merry E. Wiesner-Hanks)
- Department of History, University of Wisconsin-Milwaukee

편집위원회

그레이엄 바커(Graeme Barker)
- Department of Archaeology, Cambridge University

크레이그 벤저민(Craig Benjamin)

- Department of History, Grand Valley State University

제리 벤틀리(Jerry Bentley)

- Department of History, University of Hawaii

데이비드 크리스천(David Christian)

- Department of Modern History, Macquarie University

로스 던(Ross Dunn)

- Department of History, San Diego State University

캔디스 가우처(Candice Goucher)

- Department of History, Washington State University

마니 휴스-워링턴(Marnie Hughes-Warrington)

- Department of Modern History, Monash University

앨런 캐러스(Alan Karras)

- International and Area Studies Program, University of California, Berkeley

베냐민 케다르(Benjamin Z. Kedar)

- Department of History, Hebrew University

존 맥닐(John R. McNeill)

- School of Foreign Service and Department of History, Georgetown University

케네스 포메란츠(Kenneth Pomeranz)

- Department of History, University of Chicago

베린 셰퍼드(Verene Shepherd)

- Department of History, University of the West Indies

산자이 수브라마니암(Sanjay Subrahmanyam)

- Department of History, UCLA and Collège de France

스기하라 가오루(杉原 薫)

- Department of Economics, Kyoto University

마르설 판 데르 린던(Marcel van der Linden)

- International Institute of Social History, Amsterdam

에드워드 왕(Q. Edward Wang)

- Department of History, Rowan University

노먼 요피(Norman Yoffee)

- Departments of Near Eastern Studies and Anthropology, University of Michigan; Institute for the Study of the Ancient World, New York University

한국어판 영어판 분권 대조표

케임브리지 세계사 시리즈 영어판은 7권 9책으로 구성되어 있지만, 번역본 한국어판은 18권으로 출간한다. 그 이유는 분량 때문이다. 분량이 워낙 많은 데다 번역하는 과정에서 페이지 수가 더욱 늘어나 때로는 1000페이지가 넘는 경우가 생기므로, 부득이 영어판 각 1권을 한국어판 2권으로 나눴다. 다만 세계사 서술에서는 시대구분 문제가 중요한 주제 중 하나이며, 영어판의 구성 자체가 시리즈 기획자들의 의도를 담고 있으므로, 페이지 분량 문제로 한국어판에서 부득이 분권을 하더라도 영어판의 구성을 최대한 존중하고자 했다. 그리하여 각 권의 표지에서 영어판의 분권 체제를 명시했으며, 또한 아래와 같이 한국어판과 영어판의 분권 구성과 시대구분을 정리했다. ― 옮긴이

영어판		한국어판
Cambridge World History Vol. I (to 10,000 BCE)	Part 1	케임브리지 세계사 01
	Part 2	케임브리지 세계사 02
Cambridge World History Vol. II (12,000 BCE~500 CE)	Ch. 1~7	케임브리지 세계사 03
	Ch. 8~23	케임브리지 세계사 04
Cambridge World History Vol. III (4000 BCE~1200 CE)	Part 1~3	케임브리지 세계사 05
	Part 4~6	케임브리지 세계사 06
Cambridge World History Vol. IV (1200 BCE~900 CE)	Part 1	케임브리지 세계사 07
	Part 2	케임브리지 세계사 08

영어판		한국어판
Cambridge World History Vol. V (500~1500 CE)	Part 1~3	케임브리지 세계사 09
	Part 4~5	케임브리지 세계사 10
Cambridge World History Vol. VI (1400~1800 CE)	Part I Ch. 1~10	케임브리지 세계사 11
	Part I Ch. 11~18	케임브리지 세계사 12
	Part II Ch. 1~12	케임브리지 세계사 13
	Part II Ch. 13~18	케임브리지 세계사 14
Cambridge World History Vol. VII (1750~Present)	Part I Ch. 1~10	케임브리지 세계사 15
	Part I Ch. 11~23	케임브리지 세계사 16
	Part II Ch. 1~11	케임브리지 세계사 17
	Part II Ch. 12~21	케임브리지 세계사 18

케임브리지 세계사 VOL. VI 소개

1400~1800년은 생물학적 교류, 상업적 교류, 문화적 교류가 활발했던 시기다. 그 결과 당시 세계는 전례 없이 긴밀하게 연결되었다. 이번 책 (한국어판 11~14권)은 이 시기의 중요한 변화를 살펴보았다.

한국어판 11~12권에서는 환경, 질병, 기술, 도시의 문제를 전 지구적 관점에서 검토했다. 아울러 동반구와 서반구의 제국들, 인도양과 중앙아시아 및 카리브해 등의 교차로, 그리고 동남아시아, 아시아, 아프리카, 지중해 등 경쟁과 분쟁 지역을 구체적으로 살펴보았다.

한국어판 13~14권에서는 변화의 패턴에 초점을 맞추었다. 기독교와 이슬람의 팽창, 이주, 전쟁을 비롯하여 세계적 차원으로 일어난 사건을 분석했다. 또한 콜럼버스의 교환, 노예제, 은, 무역, 기업, 아시아의 종교, 법적 충돌, 플랜테이션 경제, 초기 산업화, 역사 서술 등의 문제를 세부적으로 검토했다.

책임 편집 / 제리 벤틀리(Jerry H. Bentley)
하와이대학교(Univ. of Hawaii, Manoa) 역사학과 교수 역임. 저서로 Old World Encounters: Cross-Cultural Contact and Exchange in Pre-Modern Times와 Traditions and Encounters 등이 있다.

책임 편집 / 산자이 수브라마니암(Sanjay Subrahmanyam)
캘리포니아대학교(UCLA) 역사학과 석좌교수, 어빙앤진스톤 명예교수, 콜레주드프랑스(Collège de France) 초기근대 세계사 교수. 약 30권의 학술서를 편집했으며, 대표작으로는 The Portuguese Empire in Asia, 1500-1700: A Political and Economic History, The Career and Legend of Vasco da Gama(Cambridge, 1997), Indo-Persian Travels in the Age of Discoveries(Cambridge, 2007) 등이 있다.

책임 편집 / 메리 위스너-행크스(Merry E. Wiesner-Hanks)
위스콘신-밀워키대학교(University of Wisconsin-Milwaukee) 석좌교수, 역사학과 학과장. 저서로는 A Concise History of the World(Cambridge, 2015)(《케임브리지 세계사 콘사이스》, 소와당, 2018), Early Modern Europe 1450-1789(Cambridge, 2nd edn 2013), Women and Gender in Early Modern Europe(Cambridge, 3rd edn 2008), Christianity and Sexuality in the Early Modern World: Regulating Desire, Reforming Practice, 그리고 Gender in History: Global Perspectives(Routledge, 1999) 등이 있다.

13권 저자 목록

디르크 회르더(Dirk Hoerder), Arizona State University

제레미 블랙(Jeremy Black), Exeter University

존 윌스 주니어(John E. Wills, Jr.), University of Southern California

로렌 벤튼(Lauren Benton), New York University

애덤 클룰로(Adam Clulow), Monash University

노블 데이비드 쿡(Noble David Cook), Florida International University

존 손턴(John Thornton), Boston University

프란체스카 트리벨라토(Francesca Trivellato), Yale University

찰스 파커(Charles H. Parker), Saint Louis University

데니스 플린(Dennis O. Flynn), University of the Pacific

제임스 트레이시(James D. Tracy), University of Minnesota

트레버 버나드(Trevor Burnard), Warwick University

스기하라 가오루(杉原薫, Kaoru Sugihara), Kyoto University

왕국빈(王國斌, R. Bin Wong), University of California, Los Angeles

14권 저자 목록

기 스트룸사(Guy Stroumsa), Hebrew University

하백가(夏伯嘉, R. Po-Chia Hsia), Penn State University

나일 그린(Nile Green), University of California, Los Angeles

유제니오 메네곤(Eugenio Menegon), Boston University

지나 코간(Gina Cogan), Boston University

산자이 수브라마니암, Univ. of California, LA; Collège de France

카를로 긴즈부르그(Carlo Ginzburg), Univ. of Pisa; Univ. of California, LA

케임브리지 세계사 시리즈 서문

케임브리지 역사 시리즈는 오래전부터 역사학의 특정 주제를 선정하여 권위 있는 개론을 제공해왔다. 전문가들이 각 장별로 집필을 맡아서 여러 권으로 구성된 시리즈를 제작하는 방식이었다. 이런 방식으로 만들어진 첫 번째 시리즈는 〈케임브리지 근대사〉였다. 액턴 경(Lord Acton)이 기획을 맡았는데, 그가 사망한 직후 1902년부터 1912년까지 14권으로 출간되었다. 이는 이후 시리즈 구성의 모범이 되었다. 후속 시리즈로는 7권으로 구성된 〈케임브리지 중세사〉(1911~1936), 12권으로 구성된 〈케임브리지 고대사〉(1924~1939), 13권으로 구성된 〈케임브리지 중국사〉(1978~2009) 등이 있었다. 이외에도 국가별, 종교별, 지역별, 사건별, 주제별, 장르별로 전문화된 시리즈가 있었다. 이러한 시리즈들은 〈케임브리지 중국사〉가 표방했듯이 해당 주제에 대해서 영어로 된 "가장 방대하고 가장 종합적인" 역사서였고, 〈케임브리지 정치사상사〉가 주장했듯이 해당 분야의 "주요 주제를 모두" 포괄하고자 했다.

〈케임브리지 세계사〉 시리즈는 위대한 선배들의 업적을 본받았지만 동시에 차이도 있다. "가장 방대하고 가장 종합적인" 세계사 시리즈로서 "주요 주제를 모두" 포괄하려면 적어도 300권 규모가 필요할 것이다(시간은 100년쯤 걸리지 않을까?). 그 대신 이번 시리즈는 세계사 중에서 활발히 논의되는 분야를 개괄하고자 했고, 전체는 7권(volume) 9책(book)으로 구성되었다. 시간 범위는 문자 기록이 발달한 이후로 한정하지 않고 인류의 역사 전체를 포괄했다. 이러한 범위 설정은 최근 세계사 연구 경향을 반영한 것이다. 이처럼 폭넓게 시간 범위를 설정하면 고고학과 역사학의 경계가 모호해지고, 인류의 과거를 밝혀내기 위해 두 학문이 서로 보충적 관계에 놓이게 된다. 그래서 시리즈 각 권의 책임 편집에는 역사학자뿐만 아니라 고고학자도 참여했다. 이들은 미국, 영국, 프랑스, 오스트레일리아, 이스라엘 등지의 대학교에 재직하는 학자다. 또한 저자들의 연구 분야 역시 지역 범위 못지않게 폭이 넓다. 역사학, 미술사, 인류학, 고전학, 고고학, 경제학, 언어학, 사회학, 생물학, 지리학, 지역학 전문가가 참여했다. 이들은 오스트레일리아, 영국, 캐나다, 중국, 에스토니아, 프랑스, 독일, 인도, 이스라엘, 이탈리아, 일본, 네덜란드, 뉴질랜드, 폴란드, 포르투갈, 스웨덴, 스위스, 싱가포르, 미국 등지의 대학교에 재직하는 학자다. 연구를 통해 세계사 분야를 형성하는 데 기여한 원로 학자도 포함되어 있으며, 중견 및 소장 학자는 앞으로 세계사 분야를 만들어갈 사람들이다. 저자들 중 일부는 독립된 학문 분과이자 교육 분과로서의 세계사를 구축하는 데 긴밀한 노력을 기울였다. 학계에서는 이들의 활동을 지구사(global history), 초국사(transnational history), 국제사(international history), 비교사(comparative history) 등으로 일컬었다. (이들 분야는 서로 겹치거나 얽혀 있고 때로는 경쟁 관계에 놓여 있다. VOL. I 에 이 분야의 발전을 추적하는 글이 몇 편 수록되었다.) 대부분의 저자는 자기 분야의 전문가일 뿐이라고 생각하지만, 편집자들이 보기에는 폭넓은 대중에게 해당 분야를 가장 잘 설명할 수 있는 전문가, 혹은 자신에게 익숙한 영역을 넘어 새로운 영역으로 나아갈 수 있는 학자다.

세계사에 접근하는 길은 여러 갈래가 있고, 시공간적 범위를 다양하게 설정해야 한다는 인식이 날로 심화되고 있다. 이를 반영해서 각 권에는 다양한 분야의 글이 수록되었다. 지역 연구, 주제 연구, 비교 연구뿐만 아니라 사례 연구도 포함되었다. 사례 연구는 세계사 특유의 폭넓은 시야에 깊이를 부여해줄 것이다.

VOL. I(한국어판 01~02권)에서는 핵심적인 분석의 틀을 소개한다. 시대를 관통하는 세계사를 어떻게 서술할 것인지, 가장 중요한 접근 방법과 주제는 무엇인지 등에 대한 내용이다. 그리고 인류 역사의 95퍼센트를 차지하는 구석기 시대부터 기원전 1만 년까지를 다룬다. 이후로 각 권이 포괄하는 시간 범위는 갈수록 줄어들 것이며, 각 권별로 시간 범위가 다소 겹칠 수도 있다. 여기에는 복잡한 시대구분 문제가 반영되어 있다. 진정으로 글로벌한 역사를 다루려면 시대구분 문제가 복잡할 수밖에 없다. 편집자들은 겹치는 시간 범위를 억지로 조정하지 않았고, (예컨대 고전기, 근대 등의) 전통적 시대구분에 얽매이지 않았다. 이는 기존의 시대구분에 도전하고자 하는 의미도 있다. 또한 각 권별로 시간 범위를 조금씩 겹치게 함으로써 다양한 지역 간의 고립과 불균형, 서로가 서로에게 영향을 미치는 방식을 강조할 수 있었다. 각 권은 고유의 주제, 혹은 일정한 범위 내의 주제에 집중한다. 주제 선정은 편집자들이 맡았는데, 각 권에서 포괄하는 시대의 핵심인 동시에 세계사 전체를 이해하는 데 기본이 되는 주제들이 선정되었다.

VOL. II(한국어판 03~04권) "농업과 세계사(1만 2000 BCE~500 CE)"는 신석기 시대 이전부터 시작해서 이후 농업의 기원과 세계 여러 지역의 농경 공동체를 살펴본다. 더불어 유목 경제와 사냥·어로·채집 경제 관련 이슈들도 검토한다. 농업을 통해 형성된 더욱 복합적인 사회 구조 및 문화 양식의 공통점을 추적하고, 세계 여러 지역을 개관하며, 해당 지역의 사례 연구를 제시한다.

VOL. Ⅲ(한국어판 05~06권) "고대의 도시들(4000 BCE~1200 CE)"은 초기 도시에 초점을 맞춘다. 도시는 인류 사회 변화의 원동력이었다. 도시 및 공통 이슈 비교 연구를 통해 행정 및 정보 기술의 탄생과 전승, 의례, 권력의 분배, 도시와 그 배후지의 관계를 추적한다. 세계 여러 지역을 대상으로 도시의 발전과 일부 도시가 제국의 수도로 전환되는 과정을 살펴보기 때문에, VOL. Ⅲ이 포괄하는 시간 범위는 매우 폭넓다.

VOL. Ⅳ(한국어판 07~08권) "제국과 네트워크(1200 BCE~900 CE)"는 대규모 정치 단위와 상호 교환 네트워크가 형성되는 과정을 분석한다. 여기에는 "고대 문명"이라고 일컬어지던 내용이 포함된다. 그러나 세계의 다른 지역까지 포함하다 보니 시간 범위가 더 넓어졌다. 노예, 종교, 과학, 예술, 성차별에 대한 장을 포함해 사회·경제·문화·정치·기술 발전의 공통점을 분석한다. 또한 지역별 개관을 제시하는데, 지역별로 한두 군데 사례 연구도 포함되어 있다. 이는 해당 지역을 보다 깊이 있게 들여다보도록 하기 위함이다.

VOL. Ⅴ(한국어판 09~10권) "교역과 분쟁(500~1500 CE)"은 당시 1000년 동안 특징적으로 나타났던 무역 네트워크 및 문화 교류의 확장을 조명한다. 여기에는 경전 중심 종교의 확장과 과학, 철학, 기술의 전파도 포함된다. 사회 구조, 문화 제도, 환경, 전쟁, 교육, 가족, 법정 문화 같은 의미 있는 주제들이 전 지구적 차원 혹은 유라시아 차원에서 논의된다. 그리고 아시아, 아프리카, 유럽, 아메리카의 정치 및 제국 연구에서는 VOL. Ⅳ에서 시작된 국가 형성에 관한 논의가 계속 이어진다.

이상 VOL. Ⅰ~Ⅴ는 모두 각 1책(book)이다. 그러나 VOL. Ⅵ~Ⅶ은 각 2책이다. 기존의 시대구분으로 보면 근현대에 해당하는 부분이다. 최근 500년에 해당하는 이 시대의 특징은 갈수록 복잡해졌다는 데 있다. 전례 없는 세계화가 진행되었기 때문이다. 뿐만 아니라 그리 멀지 않은 과거이기 때문에 자료도 풍부하고 연구 성과도 많이 남아 있다.

VOL. Ⅵ(한국어판 11~14권) "세계화의 시대(1400~1800 CE)"는 갈수록 확대되는 생물학적·상업적·문화적 교류를 추적하고, 정치·문화·지성의 발달을 살펴본다.

VOL. Ⅵ 제1책(한국어판 11~12권)은 갈수록 상호 의존성이 심화되는 세계가 어떻게 만들어지게 되었는지 그 기초를 살펴본다. 여기에는 환경이나 기술 혹은 질병 등의 주제, 카리브해나 인도양 혹은 동남아시아처럼 특히 교류가 집중되었던 지역, 해양 제국이나 러시아 같은 육지 중심의 제국, 이슬람 제국, 대륙과 해양 모두 진출한 이베리아반도의 제국(포르투갈과 스페인) 같은 대규모 정치 체제 등이 연구 대상에 포함된다.

VOL. Ⅵ 제2책(한국어판 13~14권)은 전 세계적 혹은 지역적 이주와 서로의 만남을 검토한다. 이주를 일으킨 경제·사회·문화·제도적 구조를 살펴보고, 또한 이주를 통해 이러한 구조가 어떻게 바뀌었는지 검토한다. 여기에는 무역 네트워크, 법, 생필품 유통, 생산 과정, 종교 체제 등의 논의가 포함된다.

VOL. Ⅷ(한국어판 15~18권) "생산, 파괴, 접속(1750~현재)"은 세계가 화석 연료 사용 단계로 접어드는 과정을 추적하고, 인구 폭발과 세계화 과정을 통한 활발한 교류의 시대를 다룬다.

VOL. Ⅶ 제1책(한국어판 15~16권)은 인구 과잉의 지구가 만들어진 물질적 조건에 대해 논의한다. 여기에는 환경, 농업, 기술, 에너지, 질병 등의 주제와, 국가주의, 제국주의, 탈식민화, 공산주의 등 현대 사회를 만든 정치적 흐름, 그리고 몇몇 핵심 지역 연구가 포함된다.

VOL. Ⅶ 제2책(한국어판 17~18권)은 앞에서 논의된 주제들을 다시 검토한다. 가족, 도시화, 이민, 종교, 과학 등의 주제뿐만 아니라 스포츠, 음악, 자동차 등 이 시대에 특징적으로 나타난 글로벌한 현상, 냉전과 1989년 같은 변화의 특별한 계기 등에 대한 연구가 포함된다.

〈케임브리지 세계사〉 시리즈에는 모두 200여 편의 논문이 수록된 만큼 종합적이라고 할 수 있다. 그러나 결코 충분하지 않다. 각 권별 책임 편집자는 무엇을 포함하고 무엇을 배제할지 고심을 거듭했다. 이는 세계사 연구자라면 누구나 맞닥뜨리는 문제다. 2000년도 더 지난 과거에 헤로도토스(Herodotos)도 그랬고, 사마천(司馬遷)도 마찬가지였다. 각 권에서 논문의 배열 순서는 해당 시대의 특성을 고려하여 책임 편집자(들)가 판단했다. 그래서 각 권의 구성이 조금씩 다르다. 권별로 시대도 조금씩 겹치므로 어떤 주제는 여러 권에 걸쳐서 등장하기도 한다. 이는 각 권의 역사적 흐름을 이해하는 데 모두 중요하다고 판단되는 주제였기 때문이다. 특히 시리즈 편집자들은 중요한 요소의 발전 과정을 각기 다른 관점에서 살펴보는 것이 세계사 연구에 가장 적합한 방향이리고 생각했다. 각주는 다른 케임브리지 역사 시리즈들과 마찬가지로 상대적으로 가볍게 달았고, 처음 이 분야에 주목하는 독자들을 위한 배려로 각 장이 끝날 때마다 "더 읽어보기" 목록을 제시했다. 또한 이 시리즈는 이전의 시리즈들과 달리 전권이 한꺼번에 출간되었다(영어판의 경우-옮긴이). 시리즈를 출간하는 데 10여 년씩 걸리던 출판계의 여유로운 속도가 21세기 디지털 시대에 이르러 달라진 것인지도 모르겠다.

다시 말해 〈케임브리지 세계사〉 시리즈는 책이 기획 및 생산되는 시점의 시대상을 반영하고 있다. 〈케임브리지 근대사〉 시리즈도 이와 다르지 않았다. 케임브리지대학교 출판부의 설명에 따르면, 액턴 경이 기획한 것은 "세계사"였다. 그러나 실제로 그 시리즈에 수록된 수백 편의 글 중에서 주인공이나 사건 혹은 정치 단위가 유럽과 북아메리카를 벗어난 경우는 손에 꼽을 정도에 불과했다. 〈새로운 케임브리지 근대사〉(1957~1979) 시리즈도 마찬가지로 세계사를 자처했지만 지역 편중은 별로 개선되지 않았다. 이는 놀라운 일이 아니다. 1957년, 심지어 시리즈의 마지막 권이 출간된 1979년에도 유럽은 곧 "세계"였고, 근대의 모든 것은 유럽에서 비롯되었다고 믿었다. 이런 관점을 우리는 "유럽 중심주의"라 부른다. (다른 언어권에서도 세계사가 집필되는 해당 지역을 중심으로 세계를 바라보는 관점이 없지 않았다.) 20세기 중반에도 유럽 중심은 지속되었고, 세계사와 지구사 분야는 미약했다. 강연회, 학회, 학술지 등 신생 분야를 형성해간 주역들은 1980년대에 이르러서야 등장했다. 그중에는 시작된 지 10년도 안 지난 것들도 있다. 가령 〈세계사 저널(Journal of World History)〉이 1990년 처음 출간되었고, 〈지구사 저널

〈Journal of Global History〉〉이 2005년, 〈뉴 글로벌 스터디즈(New Global Studies)〉가 2007년 시작되었다.

세계사 혹은 지구사의 발전은 다른 모든 학문 분과에서 치열한 자기반성이 이루어지던 시대와 맥을 같이했다. 자신의 존재를 돌아보지 않고는 어떤 연구도 불가능했고, 기존의 모든 범주가 혼란스러워졌다. 포함과 배제, 다양성에 대한 우려가 역사학의 하위 분야에서 기본으로 자리 잡았고, 이러한 분위기에서 역사학 관련 교육이 이루어졌다. 그래서 이 시리즈의 편집자들은 균형을 추구하려고 노력했다. 전통적으로 세계사 분야에서 중점을 둔 것은 거대 규모의 정치·경제적 과정이었고, 정부나 경제 엘리트들이 주체가 된 역사였다. 이것과 문화적 요인, 사고방식, 의미 등 새로운 관심 주제들의 균형을 고려해야 했다. 뿐만 아니라 우리는 세계 여러 나라의 역사에서 중요한 주제들도 포함시키고자 노력했다. 저자의 구성에서도 지역적 안배와 세대별 안배를 고려했다. 〈케임브리지 근대사〉와 비교하자면 저자군의 지역적 범위가 훨씬 더 넓고, 저자의 성별도 더 균형이 맞는다. 그러나 우리가 원한 만큼 글로벌하지는 못했다. 현재 세계사와 지구사 연구는 영어권에서 압도적으로 많이 진행되고 있다. 그래서 학자들의 분포 또한 영국과 미국의 대학교에 편중되어 있다. 현대 세계의 여러 가지 불평등한 현실도 그렇지만, 세계사 연구의 이 같은 격차는 그야말로 이 시리즈에서 서술하는 세계사의 결과다. 그중 어느 시대가 핵심 요인이었는가, 그리고 어느 정도 비중으로 기원의 문제를 다룰 것인가 하는 문제는 저자마다 의견이 다를 수 있다.

나는 다만 이 시리즈가 액턴 경의 시리즈만큼 편차가 크지 않기를 바랄 뿐이다. 가능하면 2권으로 구성된 〈케임브리지 인도 경제사〉 (1982) 정도였으면 좋겠다. 〈케임브리지 인도 경제사〉의 편집자들(Tapan Raychaudhuri, Irfan Habib)은 서문에서 이렇게 말했다. "우리는 감히 우리의 노력이 새로운 지식을 형성하는 데 촉매가 되기를 바랄 뿐이다. 그래서 머지않아 새로운 지식이 이 책에 수록된 내용을 대체할 수 있기를 기원한다." 세계사와 지구사는 활발한 분야라서 머지않아 틀림없이 새로운 지식이 등장할 것이다. 다만 우리의 시리즈가 21세기 초라는 시점에 한해서나마 세계사 분야로 들어가는 문이 되고 전체를 조망할 수 있는 유용한 개론이 되기를 기대해본다.

메리 위스너-행크스(Merry E. Wiesner-Hanks)

In honor and memory of Jerry Bentley (1949 – 2012)

케임브리지 세계사 14 차례

케임브리지 세계사 시리즈 소개   4
한국어판 영어판 분권 대조표   7
케임브리지 세계사 VOL. Ⅵ 소개   9
케임브리지 세계사 시리즈 서문   12

PART 3 종교와 종교적 변화

CHAPTER 13   근대 종교학의 탄생과 문화비평   27
CHAPTER 14   유럽과 해외의 기독교   63
CHAPTER 15   초기 근대의 이슬람 세계   105
CHAPTER 16   동아시아 종교의 변화   151

PART 4 역사학 이론

CHAPTER 17   초기 근대의 역사학에 관하여   209
CHAPTER 18   미시사와 세계사   245

케임브리지 세계사 13 차례

PART 1 이주와 만남	
CHAPTER 1	세계의 이주 문제
CHAPTER 2	전쟁의 패턴, 1400~1800년
CHAPTER 3	타문화 사이의 대화, 1400~1800년
CHAPTER 4	법의 교류와 국제법의 기원

PART 2 무역, 교환, 생산	
CHAPTER 5	콜럼버스의 교환
CHAPTER 6	노예무역과 아프리카 디아스포라
CHAPTER 7	유럽과 아시아의 무역 구조, 1400~1800년
CHAPTER 8	기업, 가족, 회사
CHAPTER 9	세계적 맥락에서 본 은, 1400~1800년
CHAPTER 10	네덜란드와 영국의 동방 무역, 1700년경의 인도양과 레반트
CHAPTER 11	플랜테이션 사회
CHAPTER 12	초기 근대 세계의 근면성 혁명

그림 목록

14-1. 〈트리엔트 공의회〉, 파스콸레 카티 그림, 1588~1589년   97

15-1. 소콜루 메흐메트 파샤(Sokollu Mehmet Pasha) 모스크,
이스탄불, 1572년   109

15-2. 사파비 제국 수피 교단의 지도자 사피 앗-딘(Safi al-Din)의 사원,
이란 아르다빌 소재, 1500년경   118

16-1. 나한도, 십팔나한(十八羅漢)을 설명한 18세기 어느 서적의 삽화   161

16-2. 도교 사찰, 호북성 무당산   163

16-3. 성심루(省心樓), 서안 대청진사(西安大清眞寺)   172

16-4. 정토종의 본존불 아미타불상, 17세기 일본   192

그림 출처

[그림 14-1] Santa Maria in Trastevere, Rome, Italy / Bridgeman Images. [그림 16-1] The Trustees of the Chester Beatty Library, Dublin / Bridgeman Images. [그림 16-2] © Ryan Pyle / Corbis. [그림 16-3] Werner Forman Archive / Bridgeman Images. [그림 16-4] San Diego Museum of Art, USA / Bequest of Mrs Cora Timken Burnett / Bridgeman Images.

PART 3

종교와 종교적 변화

CHAPTER 13

근대 종교학의 탄생과 문화비평

기 스트룸사
Guy Stroumsa

초기 근대 서유럽 국가에서 종교의 지위는 여러 가지 심대한 변화를 겪었다. 종교개혁(reformation)은 분명 유럽에서 종교적 양상 변화의 주요 분기점이었다. 이어지는 글에서 기독교 의례나 신학의 변화를 분석하지는 않겠다. 그보다는 종교의 개념 자체와, 세계의 종교를 비교하는 새로운 연구의 시각, 즉 가톨릭과 프로테스탄트를 막론하고 수많은 초기 근대의 학자들이 열어준 새로운 시야에 초점을 맞추고자 한다. 당시의 학자들은 가까운 사회와 먼 사회에서, 과거와 당대의 여러 다양한 종교 현상을 연구 주제로 삼았다. 주로 난해한 언어로 기록된 문헌을 해독하고, 원어민과 소통하며, 대부분 안락한 학문적 기관에 소속되지 않은 채 고독하게 연구의 길을 걸어간 초기 근대의 학자들이 근대 비교종교학의 토대를 마련하는 데 성공했다. 이 복잡한 현상을 온전히 이해하려면 종교개혁 이전인 15세기 말에서 16세기 초의 위대한 발견으로부터 우리의 논의를 시작할 수밖에 없다. 그것이 적절한 시작점(terminus a quo)이라면, 논의의 종착점(terminus ad quem)은 마땅히 프랑스혁명이다.

전통적으로 근대적·비교적·역사적 종교 연구는 유럽의 여러 대학에 전문 학과를 설립하면서 시작된 것으로 알려져 있다. 내가 보기에 이 새로운 학문은 학과의 제도적 틀이 확립되기 전, 즉 비교종교학 혹은 "학문적(과학적) 종교학"을 학생들에게 가르치기 시작한 시점보다 훨씬 더 이전에 시작되었다. 어떤 의미에서 근대의 비(非)신학적 종교 연구의 결정적 순간은, 학과의 탄생보다는 학문적 개념과 함께 시작되었다고 말할 수 있다.

철학자 찰스 테일러(Charles Taylor)는 근대 사회 종교의 조건과 본성을 논한 거작 《세속의 시대(A Secular Age)》에서, (서유럽의 경우) 1500년경의 종교 개념은 21세기와 전혀 달랐다는 사실을 지적했다.[1] 이 글에서 내가 집중하는 범위는 그보다 훨씬 더 좁다. 오히려 초기 근대 학자들이 종교의 영역에서 발견한 몇 개의 주요 지점을 강조함으로써, 그것이 지적 혁명의 과정을 반영한 것이었음을 보여주고자 한다. 여기서 말하는 지적 혁명이란 중세나 르네상스 시기에는 전혀 볼 수 없었던 종교에 대한 새로운 이해를 의미한다. 근대 비교종교사학의 탄생은 은유적으로 말해서 종교의 발견이라고 해도 좋을 것이다.

비교종교학(comparative religion)이 다른 분과 학문의 비교학과 마찬가지로 생물학, 특히 퀴비에(Cuvier)의 비교해부학과 다윈(Darwin)의 진화론에 영향을 받아 19세기 후반 탄생한 것으로 여겨지는 경우가 지금도 왕왕 있다.[2] 아마도 여러 대학에서 종교학 관련 학과가 설립된 시기

---

1 Charles Taylor, *A Secular Age* (Cambridge, MA: Harvard University Press, 2007). 이하의 페이지는 부분적으로 필자의 *A New Science: The Discovery of Religion in the Age of Reason* (Cambridge, MA: Harvard University Press, 2010)에서 주요 논지를 요약했다.
2 19세기 후반 근대 종교학의 학문 분야와 그 발전 양상에 관한 최근 연구로는 다음을 참조. Hans Georg Kippenberg, *Die Entdeckung der Religionsgeschichte: Religionswissenschaft und Moderne* (Munich: Beck, 1997). 영어 번역본은 Hans Georg Kippenberg, *Discovering Religious History in the Modern Age* (Princeton University Press, 2002).

가 19세기 말엽이라서 그런 인식이 생겨난 듯하다. 그러나 문화와 종교 비교학의 진정한 분기점은, 즉 중세적 세계관에서 근대적 접근 방식으로 넘어가게 된 가장 중요한 과정은, 17세기 종교 담론의 변화에 뿌리를 두고 있다. 이런 맥락에서 리처드 팝킨(Richard Popkin)은 17세기 후반기에 "비교종교학의 싹"이 텄다고 말하기도 했다.[3] 그의 말처럼 17세기 후반기에 "비교종교학" 관련 저술들이 넘쳐난 것은 사실이다. 그러나 내가 보기에 르네상스와 근대의 진정한 분기점은 17세기 전반기였던 것 같다. 당시 소수의 학자들이, 비록 저마다 시각과 방법론은 달랐지만, 과거와 현재를 막론하고 종교를 관찰하는 방법의 다양성을 이해하기 시작했다. 결국 비교는 더 이상 논란을 위한 도구가 아니라 전 세계의, 또한 과거와 현재의 모든 컬트(cult)와 신앙에서 유사성은 물론 환원 불가능한 차이를 이해하는 도구가 되어야 할 것이다.

패러다임의 전환

중세 말기의 종교 개념은 초기 근대로 넘어가면서 획기적 변화를 겪었다. 그 원인은 무엇보다 문명 간 접촉이 엄청나게 확대되었기 때문인데, 그 이전까지 접촉이 아예 없었다고 할 수는 없겠지만 매우 제한적인 범위에 그쳤던 것이 사실이다. 물론 지리적 발견이 새로운 상황을 초래한 가장 큰 원인이었고, 그 여파가 문명 간 접촉에 크게 영향을 미쳤다. 요즘 유행하는 말로 하자면, 세계화가 처음으로 시작된 시기였다. 수많

---

3 See James E. Force and Richard H. Popkin (eds.), *Essays on the Context, Nature, and Influence of Isaac Newton's Theology* (Boston, MA: Kluwer, 1990), p. 9.

은 유럽 남성이 (뿐만 아니라 일부 유럽 여성도) 신세계와 구세계 사이를 끊임없이 이동하기 시작했다. 그들은 특히 군인, 선교사, 상인이었다. 그들 중 일부는 새로 발견한 지역의 의례와 관습을 관찰했다. 대개는 단순한 호기심 때문이었지만, 때로는 다른 목적도 있었다(두 가지 동기가 굳이 상충되지는 않았다). 원주민의 생활방식을 이해하는 것이 어쩌면 그들의 목적에 도움이 될지도 모를 일이었다. 또한 그들 중 일부는 원주민의 언어를 습득하는 수고를 아끼지 않았으며, 원주민의 의례와 관습을 관찰하고 보고서로 남겼다. 유럽 기독교인과 새로운 사람들의 만남은 종교에 대한 성찰을 불러일으켰고, 마침내 종교의 개념 자체에 심대한 변화를 가져왔다.

지리적 발견은 물론 지리적 특성과 관련이 있었다. 새로 발견한 아메리카 대륙에서 유럽의 기독교인은 그때까지 들어보지 못한 사람들을 마주쳤다. 그들의 언어와 문화도 처음 들어보는 것이었고, 특히 그들의 종교 의례와 신앙도 처음 겪어보는 것이었다. 같은 시기 근동의 오스만 제국이나 페르시아, 인도, 중국, 일본을 방문한 여행가들도 못지않게 신기한 문화를 맞닥뜨렸다. 신대륙의 문화와 달리 구대륙의 문화는 오랜 전통에서 비롯되었으며, 기본적으로 문자 문화와 지식사회에 뿌리를 둔 것으로 인식되었다. 아메리카와 마찬가지로 아시아에서도 유럽인이 생소한 공동체와 마주했을 때 가장 혼란스러운 문제는, 그들의 종교적 특성을 이해하는 일이었다. 초기 근대 기독교인이 보기에 아시아의 전통은 신을 숭배하는 기존의 그 어떤 방식과도 연관성이 없었다. 기독교의 의례와 신앙은 물론 이교도의 전통적 형식과도 전혀 다른 일체의 신념과 행동을 과연 종교라고 부를 수 있을지부터가 문제였다. 뒤에서 자세하게 보겠지만, 유럽인 관찰자들은 아시아의 전통 가운데 일부를 "정치적 종교(political religion)"라고 했는데, 국가에 헌신하는 의미를 지닌 의례를 우상숭배의 일종으로 분류할 수가 없었기 때문이다.

기존에 알지 못했던 새로운 종교적 양태를 발견함으로써, 전통적인 기독교의 종교적 감각을 넓히는 동시에 새로운 감각을 더할 수 있었다. 그때부터는, 비록 기독교인의 관점에서 충격적으로 보일지라도, 깊은 종교적 감수성을 반영하는 현실 종교가 존재한다는 사실을 알게 되었다. 내가 보기에 이와 같은 새로운 감각의 문제가 종교의 이성적 이해 못지않게 패러다임의 전환(paradigm shift)에 큰 영향을 미쳤다. 다시 말해 초기 근대의 사회적 변화가 새로운 지적 풍경과 종교적 변화를 만들어냈던 것이다.

한편 패러다임의 전환과 함께 종교에 대한 주관적 접근에서 객관적 접근으로의 변화가 일어났다. 이 변화는 사람들이 종교에서 점차 멀어지게 된 중요한 이유 중 하나로 거론되기도 하지만, 덕분에 과거와 현재의 종교에 대한 비교분석이라는 새로운 접근법이 확립되었다. 물론 근대적 종교 연구가 단지 지리적 발견에 따른 연구 자료의 폭발적 증가로만 생겨난 것은 아니었다. 이외에도 예컨대 식민주의와 근대적 연구 대학교 시스템의 탄생 같은 중요한 역사·문화적 현상들이 있었기에, 새로운 데이터가 그에 통합되어 전체적으로 새로운 그림이 나타났던 것이다.

그러나 유행처럼 번졌던 종교의 "발명(invention)"이라는 말은 심각한 오해의 소지가 있다. 종교는 아주 오랜 옛날부터 언제나, 전혀 다른 사회에서도 존재했다. 히브리 성경뿐만 아니라 헤로도토스로부터도 알 수 있듯이, 고대인은 어떤 종교를 마주쳤을 때 그것을 어떻게 이해해야 할지 알고 있었다. 키케로(Cicero) 또한 《신의 본성에 관하여(De Natura Deorum)》나 《투스쿨룸 논총(Tusculanae Disputationes)》에서 종교에 관한 이론적 논의를 한 바가 있었다. 16세기 이래로 발달한 종교에 관한 새로운 통찰은 새로운 범주를 발달시켰다. 이제 서로 다른 종교는 보편적 현상의 한 측면으로 이해되었다. 이와 같은 이해는 발전을 거듭하여 마침내 18세기의 백과사전식 접근에 도달했다. 다시 말해 각각의 종교는 어떤 "원형(Urphänomen)"의 다양한 표현 양태가 아니라 개별적으로 분석해야 할 대상이 되었다.

근대 여명기에 종교 현상을 이해하기 위해 만들어진 새로운 인지 구조의 인식론적 기반은 무엇이었을까?[4] 지적 혁명은 빅뱅(Big Bang)으로 탄생한 것이 아니다. 종교 현상에 대한 근대적 접근 방식이 출현하는 데 반드시 필요했던, 최소한 세 가지의 역사적 사건이 있었다. 첫 번째는 앞에서 언급한 지리적 발견이었다. 아메리카와, 이후 남아시아 및 동아시아가 최초의 실험실이었다. 그곳에서 스페인과 이탈리아 선교사들에 의해, 기존에 알려지지 않았던 현상을 설명하고 분석하기 위한 범주들이 만들어졌다. 지리적 발견이 없었다면 신세계와 구세계의 사람들과 종교가 마주칠 일이 없었을 테고, 그러면 종교에 대한 새로운 접근법도 출현할 필요가 없었다. 두 번째는 르네상스 그 자체, 혹은 예컨대 고대 학문

---

4 근대 심리학의 탄생에 관한 뛰어난 연구로는 다음을 참조. Fernando Vidal, *The Sciences of the Soul: the Early Modern Origins of Psychology* (University of Chicago Press, 2011). 원본은 프랑스어이며, 영어 번역자 Saskia Brown이 이 책을 나에게 소개해주셨다. 번역자에게 감사드린다. 이 책의 저자도 서두에서부터 분명히 밝혔고 본인도 동의하는 바, 분과 학문의 탄생이 반드시 19세기 후반 대학의 강좌나 학과 설치 이후라고 보기는 어렵다. 그 이전일 가능성도 있다.

에 대한 새로운 관심과 근대 철학의 성장 같은, 르네상스로부터 비롯된 직접적 결과였다. 덕분에 고전 연구와 동양 언어 연구가 가능했고, 여러 다른 문화권의 주요 텍스트들이 여러 가지 유럽 언어로 출간되었다. 종교개혁이 시작되면서 일어난 종교전쟁은 서유럽의 상당 부분을 황폐화했지만, 새로운 학문의 세 번째 원동력을 제공했다. 가톨릭과 프로테스탄트를 막론하고, 자신의 신념이 신성한 진리의 표현이라는 주장은 학자들의 마음속에서 거의 설득력을 잃어버렸다. 기독교의 폭력과 고통스러운 분열은 기독교 자체의 절대적 정당성에 의문을 불러일으켰다. 누구나 알고 있었던 것처럼, "거짓 선지자 마호메트"를 추종하는 튀르크인은 기독교인이나 유대인 등의 이방인에게, 또한 이슬람의 여러 종파 사이에서도 훨씬 더 관용적인 태도를 보여주었다. 유럽 전역의 기독교인 당국자는 그렇지 않았다. 보편적 명분을 내세웠던 기독교 신앙에 대한 스스로의 문제 제기는, 기독교가 영원한 진리가 아니며 다만 기독교가 번성했던 특정 사회의 가치를 반영할 뿐이라는 새로운 종교적 이해로 나아가게 된 중요한 동기 중 하나였다. 이와 같은 문제 제기는 유럽의 지식인에게 진정한 위기의식으로 다가왔다.

이와 같은 위기의식을 최초로 분명하게 정리한 인물은 프랑스의 지성 사학자 폴 아자르(Paul Hazard)였다. 그는 1935년 《유럽 의식의 위기, 1680~1715년(La crise de la conscience européenne, 1680–1715)》이라는 획기적 저서를 출간했다(영어 번역서는 제목을 너무 단순화해 《The European Mind》라고 했다).[5] 이 책에서 폴 아자르는 17세기 말엽에서 18

---

[5] Paul Hazard, *La crise de la conscience européenne, 1680–1715* (Paris: Boivin,

세기 초엽의 시기를 "위기"의 시대로 규정했다. 당시 구시대의 사상이 무너지고 계몽주의라는 새로운 사상이 등장했기 때문이다. 최근 영국의 역사학자 조너선 이스라엘(Jonathan Israel)은 "위기"의 시작 시기를 17세기 중엽까지 더 앞당길 수도 있다고 주장했다.[6] 폴 아자르와 조너선 이스라엘의 견해 차이를 굳이 이 자리에서 논할 필요는 없다. 이는 위기의 개념을 얼마나 폭넓게 잡느냐에 따라 달라질 수 있는 문제이기 때문이다. 다만 폴 아자르가 언급한 유럽 문화의 주요 위기를 연구하던 당시는, 유럽 여러 나라에 다양한 근본주의 운동이 전개되면서 제2차 세계대전을 향해 나아갈 때였다. 더욱이 같은 해(1936년) 에드문트 후설(Edmund Husserl)의 빈(Wien)대학교 강의는, 나중에 출간된 《유럽 학문의 위기와 초월적 현상학(Krisis in den europäischen Wissenschaften und die transcendentale phänomenologische Philosophie)》의 기초가 되었다. 문화의 위기는 낡은 패러다임의 붕괴가 반영된 것이었고, 동시에 새로운 패러다임의 수립을 가능케 하는 것이었다. 유럽 의식의 위기와 함께 종교 현상의 비교분석적 접근이 탄생했다. 종교 현상에 대한 근대 최초의 현상학적 접근(phenomenological approach)이 바로 그것이었다. 이는 1930

1935). English edn.: Paul Hazard, *The European Mind, 1680-1715* (New Haven, CT: Yale University Press, 1952).

6 See Jonathan I. Israel, *Radical Enlightenment: Philosophy and the Making of Modernity, 1650-1750* (Oxford University Press, 2001), pp. 14-20. 저자는 폴 아자르가 "위기의 시점을 1680년경으로 설정했는데, 받아들이기 어렵다"라고 비판하며, 위기의 전모를 파악하려면 최소한 1650년대까지 거슬러 올라가야 한다고 주장한다. 조너선 이스라엘에 따르면 위기는 데카르트주의와 그 영향을 받은 급진적 사상가들로부터 시작되었다. 이는 이미 세기 초부터 존재한 "libertinisme érudit(학문적 자유사상)"와 지옥에 대한 믿음의 쇠퇴로 준비된 것이었다.

년대에 이르러 유명해진 방법론으로, 대표적인 연구는 네덜란드의 학자 헤라르뒤스 판 데르 레이우(Gerardus van der Leeuw)의 업적이었다.

지적 풍경의 변화를 분석한 폴 아자르의 위대한 저서는 그 권위를 인정할 만하다. 저자에 따르면, 고전기에서 계몽주의 시대로 넘어가는 과정에서 "지식인의 공화국(République des Lettres)"이 형성되었다. 근대 학문이 탄생한 시기, 종교적 문제에 대한 학문적 접근과는 별도로 종교 사상 또한 심각한 변화를 겪고 있었다. 이는 가톨릭과 프로테스탄트를 막론하고 유럽 전역에서 나타난 현상이었지만, 특히 네덜란드, 스위스, 프랑스, 잉글랜드에서 뚜렷했다. 펭귄출판사에서 출간된 《유럽인의 의식(The European Mind)》(1964년) 뒤표지에는 다음과 같은 글이 적혀 있다.

폴 아자르는 가장 의미 깊은 인류 사상의 혁명을 직접 목격한 흥분을 그대로 전해주고 있다. 그것은 바로 뉴턴의 과학과 비교종교학의 탄생, 그리고 데카르트와 벨(Bayle), 뉴턴과 로크, 스피노자와 라이프니츠의 영향이었다. 이렇게 우리 시대의 세계가 만들어졌다.

미셸 푸코(Michel Foucault)의 《말과 사물(Les mots et les choses)》(1966년)보다 한 세대 앞서, 폴 아자르는 그 시대의 정체성을 인문학의 탄생으로 규정했다. 그리고 종교에 대한 새로운 접근 방식 또한 유럽의 위기 의식에서 비롯된 새로운 과학과 학문에 포함시켜야 한다고 인정했다. 신세계의 발견과 함께, 연대기 형식이기는 하지만 고대 문명사가 동시에 진행된 사실이 알려지면서 그때까지는 알지 못했던, 통합된 하나의 인류라는 개념이 만들어졌다. 예컨대 아메리카 사람들의 인신 공양 같은 우상숭배의 가장 야만적인 형태를 포함해 어떤 형태의 종교적 차이를 막론하고, 모든 종교에는 인류의 통일성이 반영되어 있었다. 예수회 선교사 호세 데 아코스타(José de Acosta)는 아메리카 원주민이 "신에 관한 모종의 지식을 보유하고 있다"고 말했으며, 도미니코회 수도사 바르톨로메 데 라스 카사스(Bartolomé de las Casas)는 세계의 온갖 종교에 관해 놀라울 정도로 해박한 지식을 가졌던 인물로, "인간은 우상을 숭배하는 자(Idolas colere humanum est)"라고 말했다.[7] 아메리카의 스페인 선교사들부터 시작해 초기 근대 종교학 연구자들에게 우상숭배는 거의 집착에 가까운 주요 관심사 중 하나였다.[8] 그런 의미에서도 "종교의 발견(discovery of religion)"이라는 표현의 타당성을 인정할 수 있다. 우상숭배는 역사·문화적 형태의 다양성을 넘어서는 문제였으며, 학자들은 그것을 종교의 본질(essence of religion)이라 여겨 주목하기 시작했던 것이다. 그 이전에는 종교라고 하면 언제나 이분법적 개념으로, 아우구스티누스가 구분했던 것처럼 참된 종교(vera religio) 아니면 거짓된 종교(falsa religio)였다. 암묵적이든 명시적이든 기독교의 평가절하와 더불어, 그토록 많고 다양한 종교의 발견이 아이러니하게도 단일한 종교 개념의 발

---

7 See Serge Gruzinski, *Les quatre parties du monde: histoire d'une mondialisation* (Paris: La Martinière, 2004), p. 255.
8 See Carmen Bernand and Serge Gruzinski, *De l'idolâtrie: une archéologie des sciences religieuses* (Paris: Seuil, 1988). 또한 이 주제에 관한 최근의 특집호 *Journal of the History of Ideas* 67 (2006) 참조. 이 특집호에는 Jonathan Sheehan의 서문 "Thinking about Idols in Early Modern Europe," *Journal of the History of Ideas* 67 (2006): 561-9를 비롯해 Joan-Pau Rubiés, Carina L. Johnson, Sabine MacCormack, 그리고 Peter N. Miller의 논문이 수록되어 있다. 17세기 기독교 학자들과 사상가들에게 마이모니데스(Maimonides)의 사상은 우상숭배 현상을 이해할 수 있는 가장 적절한 지적 틀을 제공했다.

전으로 이어졌다. 그때부터 종교는 주로 어떤 사회의 중심적 측면이며, 각 사회가 서로 다른 기능을 부여한 것으로 인식되었다. 종교는 집단 정체성의 일부가 되었으며, 안타깝게도 종교적 대립은 여전히 끝날 기미가 보이지 않지만, 종교 연구에서는 점차 적대적 논쟁을 밀어내고 지적 호기심이 그 자리를 채워갔다.

한 세대 이전의 학자인 윌프레드 캔트웰 스미스(Wilfred Cantwell Smith)는 《종교의 의미와 종말(The Meaning and End of Religion)》이라는 탁월한 저서를 집필했는데, 여기서 저자는 종교개혁 이후 종교가 점차 신앙 및 관습의 체계와 동일시되면서 종교 개념이 중요한 변화를 겪게 되었다고 주장했다.[9] 그의 통찰이 제대로 알려지지 않은 것 같아 유감이다. 학계에서는 그의 영향이 그리 크지 않았던 것 같다. 아우구스티누스 시대부터 그러했듯이, 무릇 참된 종교(vera religio)라면 사적이든 공적이든 일련의 올바른 행위를 통해 드러나야 한다고 믿었다. 그러나 그것은 기본적으로 개인의 태도와 올바른 신앙과 기독교 신비주의의 올바른 이해를 의미했다. 이단이란 추악한 행동, 즉 이레네우스(Irenaeus)의 비유에 따르면 메두사의 머리와 같지만, 정통 종교는 통일성뿐만 아니라 내면성을 특징으로 한다. 종교개혁은 이와 같은 뿌리 깊은 인식을 깨뜨리기 위한 것이었다. 프로테스탄트와 가톨릭의 논쟁은 종교적 신앙 그 자체보다 외형적 의례와 신앙의 형태를 두고 다투는 경우가 많았다. 기독

---

9 Wilfred Cantwell Smith, *The Meaning and End of Religion: A New Approach* (New York: Macmillan, 1963), pp. 37-44. 용어 자체의 역사에 대해서는 다음을 참조하라. Ernst Feil, *Religio, die Geschichte eines neuzeitlichen Grundbegriffs* (Göttingen: Vandenhoeck & Ruprecht, 1986-2001).

교 의례 논쟁은, 전 세계를 관찰하면서 기이한 의례 형식이 워낙 많이 발견된 데 따른 당혹감의 맥락에서 이해되어야 한다. 그래야 그와 같은 의례 혹은 "컬트"의 맥락을 설명해주는 인과론 신화(etiological myths, 알 수 없는 일의 원인을 말해주는 신화, 예컨대 천지창조 – 옮긴이)를 읽고 이해할 수 있다. 종교는 끊임없이 드로메나(dromena)와 레고메나(legomena) 사이를 오갔다(고대 그리스 신전에서 사제들이 신의 행위를 연극으로 재현하는 것을 드로메나, 즉 행해진 것이라 했고, 말로 해설하는 것을 레고메나, 즉 말해진 것이라 했다. – 옮긴이). 17세기가 행위를 우선하는 드로메나의 시대였다면, 18세기는 그 아래 함축된 말을 중시하는 레고메나의 시대로 바뀌었다.

《희생 의례의 종말: 후기 고대 종교의 변화(The End of Sacrifice: Religious Transformations in Late Antiquity)》라는 책에서, 나는 종교라는 개념 그 자체의 중요한 변화가 후기 고대에 잇달아 발견된다고 주장했다. 종교의 정체성과 의례 측면에서, 점차 희생 제물의 피를 대신하여 책이 중심적 역할을 하게 되는 방향으로의 변화였다. 기독교의 승리는 다신교에서 유일신교로 이행된 것만을 의미하지 않는다. 그 과정에서 종교 개념 그 자체가 근본적으로 바뀌었고, 내면화(internalization)의 개념도 포함되었다.[10] 근대에 이르러서는 후기 고대에 뿌리를 둔 중세의 종교 개념이 사라지게 되었다. 이러한 변화 덕분에 근대의 비교종교학 연구가 가능해졌다.

---

10 Guy G. Stroumsa, *The End of Sacrifice: The Religious Transformations of Late Antiquity* (University of Chicago Press, 2009). 원본은 Guy G. Stroumsa, *La fin du sacrifice: les mutations religieuses de l'antiquité tardive* (Paris: Odile Jacob, 2005).

비록 세속화(secularization)가 근대성의 충격적이고도 명백한 성격이긴 하지만, 종교 연구 분야에서 그것이 의미하는 바는 대개 잘 알려지지 않았다. 우리는 이미 리샤르 시몽(Richard Simon)이나 스피노자(Spinoza) 같은 학자들에 의해 처음 시작된 성경의 비판적 연구가, 서유럽 국가에서 계시 종교의 급속한 붕괴에 기여한 바를 알고 있다. 그러나 그들과 같은 시대에, 역사적으로 전 세계의 종교적 현상을 가능한 한 적절히 설명하고 분석하려 했던 수많은 학자의 노력이 그만큼 잘 알려지지는 않았다. 근대 종교의 세속화는 전반적으로 종교가 공적 영역에서 점차 밀려나면서 종교의 사유화(privatization)가 허용 내지 강요된 것으로 알려져 있다. 종교는 갈수록 개인의 문제가 되었으며, 더 이상 하나의 공동체가 동일한 종교를 선택할 필요도 없어졌다. 그것도 물론 진실이지만, 대개 잘 모르고 있는 또 하나의 진실은, 세속화를 통해 종교가 어떤 사회의 중요한 특성으로 자리 잡게 되었다는 점이다. 그런 의미에서 민족학(또는 민속학)이 신학을 대신하여 종교 연구의 전면에 대두되었다. 종교가 세속의 영역으로 넘어왔다는 것이 개인의 차원에서 갖는 의미는, 누구나 여러 종교 중 하나를 선택할 자유가 있고, 같은 맥락에서 종교를 선택하지 않을 수도 있다는 뜻이다. 로크(Locke)나 레싱(Lessing) 같은 위대한 옹호자들 덕분에 종교적 관용의 발전은 종교적 세속화의 매우 중요한 이득 중 하나가 되었다. 계시 종교로서의 기독교가 진리의 유일한 형태라는 관점이 점차 약화되면서 종교학은 그 반대 방향으로 나아갔다. 즉 어떤 경우라도 종교는 개인의 문제가 아니라 사회적 맥락에서 연구되어야 한다는 관점이었다.

카를 야스퍼스가 말한 "축의 시대(axial age)"의 위인들, (시나진 결정론이 아닌가 의심스럽기는 하지만),[11] 자라투스트라, 이스라엘의 예언자들, 붓다, 그리스 철학자들 이래로 역사 시대를 통틀어 종교에 관한 모든 성찰은 문화비평(Kulturkritik)이 아닌 것이 없었다.[12] 종교에 대해 성찰하려면, 기본적으로 내부자의 입장에서 종교의 전통을 서술하는 신학자들조차, 오늘날의 종교적 신앙이나 종교적 관습으로부터 일정한 거리를 유지할 수밖에 없다. 초기 근대의 종교 연구도 이러한 법칙에서 예외가 아니었다. 연구자들은 가톨릭과 프로테스탄트 신자가 모두 포함되어 있었지만, 그 내용이 기독교 비판과 밀접하게 연결되어 있었다는 사실은 두말할 필요가 없다. 또한 그만큼 분명하지는 않더라도, 가톨릭과 프로테스탄트 지식인들의 관계로부터 새로운 학문이 탄생한 것도 사실이었다. 민족학자로 활동한 가톨릭 선교사들도, 언어학자로 변모한 프로테스탄트 신학자들도, 서로의 도움 없이 근대 비교종교학의 토대가 된 전제를 만들었다고 할 수는 없을 것이다. 이는 오직 양측의 변증법적 관계에 의해서만 가능한 일이었다.

사실 이런 식의 변증법적 과정은 가톨릭과 프로테스탄트 지식인들 사이뿐만 아니라, 두 종류의 분과 학문(민족학과 언어학) 사이에서도 일어났다. 한편으로는 개종시키려는 민족의 언어와 관습을 이해하고자 하

---

11 See G. G. Stroumsa, "Robert Bellah on the Origins of Religion – A Critical Review," *Revue de l'Histoire des Religions* 229 (2012): 467–77.
12 야스퍼스의 개념에 대한 최근의 재해석에 관해서는 다음을 참조. Shmuel Noah Eisenstadt (ed.), *The Origins and Diversity of the Axial Age Civilizations* (Albany, NY: State University of New York Press, 1986), and Robert N. Bellah, *Religion in Human Evolution: From the Paleolithic to the Axial Age* (Cambridge, MA: Harvard University Press, 2011).

는 선교사 집단이 있었다. 그들은 민족학 원리에 대해서는 일자무식이었지만 우연히 민족학적 발견을 하게 된 셈이었다. 다른 한편으로 문헌학자들은 다양한 동양의 언어를 연구하면서, 연구하는 텍스트를 편집 및 번역하기 위해 그 내용을 이해하는 법을 배우게 되었다. 도미니코회 수도사 바르톨로메 데 라스 카사스(Bartolomé de las Casas)로부터 예수회 수도사 프랑수아 라피토(François Lafitau)에 이르기까지, 신대륙의 가톨릭 선교사들은 최소한 암묵적으로라도 사회인류학의 학문적 원칙을 수립하는 데 기여했다. 더욱이 근대 종교 연구는 기본적으로 비교 연구였기 때문에, 종교적 행위나 종교적 어휘를 분석할 때 문헌학(언어학)과 민족학이 종합적으로 필요할 수밖에 없었다. 오늘날 야만인의 종교가 고대 이교도의 종교와 비슷하다면, 이들을 함께 연구할 경우 양측의 비슷한 혹은 비교 가능한 텍스트를 비교해보는 것이 가능할 뿐만 아니라 반드시 필요한 일이 아닐 수 없다. 뿐만 아니라 고대의 텍스트와 오늘날의 관습이 우리에게 무엇을 가르쳐주는지도 비교를 해보아야 할 것이다.

비교종교학과 기독교의 혹독한 시련

앞에서는 종교의 새로운 패러다임과 문화비평을 언급했다. 프랑수아 드 라 모트 르 베이에(François de la Mothe le Vayer, 1588~1672년) 같은 자유사상가들은 이교도와 기독교의 신화 및 의례를 비교하는 데 지대한 관심을 가졌다. 여기에는 후자를 폄하하려는 의도가 다분했다. 그럼에도 불구하고 근대 종교학은 여전히, 전반적으로 기독교 신자들의 기획으로 유지되고 있었다.[13] 근대 종교학에 참여한 지식인과 학자 들이 반드시 자유사상가는 아니었고 오히려 "계몽된" 기독교인이었다는 사실은 강조해둘 필요가 있을 것이다. (기독교 이단을 비롯해) 자신과 다른 종교 전통에 지적 호기심을 갖는 것만으로도 종교적·신학적 편견을 완화하고 적대적 본능을 잠재우는 데 어느 정도는 효과가 있었다. 계몽된 기독교인으로서 그들은 과거와 현재를 막론하고 종교의 모든 다양한 형태를 비평했고, 자신의 종교를 포함해서 다양한 종교적 전통을 두고 그 구조와 내용, 의례 및 신앙 등 모든 측면에서 유사성을 인식할 능력이 있었다. 그런 의미에서, 한편으로 이스라엘과 그 뒤를 이은 기독교 전통과 기타 다른 전통들 사이의 경계를 덮어버린 잠바티스타 비코(Giambattista Vico)는 동시대의 다른 지식인이나 학자 들과는 전혀 결이 달랐다.

근대적 비교종교학이 기독교를 배경으로 탄생하게 된 것은 근대의 여명이 서유럽에서 시작되었기 때문만은 아니다. 막스 뮐러(Max Müller)가 제대로 보았듯이, 기독교 자체가 그러한 발전의 밑거름이 되기에 특히 알맞은 종교였다.

우리가 하는 것과 같은 비교신학을 배양하기 위해 그토록 잘 준비된 종교는 없을 것이다. 애초에 기독교가 유대교에 대해 취한 입장은 비교신학의 첫 번째 교훈이 되어주었고, 비교신학을 따로 배우지 않은 사람들조차 두 종교의 비교에 관심을 기울이게 했다.[14]

---

13 내가 보기에 자유사상가들이 사용한 논점은 보다 온건한 성향의 학자들에 의해 이미 제시된 것들이었다.
14 F. Max Müller, *Lectures on the Science of Religion* (London: Longmans, Green, 1893), p. 29. 이 강의는 1870년에 이루어졌고, 최초 인쇄본 출간은 1873년이다. Simon Cook의 도움을 받았다. Lourens P. van den Bosch, *Friedrich Max Müller: A Life Devoted to the Humanities* (Leiden: Brill, 2002), ch. 3, pp. 243-92. 물론 이와 유

한편 근대 종교학에서는 다양성에도 불구하고 모든 종교를 관통하는 모종의 실체가 있다는 관점이 제시되었다. 주로는 전통적인 자연종교의 개념에서 비롯된 관점이었다. 이 개념은 중세로부터 이어진 것으로, 거슬러 올라가면 고대 철학에까지 그 뿌리가 닿는다. 다양한 의례와 신앙에 스며들어 인류의 통일성을 담고 있는 것이 자연종교였다. 그러나 이후 논의에서 보게 되겠지만, 자연종교의 관점은 기독교의 우월성을 인정하지 않으려는 사람들의 손에 들어가 그들을 뒷받침하는 강력한 무기가 되었다. 신앙에 관계없이 연구 대상이 되는 모든 종교적 의례에 대하여 동일한 접근법을 전제하기 때문이었다. 가장 생소한, 혹은 가장 불쾌한 인신 공양 같은 형태라 할지라도 자연종교를 반영하는 하나의 종교로 인정되었고, 심지어 강력한 종교적 신앙으로 간주될 수도 있었다. 이는 분명 기독교적 계시의 관념에 심각한 타격을 주었다.

그렇다면 근대 종교학 연구가 등장 및 성장한 보다 구체적인 조건은 무엇이었을까? 핵심적 문제는 그 탄생을 가능하게 만든 배경 담론이 무엇이었는지를 확인하는 것이다.[15] 인류 보편적 종교에 주목하는 학문적 접근의 심대한 변화, 그리고 르네상스와 계몽주의 시기 사이에 나타

사한 사례는 이슬람에서도 확인할 수 있을 것이며, 실제로 중세 이슬람 문명권에서 종교의 역사를 비교의 관점에서 이해하려는 매우 인상적인 노력이 있었다. 마이모니데스 (Maimonides) 또한 이러한 맥락에서 이해해야 한다. Sarah Stroumsa, *Maimonides in His World: Portrait of a Mediterranean Thinker* (Princeton University Press, 2009), ch. 4 참조.

15 Martin Mulsow는 근대적인 종교사 연구를 가능하게 했던 극적인 지적 변화를 강조했다. 특히 다음을 참조. Martin Mulsow, "Antiquarianism and Idolatry: The Historia of Religions in the Seventeenth Century," in Gianna Pomata and Nancy G. Siraisi (eds.), *Historia: Empiricism and Erudition in Early Modern Europe* (London: MIT Press, 2005), pp. 181-209.

난 종교 자체의 변화 양상은, 앞서 언급한 세 가지 주요 현상의 맥락에서 보아야 할 것이다. 지리적 발견, 근대 문헌학(언어학)의 탄생, 종교전쟁은 지적 분위기와 종교적 태도를 모두 심각하게 바꿔놓았다. 이 세 가지 현상이 하나로 합쳐지면서 새로운 종류의 지적 호기심이 만들어졌고, 비교종교학이 탄생하게 되었다. 여기서 핵심은 지적 호기심이다. 예컨대 에드워드 사이드(Edward Said)가 그의 유명한 저서《오리엔탈리즘(Orientalism)》에서 말했듯이, 오리엔탈리즘의 탄생은 분명 프랑스와 영국의 제국주의 기획 및 태도와도 관련이 있었다.[16] 그러나 그것은 일부 측면에 한해서만 옳은 말이다. 에드워드 사이드도 보지 못했고, 또한 많은 사람이 잊어버렸거나 알아보지 못했던 사실이 있다. 즉 학자들이 일생을 바쳐 그토록 많은 에너지를 쏟아부으며 난해한 언어와 복잡한 신화학과 기묘한 문학을 연구하려면, 엄청난 양의 지적 호기심에 고취되어야 했다. 그와 같은 지적 호기심이 전통적인 인식과 사고 패턴의 변화에까지 도달하려면 먼 길을 걸어가야 했다. 모든 전통적 범주를 넘어서는 민족적·문화적·종교적 혹은 이데올로기적·지적 호기심은 "학문을 위한 학문(la science pour la science)"이 번성하기 위해 반드시 필요한 전제 조건이었다.

근대적이고 비-신학적인 종교 연구를 시작한 초기 근대 학자들은 모두가 개인적 관심사에서 출발했다. 그러나 그들이 객관적 위치에 있지 않다고 해서 방법론에 오류가 있다고 판단하거나 그 연구 업적의 학

---

16 Edward W. Said, *Orientalism* (New York: Pantheon, 1978). 우리가 논의하는 시기보다 Said가 다루는 시기가 더 후대라는 점을 유의하라.

술적 가치를 부정한다면, 그것은 오해가 아닐 수 없다. 연구 대상에 깊은 관심을 가졌기 때문에 그들은 연구 대상이 되는 사람들의 신앙에도 어느 정도 공감하게 되었다. 다시 말해 그들의 지적 호기심 덕분에 적어도 어느 정도는 개인적 태도와 편견을 극복할 수 있었다. 인문학에서 언제나 논란이 되곤 하는 과학적 객관성 개념은, 종교 연구처럼 복잡하고 개인적 태도나 신앙이 깊이 연루된 분야를 연구할 때는 분명 더욱 문제가 되기 마련이다. 종교학자들이 연구하려는 어떤 현상에, 그것이 자신이 속한 전통 안의 현상이든 바깥의 현상이든, 완전히 가치중립적(wertfrei)으로 접근할 수 있는 방법을 개발할 수 있었을지는 논란의 여지가 있는 문제다. 그러나 여기서 우리가 논의하는 지점은 세속화 과정 초창기, 즉 아메리카와 아시아의 문명을 발견했던 시점에 국한되어 있다. 아메리카 원주민에서부터 유대인, 무슬림 세계, 인도, 중국, 일본에 이르기까지 모든 문화와 종교를 연구하는 과정에서도 유럽의 기독교인은 오래도록 고착되어온 편견을 불식할 수 없었고, 제국주의의 유혹에 넘어가는 경우가 흔했다. 식민주의의 덫은 더 나중에 일어난 문제였다.

위대한 문헌학자 아이작 커소번(Isaac Casaubon)은 그가 사망한 해인 1614년 당시 거주하던 영국 런던에서 〈16성사와 성찬식에 대하여(De rebus sacris et ecclesiasticis exercitationes xvi)〉를 출간했다. 이 책에서 저자는 엄격한 문헌학적 논증을 통해 〈헤르메스 총서(Corpus Hermeticum)〉의 상한 연대와 위작 가능성을 밝혔다(헤르메스주의는 서양 밀교 전통의 일종 – 옮긴이). 프랜시스 예이츠 여사(Dame Frances Yates)는 아이작 커소번의 저서가 르네상스와 근대를 가르는 분수령이라고 평했다.[17] 프랜시스 예이츠는 그의 책이 기존의 전체론적 개념을 혁파하고,

고대 텍스트에 대한 역사적·비판적 접근 방식을 개척했으며, 따라서 근대 종교학과 철학적 사상의 초기 역사를 만들었다고 주장했다. 그렇다면 과거나 현재의 종교적 현상을 연구하는 새로운 패러다임은 17세기 초엽 학자들의 노력으로 탄생하게 되었다. 물론 종교 전통과 관련해서 우리가 논의하는 시대 이전에도, 또한 이후에도 주요 저작들이 저술되었다. 그러나 새로운 분과 학문의 탄생은 특정 맥락에서 활동한 개인이 잇달아 등장한 덕분이었다. 그 맥락은 여러 측면에서 만들어졌고, 여러 가지 이유가 있었을 것이다. 그 모두가 결합됨으로써 개인의 기행이 집단적 활동으로 변모할 수 있었다.

과감했던 근대성의 선구자 중 한 명인 장 보댕(Jean Bodin, 1530~1596년)은 중세 시기에 사용한 종교 분류법을 준용하여 《7인의 대화Heptaplomeres》에 등장하는 인물 중 프리데리쿠스Fridericus의 입을 빌려) "네 종류의 종교가 있는데, 유대교, 기독교, 이스마엘교, 그리고 이교도가 있다"라고 말했다.[18] 당시 스페인 선교사들을 비롯한 여러 다양한 여행자들은 뉴스페인과 페루의 원주민에서부터 인도는 물론 중국, 튀르크, 페르시아에 이르기까지 바깥 세계에서 만난 사람들의 종교적 관습을 보고서 형태로 유통하기 시작했다. 그러나 아직 이런 정도의 보고서

---

17 See Frances Yates, *Giordano Bruno and the Hermetic Traditions* (University of Chicago Press, 1964). See further Anthony Grafton, "Protestant versus Prophet: Isaac Casaubon on Hermes Trismegistus," in Anthony Grafton, *Defenders of the Text: The Traditions of Scholarship in an Age of Science, 1450-1800* (Cambridge, MA: Harvard University Press, 1991), pp. 145-61.

18 Heptaplomeres v. Jean Bodin, *Colloquium of the Seven about the Secrets of the Sublime*, Marion Leathers Kuntz (trans.) (Princeton University Press, 1975), p. 266의 번역을 인용.

로는 가톨릭과 프로테스탄트를 막론하고, 유럽 지식인의 범주를 완전히 바꾸어 인류의 종교라는 개념으로 나아가기에 충분한 근거가 되지 못했다. 식인 풍습에 관한 몽테뉴(Montaigne)의 유명한 에세이에서 볼 수 있듯이, 여러 대륙의 다양한 관습이 이미 알려지기 시작했지만, 최근에 발견된 복잡한 현상을 효과적으로 분류할 수 있는 범주는 아직 만들어지기 전이었다.

실제로 16세기 말엽에는 과감한 출판물들이 잇달아 출간되었다. 과거와 현재의 인류 보편적 종교에 관한 새로운 시각을 열어주는 저술들이었다. 이미 1571년에 빈첸초 카르타리(Vincenzo Cartari)는 베네치아에서 그리스와 로마의 신들에 관한 도상학 연구 저서를 발표한 적이 있었다《Le imagini degli dei degli antichi, nelle quali si contengono gl'idoli, riti, ceremonie, e altre cose appartenenti alla religione de gli antichi》) 카르타리는 또한《테아트룸(Theatrum, 극장)》이라는 르네상스풍 저서도 출간했는데, 고대의 모든 "우상숭배"를 개괄적으로 보여주는 책이었다. 그들의 사원, 희생 제례, 우상, 의례, "예배"의 모든 것이 포함되었다.[19]

초기 근대 종교학에서 또 하나의 이정표는 독일의 인문학자 요하네스 뵘(Johannes Böhm)이 쓴《모든 민족의 풍습, 규범, 의례 총서(Mores, leges et ritus omnium gentium)》다. 초판은 1520년 아우크스부르크에서 출간되었다. 이 책은 1세기 만에 무려 47쇄가 인쇄되었고, 곧바로 이탈리아어, 프랑스어, 영어, 스페인어, 독일어로 번역되었다. 책에는 에티오

---

19 See Caterina Volpi, *Le immagini degli dei di Vincenzo Cartari* (Rome: De Luca, 1996).

피아와 이집트에서 페르시아와 인도에 이르기까지, 구세계 여러 지역의 문화와 관련되는 내용뿐만 아니라 북유럽의 폴란드, 러시아, 리투아니아, 보헤미아, 독일 관련 내용도 포함되었다.[20] 오만한 태도를 버리고 이국적인 문화를 순수한 지적 호기심으로 접근했다는 점이 이 책의 특징이었다. 오늘날에도 이런 저작은 흔치 않을 것이다.

새롭게 발견된 컬트(cults)를 정당화하려는 노력도 이미 시작되고 있었다. 아메리카 원주민을 대상으로 하는 일부 가톨릭 선교사들의 저서가 있었는데, 예를 들면 도미니코회 선교사 바르톨로메 데 라스 카사스(Bartolomé de las Casas, 1474~1566년)와, 그보다 조금 늦은 시기의 예수회 선교사 호세 데 아코스타(José de Acosta, 1540~1600년)의 업적이었다.[21] 선교사들은 기이한 관습과 신앙을 좀 더 잘 이해하기 위해 흔히 그들이 알고 있던 의례나 신화, 특히 고대 이스라엘이나 그리스와 로마의 종교와 비교하는 경우가 많았다.[22] 스페인 수도사들의 저술은 그리스 및

---

20 See Klaus A. Vogel, "Cultural Variety in a Renaissance Perspective: Johannes Boemus on 'The Manners, Laws and Customs of all People' (1520)," in Henriette Bugge and Joan Pau Rubiés (eds.), *Shifting Cultures: Interaction and Discourse in the Expansion of Europe* (Münster: LIT, 1995), pp. 17-34. Vogel은 Boemus가 신대륙의 문화와 종교에 관한 보고를 누락한 이유를 언급했다.
21 Las Casas의 *Brevissima relación de la destrucción de las Indias*는 1552년에 출판되었고, D'Acosta의 *De procuranda Indorum salute*는 1596년에 출판되었다. 특히 다음을 참조. Louis Hanke, *All Mankind is One: A Study of the Disputation between Bartolomé de Las Casas and Juan Ginés de Sepúlveda in 1550 on the Intellectual and Religious Capacity of the American Indians* (De Kalb, IL: Northern Illinois University Press, 1974); Anthony Pagden, *Natural Man: The American Indian and the Origins of Comparative Ethnology* (Cambridge University Press, 1981); and Bernand and Gruzinski, *De l'idolâtrie*.
22 See Sabine MacCormack, *Religion in the Andes* (Princeton University Press, 1991).

로마의 이교도와 아메리카 원주민의 종교를 비교하기 때문에, 대개는 고대 이교도의 단점으로 결론을 맺게 된다는 점도 간과해서는 안 되겠다.

16세기부터 등장한 이런 책들은 17세기에 더욱 많이 출간되었다. 지식과 태도에서 진정한 혁명이 일어났고, 그에 따라 종교 현상에 대한 이해가 근본적으로 바뀌었다. 16세기에 일어난 극적인 사건들이 17세기에 본격적으로 영향을 미치기 시작했다. 새롭게 발견된 대륙과 문화는 서서히 "문화적 풍경", 프랑스식으로 말하자면 유럽 지식인들의 상상력(imaginaire)의 일부로 편입되었다. 이외에도 히브리어나 아랍어 같은 고전적 혹은 "이국적"인 언어로 책이 출간되었고, 유럽의 기독교 세계는 뿔뿔이 흩어지고 말았다. 전 세계적으로 종교의 다양성이 대두되자, 이제 종교는 세계의 보편적 현상 중 하나로 재규정되어야 했고, 여기서는 신앙보다 의례에 강력한 주안점을 두어야 했다.

1651년에 출간된 토머스 홉스(Thomas Hobbes)의 저서 《리바이어던(Leviathan)》은 종교를 모든 사회에서 발견되는 기본 요소로 간주하는 논의의 시초였다.[23] 이 책에서 홉스는 "이교도 중에서 종교를 정치적 언약의 기반으로 삼아 정치 공동체 설립에 성공한" 세 명의 인물로 누마 폼필리우스(Numa Pompilius), "페루 최초의 왕"(파차쿠티Pachacuti를 의미), 무함마드를 꼽았다. 파차쿠티를 누마와 나란히 언급한 것은 분명 라스 카사스의 직접적인 영향이었다. 라스 카사스는 《역사 변증법(Apologetica historia)》이라는 책에서 "안데스 지역의 종교를 재건한 잉카의 지도자 파차쿠티를 구대륙의 누마에 빗대었다."[24] 초기 근대 시민 종

---

23 Thomas Hobbes, *Leviathan* (Oxford University Press, 1998), ch. 1, p. 12.

교(civil religion, 공공 기념일 등 종교는 아니지만 종교적 성격이 있는 요소 – 옮긴이)는 상당 부분 선교사의 민족학적 논의에 기초를 둔 것이었다. 실제로 선교사들은 자신들이 목격한 의례가 "시민 종교"에 속한다고 설명하는 경우가 많았다. 그들이 이교도로 낙인찍히는 것을 막아주고자 하는 의도가 있었기 때문이다. 만약 유교 의례가 조로아스터교의 중심인 화염 숭배와 마찬가지로 사회를 지탱하기 위해 만들어진 의례로 이해된다면, 마땅히 이교도라는 비난에서 면제되어야 한다. 도미니코회의 고발에 맞서 예수회의 유교 의례 논쟁이 벌어졌는데, 후대에 이를 의례 논쟁(La querelle des rites)이라 일컬었다. 예수회 사람들이 중국인처럼 행동하면서 이교도의 의례에 참여한다는 것이 고발의 내용이었다. 1700년 소르본(Sorbonne) 법정에서 예수회는 결국 유죄판결을 받았다. 유사한 사례로 1700년 조로아스터교에 대한 최초의 학술서(《Historia religionis veterum Persarum eorumque Magorum》)를 출간한 토머스 하이드(Thomas Hyde)에 따르면, 조로아스터교의 화염 숭배는 페루 사람들의 태양 숭배처럼 시민 종교 의례로 이해되어야 했다. 그는 아브라함(Abraham)에서 비롯된 종교에 고대 이란의 종교도 포함했고, 마찬가지로 조로아스터교도 아브라함의 제자 계열로 분류했다.[25]

---

24 See Mark Silk, "Numa Pompilius and the Development of the Idea of Civil Religion," in Giovanni Filoramo (ed.), *Teologie politiche: Modelli a confronto* (Brescia: Morcelliana, 2005), pp. 335-56, esp. 345.
25 See Guy Stroumsa, *A New Science*, pp. 101-13, esp. 104.

새로운 학문

18세기 초엽에 상황이 상당히 근본적으로 바뀌었던 것 같다. 1724년 잠바티스타 비코(Giambattista Vico)의 역작 《새로운 학문(La scienza nuova)》 초판이 발행되었다. 이 책은 말하자면 비교종교학의 탄생을 목격한 핵심적 증인이었다. 비코는 스스로 그 학문의 본질적 원리를 발견했다고 믿었다. 초기 근대 종교학 연구자들은 대부분, 파올로 로시(Paolo Rossi)가 말했듯 "비코와 대화를 나눈 위대한 사람들"이었다.[26] 그들은 비코의 사상 형성에 필수적 역할을 했으며, 《새로운 학문》의 앞부분에서 거론되었던 인물들이다. 내가 보기에는, 기존에 《새로운 학문》과 초기 근대 종교 탐색가들의 직접적 관계를 알아보지 못한 것은 범주의 오류 때문일 수도 있다. 계몽주의 시대 다른 학자들과 마찬가지로 비코 또한 신화(mitologia)를 이야기했을 때는, 오늘날의 우리가 생각하는 신화가 아니라 그보다 더 폭넓은 비교종교학 일반을 의미했다. 18세기 전반기의 나폴리와 알프스 이북 유럽 지성계의 분위기나 학문적 자유의 차이를 결코 과소평가해서는 안 될 것이다. 이러한 차이는 비코가 전 세계를 대상으로 연구하면서도 기독교와 함께 이스라엘의 전통을 제외하기로 한 이상한 결정을 설명하는 데 많은 도움이 된다. 비코는 종교의 역사를 설명할 수 있는 원리를 찾던, 아주 오래된 옛날 사람이었다. 《새로운 학문》이 출간된 그해는 기념비적인 해였다. 같은 해에 예수회 선교사 조제프-프랑수아 라피토(Joseph-François Lafitau)의 《아메리카 원주

---

26 Paolo Rossi, *The Dark Abyss of Time: The History of the Earth and the History of Nations from Hooke to Vico* (University of Chicago Press, 1984), p. x, and Giambattista Vico, *La scienza nuova* (Milan: Rizzoli, 1977), vol. 1, ch. 1, p. 128.

민의 풍습(Les moeurs des sauvages ameriquains comparées aux moeurs des premiers temps)》이 출간되었는데, 이 책은 적어도 프랑스어권에서는 근대 사회인류학의 시초였다고 인정받고 있다. 뿐만 아니라 베르나르 퐁트넬(Bernard Fontenelle)의 걸작 《우화의 기원(De l'origine des fables)》도 그해에 출간되었다.[27]

세계의 종교를 백과사전식으로 정리한 최초의 시리즈로, 베르나르 피카르(Bernard Picard)의 유명한 판화(삽화)가 포함된 《세계 모든 민족의 종교 의례와 관습(Cérémonies et coutumes religieuses de tous les peuples)》이 1723~1743년 출간되었다(영어판과 불어판 동시 출간).[28] 이 놀라운 성과는 방대한 양의 논문과 종합적 연구가 축적된 덕분에 가능했던 일이다. 한편 최근에 이 시리즈를 연구한 주요 성과들이 잇달아 발표되었는데, 이들은 학문적 기획으로서 비교종교학의 초창기에 이 시리즈가

---

27 본문에서 인용한 *La scienza nuova*는 Paolo Rossi의 서문이 포함된 1744년 판본(Biblioteca Universale Rizzoli)을 사용했다. Giambattista Vico, *La scienza nuova* (Milan: Rizzoli, 1977) 참조. *De l'origine des fables*는 17세기 말 이전에 쓰였으나, 1724년까지 출판되지 않았다. Fontenelle이 현대 종교 연구에서 지니는 중요성에 대해서는 다음을 참조. James S. Preus, *Explaining Religion: Criticism and Theory from Bodin to Freud* (New Haven, CT: Yale University Press, 1987), ch. 3, pp. 40-55. 중요성과 명성에도 불구하고 Joseph-François Lafitau의 대표작은 최근 완전한 형태로 재출간되지 못했다. Edna Hindie Lemay가 편집한 새 판본(Paris: Maspero, 1983)은 이상하게도 종교에 관한 부분 전체를 생략했다. 다만 Joseph-François Lafitau, *Customs of the American Indians compared with the Customs of Primitive Times*의 완역 영어판은 William N. Fenton and Elizabeth L. Moore (trans.) (Toronto: Champlain Society, 1974-7)를 참조할 수 있다.
28 See Silvia Berti, "Bernard Picart e Jean-Frédéric Bernard dalla religione riformata al deismo: Un incontro con il mondo ebraico nell'Amsterdam del primo settecento," *Rivista Storica Italiana* 117 (2005): 974-1001. 여기서 Berti는 해당 출판물과 그 맥락에 대해 상세히 기술했다.

담당한 결정적 역할을 강조했다.²⁹

고고학자와 선교사 들의 저서는 시민 종교 개념과 직접적으로 연결되었는데, 루소(Rousseau)의 《사회계약론(Contrat social)》 때문에 개념의 중요성이 더욱 커졌다. 이를 보더라도 초기 근대 담론에서 비교적 관점의 종교 연구가 얼마나 중요한 역할을 했는지 알 수 있다. 흔히들 초기의 비교종교학은 자유사상가들로부터 비롯된 것으로 알고 있다. 이런 관점은 잘못된 것이다. 초기 고고학자를 비롯한 연구자들은 가톨릭 신자나 프로테스탄트 등 계몽된 기독교인이 대단히 많았다. 이들은 자신의 연구 대상에 자신의 종교도 포함하고자 했다. 자유사상가들과 자연신론자(Deists)들은 18세기에 이르러서야 새로운 분과 학문의 힘을 충분히 깨달았다. 종교법 입법자들이 종교를 확립하기 위해 같은 방법을 사용했다면, 이들 방법론이 누마 폼필리우스(Numa Pompilius)의 경우처럼 악명을 떨친 사기였다면(그는 밤마다 님프 에게리아Egeria를 만나 이야기를 듣고 그것을 반영했다고 전한다. Livy [i.19]), 예수를 모세 혹은 무함마드와 비교하지 못할 이유가 없다. 더욱이 18세기의 가장 유명한 비밀출판 사건이 실제로 일어났다. 익명의 저자가 저술한 것으로 해서 《세 명의 사

---

29 See Lynn Hunt, Margaret C. Jacob, and Wijnand Mijnhardt, *The Book that Changed Europe: Picart and Bernard's Religious Ceremonies of the World* (Cambridge, MA: Harvard University Press, 2010), as well as Lynn Hunt, Margaret C. Jacob, and Wijnand Mijnhardt (eds.), *Bernard Picart and the First Global Vision of Religion* (Los Angeles: Getty Research Institute, 2010). Picart의 판화는 최근 Paola von Wyss-Giacosa의 탁월한 연구서에서 다루어진 바 있다. Paola von Wyss-Giacosa, *Religionsbilder der frühen Aufklärung: Bernard Picarts Tafeln für die Cérémonies et coutumes religieuses de tous les peuples du monde* (Wabern, Bern: Benteli Verlag, 2006).

기꾼(De tribus impostoribus)》이라는 책이 먼저 유통되었고, 곧이어 프랑스판(《Le traité des trois imposteurs》)이 출간되었다.[30] 이제부터 제대로 된 종교라면 점점 더 자연주의적 종교가 되어야 했고, 동시에 계시 종교, 특히 기독교에 대한 멸시의 분위기가 수반되었다.

이와 같은 상황 변화는 아마도 불가피했을 것이다. 우리가 논의하는 시대에는 비교의 패턴 자체가 또한 진화했다. 16~17세기를 거치는 동안 정신의 작용을 인정하는 입장에서 배제하는 입장으로 변화가 일어났다.[31] 17세기 초엽, 성경 못지않게 오래된 다른 문화를 발견하면서 종교적 개념과 시스템의 비교가 시작되었다. 이용할 수 있는 학문적 도구가 충분하지 못했음에도 불구하고, 존 마샴(John Marsham) 같은 학자들은 종합적인 연표를 제작했고, 유럽 문화의 두 기둥으로 호메로스와 성경을 비교했다. 당시에는 기원의 문제보다 구조의 문제에 더욱 관심이 많았다. 한동안 호메로스와 성경 사이에 미묘하고 예민한 균형이 지속되었던 것 같다. 나중에 다른 근거 자료들이 발견되면서 이러한 균형도 깨지게 되었다. 특히 필론 뷔블리오스(Phílōn Býblios)가 인용한 기원전 9세기의 전설적인 페니키아 작가 산쿠니아톤(Sankhuniaton)의 글이 로마 작가 에우세비우스(Eusebius)의 저서에 남아 있어서, 많은 18세기 사람들의 마음을 사로잡았다. 주사위는 던져졌다. 이제 성경에 기록된 고대는 절대적 기준이 될 수 없었으며, 다른 문헌과 인물이 더 오래된 것일 수

---

30 이 책에 대해서는 다음을 참조. Georges Minois, *Le traité des trois imposteurs: histoire d'un livre blasphématoire qui n'existait pas* (Paris: Albin Michel, 2009).
31 See John Bossy, "Some Elementary Forms of Durkheim," *Past and Present* 95 (1982): 3-18.

도 있었다. 성경은 확실한 근거의 지위를 잃어버렸고, 18세기 사람들이 생각하는 가장 오래된 문화적 우월성의 아우라(aura)는 중국으로 넘어 갔다가, "동양학의 인디애나 존스"로 알려진 윌리엄 존스 경(Sir William Jones, 1746~1794년)의 역작을 통해 산스크리트어 지식이 유럽으로 소개되자, 19세기 초기의 문화적 아우라는 다시 인도로 넘어갔다. 19세기에는 인도와 인도유럽어 연구가 부각되었고, 성경 우위 전통이 소멸되었고, 인도유럽어족과 셈족 "신화"가 대립되었고, 위계에 입각한 문화의 분류와 그에 따른 비극적인 결과가 나타났다.[32]

프랑스혁명 이후 잠시 나타났던 "최고 존재의 숭배(le culte de l'Etre suprême)"라는 신종교의 소멸은 우리가 논의하는 시대의 종말을 상징하는 사건이었다. 그즈음 18세기를 마감하던 시기에 샤를 뒤퓌(Charles Dupuis)의 《모든 종교의 기원(Origine de tous les cultes)》이라는 거대한 시리즈가 출간되었다. 그는 세계 모든 민족의 종교적 전통이 태양 숭배로부터 그토록 다양한 변형으로 발전한 것으로 해석했다.[33] 그 직후 프리드리히 슐레겔(Friedrich Schlegel)의 《인디언의 언어와 지혜(Über die Sprache und Weisheit der Indier)》(1807년)라는 책이 출간되면서 새로운 문헌학적 엄밀성에 바탕을 두는, 종교학의 전혀 새로운 시대가 열렸다.

---

32 See Maurice Olender, *Les langues du paradis* (Paris: Gallimard, Le Seuil, 1989), and Suzanne L. Marchand, *German Orientalism in the Age of Empire: Religion, Race, and Scholarship* (Cambridge University Press, 2009).

33 Charles François Dupuis, *Origine de tous les cultes, ou religion universelle* (Paris: Chez H. Agasse, L'an iii de la République, 1794), and Frank E. Manuel, *The Eighteenth Century Confronts the Gods* (New York: Athenaeum, 1967), pp. 259-70.

주지하듯이 에드워드 사이드(Edward Said)는 18~19세기의 오리엔탈리즘(Orientalism)이 제국주의의 시대와 문화에 속해 있다는 사실을 강조했다. 그 사실 자체를 부인할 수는 없지만, 그의 비판은 과도한 면이 있었다. 초기 오리엔탈리스트들은 단지 유럽 궁정이 벌이는 그레이트 게임의 꼭두각시에 불과했지만, 그럼에도 불구하고 지적 호기심으로 끈기 있는 노력을 전개했다는 사실을, 아마도 그가 충분히 인식하지 못했기 때문일 것이다.[34] 아랍과 이슬람을 연구한 초기 학자들도, 비록 그들이 기독교인으로서 처음에는 본능적으로 무함마드와 그의 종교에 반감을 가졌지만 결국 이슬람을 존중하는 법을 배웠다. 기독교인으로서 히브리어를 연구한 학자들도 마찬가지였다. 그들은 요하네스 북스토르프(JohannesBuxtorf, 1564~1629년)와 그의 저서 《유대교 시나고그(Synagoga Judaica)》(1604년, 독일어판 1603년))에서 유대교 의례를 관찰하는 법을 배웠다. 그들의 애초 의도는 유대인 개종이었을 수도 있지만, 머지않아 그들은 방대한 랍비 전통의 문헌을 존중하는 법을 배우게 되었다. 그러나 유대인은 특별한 경우였다. 유럽의 기독교인에게 유대인이란, 내부자인 동시에 외부자였고, 관용을 베풀었지만 사회적으로 쉽게 통합되지 않는 상대였다. 히브리어는 신성한 언어인 동시에 동

---

34 대단한 영향력을 미쳤던 Said의 이 책은 수많은 논쟁적 연구를 촉발했다. 《오리엔탈리즘》에 대한 가장 우수한 학문적 응답은 아마도 Robert Irwin, *For Lust of Knowing: The Orientalists and their Enemies* (London: Allen Lane, 2006)일 것이다. 또한 Ibn Warraq, *Defending the West: A Critique of Edward Said's Orientalism* (Amherst, NY: Prometheus Books, 2007) 참조. Said와 Irwin이 다루는 오리엔탈리스트들은 거의 전적으로 아랍과 이슬람 학자들이다. 인도, 중국, 일본의 종교를 다룬 초기 오리엔탈리즘에 대한 탁월한 연구로는 Urs App, *The Birth of Orientalism* (Philadelphia, PA: University of Pennsylvania Press, 2010)을 볼 것.

방의 언어였다. 근대 유대교 연구는 오래지 않아 성경 이후의 문헌과 전통, 관습을 인정했다. 특히 1681년 출간된 리샤르 시몽(Richard Simon)의 《유대인의 의례와 교회의 규범 비교(Comparaison des cérémonies des juifs et de la discipline de l'eglise)》라는 책이 그러한 변화에 크게 기여했으며, 이후로도 오래도록 인정을 받았다.[35] 그러나 갈수록 유대교의 동양적 특성이 부각되면서, 유대교와 기독교의 발생 및 구조적 연관을 강조하는 연구는 점차 중요성을 잃어갔다. 이제 유대교는 고대 이스라엘의 화석이 아니라 종교 그 자체로 인식되었다. 1704년 출간된 크레키니에르 후작(marquis de la Créquinière)의 흥미로운 저서 《동방 인도인의 풍습과 유대인, 그리고 기타 고대인의 풍습의 일치(Conformités des coutumes des Indiens orientaux avec celles des Juifs et des autres peuples de l'antiquité)》도 있었다. 존 톨랜드(John Toland)가 곧장 영어로 번역한 것으로 보아, 당시 그 책의 인기를 짐작할 수 있다.[36] 19세기 말에서 20세기로 넘어오며 유대인을 "동양화"하는 과정에서, 동시에 새로운 인종적 반유대주의가 등장했다. 그러나 이는 별도로 논의해야 할 다른 문제다.

대체로 초기 근대의 비교종교학은 17세기의 의례에서 18세기의 신화 중심으로 넘어가는 과정을 반영하고 있다. 앞에서 언급한 "신화학"은 당시로서는 "종교적 시스템"과 같은 의미였다. 백과전서(Grande Encyclopédie)의 해당 항목(백과전서의 기획자 디드로 본인의 저술로 추정)도 그 점을 강조하고 있다. 과거와 현재 인류의 종교적 전통을 해석하

---

35 See Stroumsa, *A New Science*, pp. 68-76 and notes.
36 See Stroumsa, *A New Science*, p. 159 and note 6.

고 이해하려는 지적 노력의 주요 결과는 곧이어 셸링(Schelling)과 헤겔(Hegel)의 연구로 이어졌으며, 1870년대부터 대학교에 학과로 편제되기 시작한 동양학과 및 종교학과의 근거가 되었다.

더 읽어보기

App, Urs, *The Birth of Orientalism* (Philadelphia, PA: Pennsylvania University Press, 2010).

Bernand, Carmen, and Serge Gruzinski, *De l'idolâtrie: une archéologie des sciences religieuses* (Paris: Seuil, 1988).

Bodin, Jean, *Colloquium of the Seven about the Secrets of the Sublime*, Marion Leathers Kuntz (trans.) (Princeton University Press, 1975).

Feil, Ernst, *Religio, die Geschichte eines neuzeitlichen Grundbegriffs* (Göttingen: Vandenhoeck & Ruprecht, 1986-2001).

Grafton, Anthony, "Protestant versus Prophet: Isaac Casaubon on Hermes Trismegistus," in Anthony Grafton, *Defenders of the Text: The Traditions of Scholarship in an Age of Science, 1450-1800* (Cambridge, MA: Harvard University Press, 1991), pp. 145-61.

Gruzinski, Serge, *Les quatre parties du monde: histoire d'une mondialisation* (Paris: La Martinière, 2004).

Hanke, Louis, *All Mankind is One: A Study of the Disputation between Bartolomé de Las Casas and Juan Ginés de Sepúlveda in 1550 on the Intellectual and Religious Capacity of the American Indians* (De Kalb, IL: Northern Illinois University Press, 1974).

Hazard, Paul, *The European Mind, 1680-1715* (New Haven, CT: Yale University Press, 1952).

Hunt, Lynn, Margaret C. Jacob, and Wijnand Mijnhardt (eds.), *Bernard Picart and the First Global Vision of Religion* (Los Angeles: Getty Research Institute, 2010).

_____, *The Book that Changed Europe: Picart and Bernard's Religious Ceremonies of the World* (Cambridge, MA: Harvard University Press, 2010).

Israel, Jonathan I., *Radical Enlightenment: Philosophy and the Making of Modernity, 1650-1750* (Oxford University Press, 2001).

Kippenberg, Hans Georg, *Discovering Religious History in the Modern Age* (Princeton University Press, 2002).

Lafitau, Jean-François, *Customs of the American Indians compared with the Customs of Primitive Times*, William N. Fenton and Elizabeth L. Moore (trans.) (Toronto: Champlain Society, 1974-7).

Manuel, Frank E., *The Eighteenth Century Confronts the Gods* (New York: Athenaeum, 1967).

Marchand, Suzanne L., *German Orientalism in the Age of Empire: Religion, Race,*

and Scholarship (Cambridge University Press, 2009).
Minois, Georges, Le traité des trois imposteurs: histoire d'un livre blasphématoire qui n'existait pas (Paris: Albin Michel, 2009).
Müller, F. Max, Lectures on the Science of Religion (London: Longmans, Green, 1893).
Mulsow, Martin, "Antiquarianism and Idolatry: The Historia of Religions in the Seventeenth Century," in Gianna Pomata and Nancy G. Siraisi (eds.), Historia: Empiricism and Erudition in Early Modern Europe (Cambridge, MA: MIT Press, 2005), pp. 181-209.
Olender, Maurice, The Languages of Paradise: Race, Religion, and Philology in the Nineteenth Century (Cambridge, MA: Harvard University Press, 1992).
Pagden, Anthony, Natural Man: The American Indian and the Origins of Comparative Ethnology (Cambridge University Press, 1981).
Preus, James S., Explaining Religion: Criticism and Theory from Bodin to Freud (New Haven, CT: Yale University Press, 1987).
Rossi, Paolo, The Dark Abyss of Time: The History of the Earth and the History of Nations from Hooke to Vico (University of Chicago Press, 1984).
Said, Edward W., Orientalism (New York: Pantheon, 1978).
Silk, Mark, "Numa Pompilius and the Development of the Idea of Civil Religion," in Giovanni Filoramo (ed.), Teologie politiche: Modelli a confront (Brescia: Morcelliana, 2005), pp. 335-56.
Smith, Wilfred Cantwell, The Meaning and End of Religion: a New Approach (New York: Macmillan, 1963).
Stroumsa, Guy G., A New Science: the Discovery of Religion in the Age of Reason (Cambridge, MA: Harvard University Press, 2010).
Taylor, Charles, A Secular Age (Cambridge, MA: Harvard University Press, 2007).
Vico, Giambattista, La scienza nuova (Milan: Rizzoli, 1977).
Vogel, Klaus A., "Cultural Variety in a Renaissance Perspective: Johannes Boemus on 'The Manners, Laws and Customs of all People' (1520)," in Henriette Bugge and Joan Pau Rubiés (eds.), Shifting Cultures: Interaction and Discourse in the Expansion of Europe (Münster: LIT, 1995), pp. 17-34.
Volpi, Caterina, Le immagini degli dei di Vincenzo Cartari (Rome: De Luca, 1996).
von Wyss-Giacosa, Paola, Religionsbilder der frühen Aufklärung: Bernard Picarts Tafeln für die Cérémonies et coutumes religieuses de tous les peuples du monde (Wabern, Bern: Benteli Verlag, 2006).
Yates, Frances, Giordano Bruno and the Hermetic Traditions (University of Chicago Press, 1964).

CHAPTER 14

유럽과 해외의 기독교

하백가夏伯嘉, R. Po-chia Hsia

1710년대 프랑스의 예수회 선교사 장-밥티스트 레지스(Jean-Baptiste Régis, 1663~1738년)와 피에르 자르투(Pierre Jartoux, 1668~1720년)는 만주인 관리와 병사로 구성된 수행단을 이끌고, 청 제국과 몽골 스텝 사이에 놓인 만리장성을 따라 주변 지역을 조사하고 지도를 그리는 작업을 서두르고 있었다. 청 제국의 황제 강희제(康熙帝)는 예수회 선교사들을 고용해 지도 제작 임무를 맡겼다. 광대한 제국의 체계적이고 종합적인 지도 제작이 처음 시도되는 중이었다. 그 일을 맡은 지도 전문가 레지스와 자르투는 뜻밖의 인물을 만났다. 예수회 선교사들은 스텝 지대의 어디쯤에서 몽골의 왕자와 마주쳤다. 그를 수행하는 라마교 승려들 중 일부는 그리스어가 새겨진 성모마리아상을 지니고 있었고, 이를 본 예수회 선교사들은 깜짝 놀랐다. 러시아정교회 성직자들이 그들에게 준 선물이었다. 팽창하는 러시아와 청 제국의 국경 지대인 몽골은 티베트 불교 문화권에 속하는, 기독교의 중심지로부터 워낙 멀리 떨어진 곳이었다. 그곳에서 기독교의 두 분파인 로마가톨릭과 그리스정교회가 맞닥뜨린 사건을 보는 우리도 그들 못지않게 놀라게 된다. 이번 장에서는 이 놀라운 사건의 배경을 설명해보고자 한다.

1400년의 기독교

1800년의 기독교는 역동적 팽창과 세계 지배의 역사를 써나가게 되지만, 초기 근대가 시작될 무렵에는 그런 조짐이 전혀 없었다. 1400년의 기독교는 크게 세 그룹으로 나뉘어 있었다. 첫 번째 기독교 분파는 라틴교회(Latin Christianity)로, 유럽의 거의 모든 지역에 확산되어 있었으며, 수장은 교황이었다. 교회의 대분열(Great Schism, 1378~1415년) 시기, 로마와 아비뇽에 각각 교황이 주재하면서 서로가 서로를 파문하는 등 교회의 권위는 위기의 수렁에 빠져 있었다. 한편 보헤미아 지역에서는 종교적 반감이 점점 커지다가 로마의 라틴교회에 반대하는 반란이 전국적으로 번졌지만, 이후 협상을 통해 교황령의 권위가 회복되기도 했다.

두 번째 기독교 분파는 동방정교회(Eastern Orthodoxy)로, 남동부 유럽과 동부 유럽을 장악하고 있었다. 중심지는 콘스탄티노폴리스였고, 전례 언어는 그리스어를 사용했다. 동방정교회가 로마의 라틴교회에서 공식적으로 분리된 때는 1054년이었다. 언어의 차이 외에도 양 교회는 교회론에서 근본적인 입장 차이를 보였다. 동방정교회는 로마 주교의 주도권을 결코 용납하지 않았다. 비잔티움 제국의 중심에 위치한 동방정교회는 그리스정교회였다. 정교회는 여기서 불가리아, 루마니아, 키예프로 확산되었고, 마침내 모스크바 공국의 공식 종교가 되었다. 15세기 초엽, 무슬림 제국 오스만튀르크의 진격으로 비잔티움 제국의 잔류 세력은 과거의 출발점으로 축소되었다. 그에 따라 동방정교회 또한 포위 공격을 면치 못했다. 1439년 피렌체 공의회에서 라틴교회와의 재결합이 시도되었지만 동방정교회의 신자들은 이를 받아들이지 않았다. 1453년 콘스탄티노폴리스가 오스만튀르크에 함락되었지만 오스만 제국은 정치적 소수파에 대한 관용 정책으로 그리스정교회를 허용했다. 16세기에는 사도 계승을 상징하는 동방정교회의 망토가 모스크바 공국으로 넘어갔다.

세 번째 기독교 분파는 오리엔트정교회(Oriental Orthodoxy, 혹은 Eastern Christian churches)로, 아프리카와 아시아에 분포했다. 오리엔트정교회는 라틴교회와 달리 칼케돈(Chalcedon) 공의회(451년)에서 채택된 도그마, 즉 그리스도가 완전한 인간이자 완전한 신으로서 두 가지 본성을 가진다는 교리를 거부했다. 대신 오리엔트정교회는 신성과 인성이 그리스도 안에서 결합되어 있다고 믿었다. 이 교리는 단일한 본성을 인정한다고 해서 단성론(monophysite)이라 한다. 단성론을 따르는 오리엔트정교회는 그러나 지리와 민족적 이유로 세부적 분파로 나뉜다. 그중 한 분파는 이집트 기독교의 유산으로, 이른바 콥트교회(Coptic Church)로 알려져 있는데, 이슬람의 북아프리카 정복 이후 정치적 소수파의 교회로 남아 있었다. 콥트교회의 최고 권위자는 알렉산드리아 총대주교였다. 그는 에티오피아교회(Ethiopian Church)에도 상당한 영향력을 행사했지만, 에티오피아교회는 민족적으로나 언어적으로 분리되어 있었다. 아르메니아교회(Armenian Christianity)는 오리엔트정교회의 또 다른 일파였다. 아르메니아 기독교는 가장 오래전에 국교로 지정되고 예루살렘에서도 강렬한 존재감을 드러냈지만, 몽골의 공격으로 아르메니아의 독립이 무너진 이후 초기 근대에 이르러 일부는 오스만 제국에, 또 다른 일부는 사파비 제국에 편입되었다. 시리아교회(Syrian Christianity)는 오리엔트정교회의 또 다른 분파로, 중심지는 안티오키아, 알레포, 바그다드 등이었다. 여기서 출발해서 동쪽으로 인도 서해안까지, 그리고 실크로드의 해상무역로를 거쳐 중국까지 교세가 전해졌다. 유일하게 에티오피아교회를 제외하면 오리엔트정교회는 그리스정교회와 함께, 상대적으로 타종교에 관대한 이슬람의 통치 아래 소수파인 기독교를 대표했다. 비록 정치권력은 갖지 못했지만 오리엔트 기독교는 단일하고 강력한 민족종교 공동체로서, 초기 근대를 거치는 동안 이슬람의 통치 아래에서도 성공적으로 정체성을 유지했다. 오리엔트정교회가 경험한 외부의 침략은 사실 로마가톨릭의 공세였다. 16~17세기 가톨릭 선교사는 오리엔트정교회 신도를 주요 개종 대상으로 삼았다.

4세기에 콘스탄티누스 황제의 개종으로 정치권력이 기독교를 세계종교로 만들었듯이, 종교로서의 기독교와 기독교 국가들의 깊은 관계를 이해하지 못하면 초기 근대 기독교의 역사 또한 이해하기 어려울 것이다. 정치적 소수파이면서도 안정적 지위를 누린 오리엔트정교회나 오히려 쇠락의 길을 걸은 그리스정교회의 상황은, 라틴교회와 러시아정교회의 세계적 팽창과 뚜렷한 대조를 보였다. 이제 이들의 발전상을 알아볼 차례다.

위기에서 위기로: 라틴교회

라틴교회는 과거에도 그랬지만 오늘날에도 세계 기독교를 대표한다. 거듭되는 심각한 위기의 극복, 세계적 확산, 다른 종교나 기독교 다른 분파들과의 관계 등이 이번 장에서 우리가 논의할 핵심이다. 가장 주목할 만한 이야기는 초기 근대에 라틴교회의 생존이 달려 있었던 두 차례의 심각한 위기와 관련된 내용이다. 하나는 앞에서 언급한 교회의 대분열(Great Schism, 1378~1415년)이고, 다른 하나는 프로테스탄트 종교개혁과 종교전쟁(1517~1648년)이다.

교황의 권위 회복은 1417~1517년에 있었던 발전 과정의 대표적 상징이라 할 수 있다. 콘스탄츠(Konstanz) 공의회(1414~1417년)에서 라틴교회의 대표들은 세 교파의 교황을 모두 사임시켰고, 교회의 대분열 시대를 종식시켰으며, 교황 권위 회복의 첫발을 내디뎠다. 1431년 교황 마르티노(Martino) 5세가 소집한 바젤(Basel) 공의회와 1449년 로잔(Lausanne) 공의회 사이, 라틴교회의 세력을 보장할 수 있는 최선의 방안으로, 공의회(council)나 주교(bishop)가 아니라 교황의 최고 권위를 인정해야 한다는 주장이 제기되었다. 이것이 앞으로 오래도록 지속될 중앙집권화 과정의 첫걸음이었다. 그에 따라 라틴교회의 특징으로 로마화(Romanization) 및 이탈리아화(Italianization)가 강하게 자리 잡게 되었다. 라틴교회의 중심이 되는 교황 선거에서 (프랑스 군주의 개입과 더불어) 아비뇽의 주장을 누름으로써 이후 교황은 확고히 로마에 뿌리를 내리게 되었다. 추기경단에서는 스페인과 프랑스 국가 대표가 강세였지만, 이탈리아 중부와 북부의 명문가들이 교황청의 고위직을 지배하면서 교황 선거는 거의 배타적으로 이탈리아 차지가 됐다. 1800년 이전(심지어 1978년을 기준으로 보더라도) 이탈리아인이 아닌 교황은 네덜란드인 하드리아누스(Hadrianus) 6세가 마지막이었다. 그는 과거 자신의 제자인 합스부르크 가문 출신의 신성 로마 제국 황제 카를(Karl) 5세의 강력한 후원에 힘입어 교황의 자리에 올랐으나, 불과 1년(정확히 21개월 – 옮긴이)만에 세상을 떠나고 말았다.

중앙집권화가 진행되면서 교황권은 이탈리아가 압도했지만, 동시에 서유럽 국가들이 발전하면서 교황의 보편적 권위는 오히려 약화되었다. 15세기 중엽 포르투갈의 항해가 성공한 이후, 교황은 포르투갈 군주에게 포르투갈령에 설립된 모든 교회에 성직자를 임명할 수 있는 권리(padroado, 서임권)를 주었다. 이후 같은 권리가 스페인 군주에게도 부여되었고, 교황은 1494년 토르데시야스(Tordesillas) 조약을 주도하면서 탐험과 기독교 선교의 경계를 정하는 일을 주도했다. 1514년 교황 레오(Leo) 10세는 포르투갈과 스페인의 군주에게 파트로나투스 레기우스(Patronatus Regius, 새로 발견한 영토에 국왕이 직접 선교사를 파견하여 교구를 설립하고 재정 수입의 일부를 가져갈 수 있는 권리 — 옮긴이)를 강화해 주었다.

1516년 교황 레오 10세는 프랑스 왕 프랑수아(François) 1세와 볼로냐 협정(Concordat of Bologna)을 체결하고, 프랑스 교회와 관련된 광범위한 권한을 넘겨주었다. 프랑수아 1세는 교황에게 교회 공의회에서의 최고 권위와 프랑스 교회 수입 징수권을 인정해주었고, 그 대가로 레오 10세는 프랑수아 1세에게 성직자의 십일조를 징수하고 성직자의 교황 상소를 제한할 권리를 인정해주었다. 요지는 프랑스 왕이 왕국 내 교회의 모든 자리를 임명할 수 있는 권한을 얻었다는 사실이다. 프랑스 국왕의 입장에서 프랑스 교회는 방대한 규모의 왕실 후원이 나오는 원천이었는데, 그에 대한 모든 서임을 국왕이 실질적으로 통제할 수 있게 되었다. 신성 로마 제국과 잉글랜드의 많은 지역은 여전히 이와 같은 외교적 협정에서 제외되었고, 그것이 이후 찾아올 새로운 위기에 중요한 영향을 미칠 소지로 남아 있었다.

교황권을 회복한 교황은 1470년대에서 1700년 사이 로마에서 예술 창작과 도시화를 후원했고, 로마에 교회와 궁전을 기부한 이탈리아의 엘리트 계층에게 교황청의 막대한 자산과 관직으로 지위와 수입을 보장했다. 로마는 다시 한 번 카푸트 문디(caput mundi), 즉 세상의 수장이자 라틴교회의 등대로서의 지위를 실감했다. 많은 사람이 로마를 신성한 교회의 중심지로 믿었다. 교황이 기쁨의 해(Jubilee, 禧年)를 선포하면, 그해에 로마의 특정 교회를 방문하는 사람들에게 죄를 사해주었으므로, 로마는 많은 사람이 찾아가는 순례 여행지가 되었다. 그러나 로마의 새로운 화려함과 권력을 의심의 눈길로 바라보는 사람들도 없지 않았다. 교회 내부에서 어떤 사람들은 교황의 부와 권력을 비판했고, 또 다른 사람들은 교황의 세속적 천박함과 야망을 비난했다. 몇몇 사람들은 교황 통치의 정당성에 근본적인 의문을 제기하기도 했다.

반대는 보헤미아에서 표면화되었다. 프라하대학교의 교수 얀 후스(Jan Hus, 1369~1415년)는 성직자의 세속적 권력과 교황의 통치에 반대하는 연설을 했다. 옥스퍼드의 신학자 존 위클리프(John Wycliffe, 1320~1384년)로부터 깊은 영향을 받은 얀 후스는, 성직자뿐만 아니라 모든 기독교인이 교회의 구성원이고, 기독교의 길을 대표하는 것은 성경과 설교이며, 권력은 성직자를 부패하게 만든다고 주장했다. 1415년 콘스탄츠 공의회에 의해 얀 후스가 화형에 처해진 이후 보헤미아에서 반란이 일어났다. 세상의 종말이 임박했다고 보는 급진주의자에서부터 미사 때 평신도에게 두 가지 성찬(빵과 포도주)을 모두 주어야 한다고 주장하는 보수주의자에 이르기까지, 반로마 전선은 폭넓은 스펙트럼을 형성했다. 결국 수십 년에 걸친 전쟁과 전례 형식의 양보 끝에 후스파의 혁명은 봉합되었지만, 이는 앞으로 벌어질 더 심각한 위기의 전조일 뿐이었다.

라틴교회 안에서 현 상황의 불만이 모두 교회을 향한 것은 아니었다. 탁발 수도회(프란치스코회, 도미니코회, 아우구스티노회)의 개혁 정신은 애초의 기반이었던 규율과 금욕주의로 돌아가고자 하는 엄숙주의 운동으로 이어졌다. 그러나 일부 수도사는 더 강력한 금욕주의와 더 엄격한 수도원 규율을 원했고, 천년왕국의 열정으로 나아가기도 했다. 피렌체의 도미니코회 수도사 지롤라모 사보나롤라(Girolamo Savonarola, 1452~1498년)는 열정적으로 도덕적 개혁을 촉구하며 교황 알렉산데르(Alexander) 6세를 신랄하게 비판했다가 결국 화형당했다.

프로테스탄트 종교개혁

16세기 초엽의 라틴교회는 매우 복잡한 양상을 보였다. 그 정점에 이르러 강력한 교황권은 이탈리아 정치에서 중요한 역할을 담당했으며, 교황청은 이탈리아 르네상스 궁정의 성격을 띠었다. 다른 지역에서는 귀족이 교회의 고위 성직을 맡았다. 특히 신성 로마 제국의 경우, 귀족과 도시 엘리트가 교회의 이권과 관계된 많은 직위의 인사권을 통제했다. 한편 15세기에 많이 설립된 대학교에서 새로운 성직자가 배출되었다. 대다수는 도시 중산층 출신이었고, 신학적 훈련을 충분히 받은 인재였다. 중간급 성직자는 교회의 위계질서 안에서 권력의 부조리를 날카롭게 파악했다. 그들의 입장은 정치적 이해관계에 얽힌 교회의 지도층과, 전통적 형태의 신앙(순례, 성인, 성사 등)에 헌신하는 일반 대중 사이에 위치했다. 마르틴 루터(Martin Luther)나 울리히 츠빙글리(Ulrich Zwingli), 필리프 멜란히톤(Philip Melanchthon)을 비롯하여 나중에 프로테스탄트 종교개혁가로 불리게 될, 반로마 전선을 펼친 지도자는 대부분 중간급 성직자 출신이었다. 신학적 성찰에서 비롯된 교회 내 비판의 목소리는 성직자 계층의 범위에서 벗어나 사회적으로 광범위하면서도 강력한 반향을 불러일으켰다. 특히 도시의 상인과 장인, 그리고 농민의 호응이 컸다.

문제는 성직자의 특권이었다. 라틴교회는 두 부류의 사람들로 구성되었다. 한편으로 경제적 특권을 누리는 성직자가 있었는데, 오직 교회법(canon law)만 따르는 별도의 법정에서 재판을 받으며 스스로가 진정한 교회의 구성원이라 믿는 사람들이었다. 다른 한편으로 대다수를 차지하는 평신도는 성직자와 성직자의 특권에 반대하는 사람들로, 그들의 강력한 반성직주의(anti-clericalism)는 종교개혁의 이면에서 강한 동력을 제공했다.

시작은 면죄부 비판이었다. 면죄부란 교회에서 판매하는 증서로, 참회를 대신하여 신도의 죄를 사해주는 교회 인증 증서였다. 교황 레오 10세는 로마의 성베드로성당 건축 비용을 충당하기 위해, 또한 작센 지역에서는 마인츠(Mainz)의 대주교가 본인이 높은 성직에 임용된 대가를 치르기 위해 면죄부를 발행했다. 비텐베르크(Wittenberg)대학교의 신학교수 마르틴 루터(Martin Luther)는 1517년 면죄부 판매와 기타 관행을 비판하는 글을 썼다. 처음에 그의 목소리는 그와 생각을 공유하는 성직자들에게 전달되었지만, 곧이어 광범위한 사회계층으로 퍼져나갔다. 레오 10세가 "루터 문제"에 대응하기 시작했을 때는 이미 통제 불능 상태가 되어 있었다. 루터는 선동적인 세 편의 짧은 논문을 독일어로 작성했다. 동료 성직자가 아니라 평신도를 염두에 둔 글이었다. 루터는 교황을 적그리스도라며 공격했고, 가톨릭의 가르침과 교리는 성경에 있는 신의 명령이 아니라 사람이 만든 오류에 불과하며, 선행이 아니라 신에 대한 믿음이 구원의 열쇠라고 주장했다. 그리고 독일의 귀족에게 신의 대의

에 동참할 것을 호소했다. 처음에는 이를 복음주의 운동이라 했다. 신성 로마 제국의 도시를 중심으로 운동은 빠르게 확산되었고, 흔히 도시 엘리트 계층의 지원을 받았다. 작센의 선제후 프리드리히(Friedrich) 3세를 비롯한 독일의 저명한 군주들이 로마에 저항하며 마르틴 루터를 보호했다. 1525년 독일 남부와 중부 지역 시골에서 광범위한 불안이 조성되었다. 농민은 수도원뿐만 아니라 귀족을 표적으로 삼았다. 공공질서 수호의 편에 섰던 마르틴 루터는 혁명을 죄악으로 규정하고, 종교개혁은 신이 주신 사회질서를 존중해야 한다고 선언했다. 농민 반란이 진압된 뒤에도 재세례파 운동(Anabaptist movement)의 형태로 근본적인 사회·정치 불안이 계속되었다. 1535년 재세례파 운동 세력이 뮌스터(Münster)에 천년왕국을 세웠지만 군사적으로 진압되면서 사회불안도 종식되었다.

 1550년대는 교착 상태였다. 마르틴 루터는 1546년 사망했다. 그러나 루터의 입장에 반대한 신성 로마 제국 황제 카를 5세에게 1529년부터 귀족들의 불만이 제기되면서 루터 추종자들은 반항자, 즉 프로테스탄트(Protestant)라는 이름을 얻었다. 신성 로마 제국 영토 내 대부분의 도시에서 미사가 폐지되고 독일어 예배로 대체되었다. 수도원은 문을 닫았다. 성직자의 결혼이 허용되었고, 교회 상급자가 아니라 정치적 주군에게 충성을 맹세했다. 프로테스탄트 독일은 로마에서 떨어져나갔다. 카를 5세는 군사력을 동원해 복종을 강요했지만 결국 교착 상태에 빠지고 말았다. 1555년 카를 5세는 마지못해 아우크스부르크 종교평화회의에서 프로테스탄트 종교개혁을 인정했다.

 종교개혁은 중심지로부터 다른 나라로 퍼져나갔다. 독일과 문화적으로 밀접하게 연결된 스칸디나비아 지역의 교회들이 루터교를 받아들였다. 폴란드, 보헤미아, 헝가리, 트란실바니아 등지에서는 도시의 독일어 사용자들이 먼저 개혁에 동참했다. 신성 로마 제국에서는 오직 오스트리아, 바이에른, 그리고 라인란트와 베스트팔렌의 일부만이 가톨릭 지역으로 남아 있었다.

스위스는 종교개혁 운동의 두 번째 중심지가 되었다. 처음 개혁의 물결이 시작된 계기는, 취리히의 성직자 울리히 츠빙글리(Ulrich Zwingli, 1481~1531년)가 프로테스탄트 지역(canton, 州)과 가톨릭 지역 사이의 전쟁에 참여했다가 목숨을 잃은 사건이었다. 두 번째 사건은 더욱 강력한 반향을 일으켰는데, 프랑스에서 종교적 박해를 피해 망명한 장 칼뱅(Jean Calvin, 1509~1564년)에 의해 시작되었다. 지칠 줄 모르는 그의 지도력에 의해 제네바는 개신교의 보루이자 제2의 개신교 운동 중심지가 되었다. 보다 체계적인 신학자인 칼뱅은 "오직 믿음에 의한" 그리고 "오직 성경에 의한" 구원을 주장한 마르틴 루터의 가르침을 바탕으로 지적으로 명쾌하고 강력한 신학 이론 체계를 수립하여, 신성과 인간의 본성, 그리고 존재의 의미와 구원을 설명했다. 교회론과 영성체론에서 칼뱅은 루터보다 더 철저히 가톨릭과 결별했다. 칼뱅에게 진정한 기독교 공동체는 눈에 보이지 않는 것이지만, 현실에서 그것은 장로, 즉 선출된 연장자가 지배하는 공동체로 나타나며, 장로는 신의 이름으로 공동체 구성원을 감독하고 훈계하는, 초기 사도 교회와 비슷한 형태일 것으로 보았다. 칼뱅의 신학은 매우 추상적이었고 전적으로 모국어로 집필되지 않았던지라, 독일적 특성이 강한 루터와는 뚜렷이 대비되었고, 덕분에 칼뱅의 이론은 더 폭넓은 독자를 얻었다. 교회 규율을 통해 도덕적 행위를 이끌어내는 데 더욱 효과적인 칼뱅의 교회론은, 교회 규율과 도덕성을 통해 신에게 더욱 가까운 사회를 만들려는 사람들에게 호소력이 있었다. 칼뱅주의는 제네바와 그의 고국 프랑스뿐만 아니라 스코틀랜드, 잉글랜드, 네덜란드, 헝가리, 폴란드, 트란실바니아, 그리고 독일의 일부 지역으로 퍼져나갔다.

칼뱅주의 종교개혁이 확산한 바로 그때, 로마가톨릭교회는 심각한 상황을 인식하고 도전에 직면하여 문제 해결을 시도했다. 트리엔트(Trient) 공의회(1545~1561년)에서 가톨릭교회는 프로테스탄트와 명확한 선을 그었다. 반(反)교황 감정을 교리와 도덕적 개혁의 문제로 전환해낸 교황의 능수능란한 지도력 아래, 트리엔트 공의회는 가톨릭교회의 교리를 분명히 하는 대신 프로테스탄트와의 타협을 거부했으며, "교회의 머리(교황과 고위 성직자)와 가지(일반 성직자와 다양한 부문)를 개혁한다"는 계획을 표방했다. 전투태세를 갖춘 가톨릭과 프로테스탄트 진영은 종교적 논쟁뿐만 아니라 군사적 대립의 구심점이 되었다. 여기에 왕공들의 정치적 야망과 신념이 더해지면서 종교적 폭력의 소용돌이는 더욱 거세게 휘몰아쳤다.

종교적 폭력의 패턴

1517년부터 1648년까지 기독교 역사상 가장 피비린내 나는 시대가 이어졌다. 종교적 권위가 무너지면서 종교적 분열과 심각한 공포의 고삐가 풀렸고, 오래도록 종교적 폭력이 이어졌다. 대표적인 유형을 보자면 첫째, 종교적 반대자에 대한 국가 폭력이 자행되었다. 둘째, 사회 각 분야 혹은 사회 각 집단과 국가 사이에 폭력 사태가 발생했다. 셋째, 16세기부터 17세기 초엽까지 유럽 대부분의 국가에서 종교전쟁이 발생했다. 끝으로 소수 종교 공동체에 대한 사회적 폭력이 가해졌다.

　국가가 자행한 종교 탄압의 최초 희생자는 아우구스티노회 수도사 두 사람, 헨드리크 포스(Hendrik Vos)와 얀 판 에센(Jan van Essen)이었다. 루터교를 신봉한 그들은 1523년 브뤼셀에서 화형에 처해졌다. 최초로 국가 폭력을 동원한 쪽은 가톨릭이었지만, 프로테스탄트 진영도 그에 못지않았다. 종교개혁 초기 취리히에서는 개혁가들이, 가톨릭교회와 더 선명히 절연하지 않았으며 개혁 교회의 유일한 기반인 성경을 대하는 진심이 부족하다는 이유로 울리히 츠빙글리를 비난했다. 개혁가들은 초대 사도 교회의 사례를 들어 자녀들의 세례를 거부했으며, 오직 성인으로서 자발적으로 세례를 받은 자만이 진정한 기독교 공동체의 일원이 될 수 있다고 믿었다. 그래서 처음으로 재세례파(Anabaptist) 공동체가 탄생하게 되었다. 시민의 맹세와 군역의 의무를 거부하는 재세례파는 시민의 단결을 위협하는 존재였다. 울리히 츠빙글리가 이끄는 스위스 프로테스탄트에 의해 1527년 희생된 최초의 재세례파는 펠릭스 만츠(Felix Mantz)였다.

　국가 폭력이 특히 두드러진 시기는 종교개혁 초기 40여 년 동안이었다. 저지대 국가(네덜란드 주변), 프랑스, 이탈리아, 영국, 스페인 등지에서 가톨릭 당국자들은 모든 종류의 종교적 반대자를 탄압했고, 개신교 국가의 당국자들은 재세례파 탄압에 집중했다. 예외적으로 한 가지 주목할 만한 사건이 있었는데, 스페인 사람으로 의사였던 미겔 세르베토(Miguel Serveto)가 삼위일체론에 반대한다는 이유로 1553년 화형을 당했다. 순결했던 칼뱅의 명성에 금이 갔으며, 동료 개혁가인 세바스티앙 카스텔리오(Sebastian Castellio)조차 칼뱅의 편협함을 비난했다. 국가 폭력의 희생자는 프로테스탄트 국가에서 훨씬 더 많이 나왔다. 그래서 프로테스탄트 순교록(Protestant martyrology)이 많이 출간되었는데, 가장 유명한 책은 존 폭스(John Foxe)의 영어판 순교록이었다. 루터교, 칼뱅주의, 재세례파, 그리고 나중에는 가톨릭까지 모두가 순교자의 피로 새로운 역사를 써나갔다. 이로써 그들과 기독교 최초의 순교자들 사이에 끊을 수 없는 연결 고리가 만들어졌으며, 진정한 사도의 계승자라는 증거가 확립되었다.

대부분의 국가에서 종교 탄압을 자행한 주체는 국가였다. 프랑스는 국회, 스페인령 네덜란드는 법정 관리인(bailiff)과 지방 행정 당국, 베네치아는 의회, 신성 로마 제국에서는 시의회가 각각 임무를 맡았다. 탄압의 규모와 강도는 담당자 개인의 열정과 위기의식에 따라 달라졌다. 예컨대 재세례파에 대한 처형은 1527년 취리히에서 처음 이루어진 이래로 1540년대에 절정에 이르렀다. 특히 뮌스터에서 발생한 재세례파의 폭력 혁명(1534~1535년)이 진압된 이후 약 10년간 처형이 집중적으로 이루어졌다. 그 뒤 재세례파 운동이 평화주의로 돌아섰고, 가톨릭과 프로테스탄트 당국자들도 처형을 멈추었지만 스위스만은 예외였다.

공식적으로 국교의 지위가 흔들리고 있는 영국에서는 헨리(Henry) 8세가 영국성공회의 수장을 자처하면서 1534년부터 프로테스탄트 처형이 중단되었다. 그러나 그의 딸 메리 여왕(Queen Mary, 재위 1553~1558년)은 프로테스탄트의 사상을 파괴하려는 허황된 노력을 기울였고, 더욱 강렬한 처벌이 재개되었다. 개신교 영국에서도 국가 폭력은 멈추지 않았다. 엘리자베스 시대의 영국은 1580년대 스페인과의 전쟁과 가톨릭 반란의 공포에 사로잡혔고, 그래서 가톨릭 선교사와 반대 종교의 지도자를 끊임없이 탄압했다.

    16세기 영국의 국가적 종교 탄압이 성공한 것은 국가가 충분한 자원 동원 여력이 있었기 때문이다. 그러나 프랑스나 스페인령 네덜란드는 그렇지 않았다. 프랑스에서는 종교적 갈등이 끓어올라 사회불안을 야기하고 정치적 대결로 나아갔고, 결국 국가 폭력이 가중되어 전면적인 종교적 내전으로 접어들었다. 1560년대의 국지적 갈등이 축적되어 1572년에는 대대적인 프로테스탄트 학살이 벌어졌는데, 섭정을 맡은 메디치가의 카트린(Catherine, 앙리Henri 2세의 왕비)이 애초 주요 프로테스탄트 지도자들을 정치적으로 제거하기 위해 제한적으로 벌인 일이 프랑스 전역으로 번지며 무차별적인 프로테스탄트 학살로 변질되었다. 1572년에서 1598년 사이 프랑스 왕실은 통제력을 잃어버렸다. 종교적 내전 상황에서 군주도 하나의 파벌일 뿐이었다. 귀족은 경쟁적으로 내전에 뛰어들었고, 혹독한 종교적 증오와 계급적 반목이 전쟁에 기름을 끼얹었다. 1593년 프로테스탄트를 대표하는 부르봉가의 앙리(Henri)가 가톨릭으로 개종하고 왕권을 주장했다. 5년 뒤 낭트(Nantes) 칙령에 따라 앙리 4세는 과거의 종교적 동지들에게 예배의 자유를 부여하고, 프로테스탄트의 광범위한 정치적 권리를 보장했다. 가톨릭의 강력한 반대에도 불구하고 왕권으로 프랑스에 2국교 체제를 선포했다. 그러나 종교적 관용의 시대는 오래가지 못했다. 가톨릭 세력은 2국교 체제가 왕권을 약화시킨다고 믿었다. 1685년 왕권의 절정기에 즈음하여 루이(Louis) 14세는 낭트 칙령을 폐지했고, 프랑스의 프로테스탄트를 거칠게 몰아붙여 개종을 강요하는 캠페인을 시행했다.

    또 다른 국가 폭력의 사례는 스페인령 네덜란드가 대표적이었다.

1520~1540년대에 국가 폭력을 동원했음에도 불구하고 프로테스탄트의 성장을 막지 못한 저지대 국가의 엘리트 계층은 결국 종교적 관용을 베풀어야 한다는 공감대를 형성했다. 그러나 1566년 칼뱅주의 운동에 참여한 과격분자들이 성상 파괴 운동에 나섬으로써 종교적 관용은 사실상 폐지되었다. 결국 스페인의 펠리페(Felipe) 2세가 군대를 파견했다. 그는 저지대 국가의 귀족 지도자들이 청원하는 종교적 타협을 받아들이지 않았다. 스페인의 폭력은 종교적 반대파를 억누르기는커녕 오히려 전면적 봉기를 불러일으켰다. 프로테스탄트 주도의 북부 지방에서는 독립을 선언했다. 의미 없는 전쟁이 오래도록(1568~1648년) 이어졌다. 결국 저지대 국가는 북부의 프로테스탄트 국가(네덜란드 연합주)와 남부의 가톨릭 국가(합스부르크 가문의 통치)로 분리되었다.

스페인령 네덜란드는 사회·종교적 갈등이 어떻게 국교에 따른 종교전쟁으로 비화될 수 있는지를 보여준 사례였다. 이와 같은 종교적 폭력의 패턴으로 우리의 목록에 기록된 세 번째 사례는 중부 유럽의 역사에서 등장했다. 1525년의 농민 전쟁(Peasants War)과 1534~1535년 뮌스터의 재세례파 왕국 사건 이후, 사회적 차원에서 종교 갈등은 수그러들고 있었다. 슈말칼덴 동맹(Schmalkaldischer Bund, 프로테스탄트)과 신성로마 제국의 황제 카를 5세(가톨릭) 사이의 전쟁(1547~1552년)은 종교뿐만 아니라 정치적 갈등이 원인이었다. 1555년 아우크스부르크 평화협정(Peace of Augsburg)이 체결되어, 이후 60년 이상 평화 공존의 안정기가 이어졌다. 그러나 1570년대 이후 칼뱅주의 봉기가 있었고, 1580년대에 가톨릭의 반종교개혁이 강하게 일어나 양측의 갈등은 누적되는 추세였다. 1618년 보헤미아 왕국의 계승 문제를 두고 종교 갈등이 터져나왔다. 그에 따라 다양한 정치 단위를 포괄한 신성 로마 제국에서 프로테스탄트와 가톨릭 세력의 균형이 흔들리기 시작했다. 이 갈등은 후대에 30년전쟁(1618~1648년)이란 이름을 얻었는데, 시작부터 종교적 성격이 매우 강했다. 프로테스탄트 국가인 덴마크와 스웨덴이 독일 프로테스탄트의 편에 가세했으며, 상대편에서는 독일 가톨릭 세력과 오스트리아의 합스부르크 가문이 합세했다. 프랑스가 프로테스탄트의 편에 서자 전쟁의 성격은 부르봉가와 합스부르크가의 갈등으로 전환되었다. 1648년 베스트팔렌(Westfalen) 조약으로 전쟁은 끝났다. 이 조약에 따라 칼뱅주의자들도 일반적인 종교적 합의에 포함되었고, 기독교 유럽에서 종교적 국가 폭력은 대부분 해소되었다.

종교적 폭력의 마지막 네 번째 패턴은 종교적 희생양을 겨냥하는 것이었다. 사회적 소수자를 반기독교 세력이자 신체정치(body politic)를 위협하는 악의 구현으로 간주하는 뿌리 깊은 사회적 반감이 반영되어 있다(신체정치란 도시 혹은 공동체를 사람의 몸에 비유하여, 사회악을 질병으로 은유하는 사고방식을 말한다. 동양인으로서는 생소한 개념이지만 서양에서는 기원전 6세기부터 이와 같은 비유가 문헌에 등장하며 근대까지도 꾸준히 이어진 전통이었다. ─ 옮긴이). 유럽의 기독교는 두 가지 사회 집단, 곧 유대인과 마녀를 타깃으로 했다. 15~16세기 유대인 처형은 시너고그(유대교 예배당)에 대한 교회의 오랜 적대감의 일부였다. 유대인이 성찬식의 빵을 모독하고 의례에서 살인을 저지른다는 기독교인의 고발이 누적되었다. 종교개혁 이후 기독교 내부의 폭력이 증가함에 따라 반유대주의 폭력이 감소했으나, 17세기 프랑스와 폴란드에서 간헐적으로 처형이 행해졌다.

사회가 만들어낸 또 하나의 희생양은 마녀였다. 사회 주변부에 위치한 사람들(민속치료사, 방랑자, 빈민, 노인, 특히 여성)에게 다양한 환상과 학습된 담론이 적용되어 사악한 마녀, 악마의 하수인, 그리고 우박이나 폭풍이나 질병이나 독이나 죽음을 선동하는 자라는 이미지가 만들어졌다. 마녀 처형은 1440년대 스위스의 도시 쥐라(Jura)에서 처음 등장했고, 최초의 악마학(demonological) 담론이라고 할 만한 저서 《마녀를 때려잡는 망치(Malleus Maleficarum)》가 1487년 두 명의 독일 도미니코회 수도사에 의해 저술되었다. 그리고 16세기 중엽부터 대대적인 마녀사냥이 시작되었다. 2세기에 걸친 마녀재판으로 수천 명이 사망했고, 가장 격렬한 박해가 일어났던 시기는 1580~1650년대로, 종교 갈등이 극에 달했던 시기와 겹친다. 흥미롭게도 마녀사냥이 가장 첨예했던 지역은 종교 갈등이 가장 심했던 지역(독일 남부나 중부의 가톨릭 지역, 스코틀랜드나 영국 같은 프로테스탄트 지역)과 일치한다. 종교적 정체성이 강했던 지역, 특히 스페인 같은 경우에는 마녀사냥이 그리 심하지 않거나 아예 없었다. 종교적 반대에 대한 국가적 탄압과 달리, 마녀재판은 대중의 희생양 찾기에서 시작되었다. 마녀재판은 시골이나 작은 도시에서 사회질서를 유지하는 기능을 했지만, 정치권력이 개입하여 선과 악의 투쟁이라는 마니교의 틀을 적용하자 본격적인 마녀사냥이 일어나고 사회불안으로 이어졌다. 1648년 이후 종교적 갈등이 해결되면서 국가는 억지로 마녀를 만드는 고발의 메커니즘에서 벗어났지만, 대중의 희생양 처벌 요구는 18세기까지도 끈질기게 이어졌다.

프로테스탄트 교회

종교개혁이 시작되고 나서 한 세기가 지난 뒤 유럽의 기독교는 가톨릭과 프로테스탄트로 완전히 갈라졌다. 스칸디나비아, 잉글랜드, 스코틀랜드, 네덜란드, 헝가리, 트란실바니아, 그리고 독일과 스위스의 대부분은 로마에 대한 가식적 충성 맹세를 포기했다. 더불어 프랑스와 폴란드에서는 프로테스탄트가 비주류로서 상당한 규모를 형성했다. 가톨릭은 합스부르크 소속 군대의 승리에 힘입어 보헤미아와 오스트리아에서 확고히 자리 잡았고, 스페인과 이탈리아에서는 종교재판소의 도움으로 일찍이 종교적 반대 세력을 격파해버렸다. 심지어 폭력이 종식된 이후에도 프로테스탄트와 가톨릭 사이에는 강력한 문화적 전선이 형성되어 교회론, 구원론, 전례 등 각 분야에서 입장을 달리했다.

프로테스탄트의 뚜렷한 특징은 교회론이었다. 성직자에 대한 깊은 반감에서 출발한 종교개혁은 교황에 대한 충성 맹세를 포기하고, 종교의 통제권을 성직자로부터 정치 당국으로 옮겨 평신도 중심의 프로테스탄트 교회를 만들었다. 이는 다양한 형태로 나타났다. 잉글랜드에서 군주는 영국성공회의 수장이 되었다. 독일에서는 지방 군주(Landesfürst)가 성직자를 임명하고 교회 문제를 결재했다. 스위스에서는 프로테스탄트 칸톤(州)의 관리가 목사를 선발하고 임금을 지급했다. 국가적 차원이든 지역적 차원이든, 종교 문제를 평신도가 통제한다는 원칙은 1555년 아우크스부르크 평화회의에서 "지역의 군주가 종교의 주인(cuius regio, eius religio)"이라는 가장 간단명료한 문구로 표현되었다. 여기서 말하는 주인은 지역 통치자를 의미한다. 칼뱅주의 교회론이 보다 "민주적인" 교회 체제의 청사진을 제시했지만, 독일 북서부나 네덜란드의 개혁 교회 연구에서 드러났듯이, 장로회(교회 통제 기구) 구성원은 대개 그 지역의 사회·정치적 엘리트 계층이었다. 교회의 규율을 책임지는 단위가 성직자 위원회나 영토국가의 관료일 수도 있고 스위스 칸톤(州)의 치안판사일 수도 있었지만, 보다 엄격한 도덕적 체제가 만들어져 기술적으로 외부 감사와 내부 검증이 이루어졌다. 교회의 규율을 사회 통제 체제로 전환하는 기술적 측면은 루터교회보다 칼뱅주의가 더 효율적이었다. 루터교회는 전문 성직자에 대한 신도의 높은 기대에 부응하기 위해 성직자가 정기적으로 교구를 순회 방문하고, 오랜 기간에 걸쳐 교리문답을 하도록 했다.

종교개혁은 독신주의와 수도원 체제를 거부했기 때문에 가톨릭의 신부와는 전혀 다른 종류의 성직자를 만들어냈다. 프로테스탄트 목사는 법적으로나 혼인 관계로나 일반 시민과 구분되지 않았지만, 중세의 성직자보다 더 나은 교육을 받았고, 직업의 전문성을 통해 또 하나의 중산층을 형성했다. 그들은 프로테스탄트 국가로부터 관리의 녹봉을 받았으며, 새로운 종교와 정치 질서의 수호자였고, 평신도나 개신교 내부에서 제기되는 신학적 불만이나 정통에서 벗어나는 이론을 점검하는 검열관이었다.

평신도의 승리는 종교적 관습에서 뚜렷하게 나타났다. 로마가톨릭에서는 여전히 라틴어를 사용했지만, 유럽의 다른 지역에서는 더 이상 평신도와 성직자를 갈라놓는 라틴어를 사용하지 않았다. 프로테스탄트 유럽의 어디에서든 종교 생활(즉 예배, 성경 강독, 시편 암송, 주일 설교, 신앙 고백, 교회 전례)은 모두 세속어로 거행되었다. "모든 신도가 곧 성직자"라는 개념에 따라 성서 강독이 권장되었고, 프로테스탄트 지역에서는 가톨릭 지역에 비해 교육과 문자 해독 능력이 훨씬 더 강조되었다.

종교개혁의 열기가 가라앉은 뒤, 프로테스탄트 교리는 안정적으로 정착되었다. 17세기 중엽의 혼란(독일의 30년전쟁, 잉글랜드 내전)을 거친 뒤 유럽 프로테스탄트가 가톨릭교회와의 차별성을 자신 있게 드러내며 종말론, 예언, 종교적 "열정"은 더 이상 유행하지 않게 되었다.

트리엔트 공의회 이후의 가톨릭교회

트리엔트 공의회는 초기 근대 가톨릭을 규정한 사건이었다. 여기서 로마가톨릭과 프로테스탄트 개혁론자의 교리 차이를 명확히 했고, 교황권의 우위와 전통의 유효성을 재확인했다. 트리엔트 공의회로 가톨릭은 중세의 뿌리로 되돌아갔을 뿐만 아니라, 자신감을 회복하고 그 에너지를 바탕으로 새로운 가톨릭을 만들어가기 시작했다.

무엇보다 성직자의 권위를 보호하는 것이 중요했고, 그중에서도 최우선 과제는 교황권 수호였다. 이는 프로테스탄트의 공세에 대한 당연한 대응이었지만, 또한 가톨릭 국가를 향한 지침이기도 했다. 대표적 사례는 베네치아에 내린 금지령(1605~1607년)이었다. 이는 베네치아 공화국이 성직자를 통제하는 방식에 관한 논쟁이 확대되어 전면적인 외교 문제로 비화한 사건이었다. 베네치아 당국은 세속 권위를 거부하는 모든 성직자를 추방했고, 이에 교황 파올로(Paolo) 5세는 베네치아 공화국 전체에 대한 파문령으로 대응했다. 성모마리아 시종회 수도사 파올로 사르피(Paolo Sarpi)는 베네치아 공화국을 위해, 그리고 예수회는 교황을 위해 펜을 들면서 바야흐로 팸플릿 전쟁이 시작되었다. 프랑스가 베네치아를, 또한 스페인이 교황청을 지시하고 나서자 외교적 갈등은 전쟁으로까지 비화할 뻔했으나 다행히 그 전에 합의에 도달했다. 그러나 친교황 수도회로서 가장 목소리를 높인 예수회는 1655년이 되어서야 베네치아 공화국으로 되돌아갔다.

교황의 최고 권위를 인정하는 데에는 대가가 따랐다. 프로테스탄트 유럽에 대항하여 반종교개혁을 표방한 교황들은 스페인과 프랑스에 의지했다. 그러나 양대 가톨릭 국가 사이의 전쟁과 경쟁 때문에 교황은 운신의 폭이 넓지 않았다. 권력 강화를 위해 교황은 권력을 중앙으로 모으고 수입을 늘렸으며, 교황령의 통제를 강화했다. 그러나 가끔 국가적 상황이 트리엔트 공의회에서 표방한 가톨릭교회 개혁의 목표와 모순되는 경우도 있었다. 개혁 법령에서는 성직자 교육 강화, 교회법의 엄격한 준수, 주교 권한 강화 등을 규정했다. 그러나 현실적으로 교구 신학교 설립이 거의 이루어지지 못했고, 족벌주의와 다원주의가 여전히 지속되었으며, 주교는 귀족에게 임명을 청탁했고, 때로는 정치적 이유로 목회의 의무가 뒷전으로 밀려나기도 했다.

트리엔트 공의회 칙령은 속도 면에서 이중적으로 시행되었다. 반종교개혁 조치는 시급히 진행되었지만, 교회 개혁은 느린 데다 균일하지도 않았다. 반종교개혁 조치로 종교재판소와 금서 목록이 늘어나면서 프로테스탄트 방어선을 강화했다. 반대 인사는 목숨을 잃었고, 책은 불탔으며, 이단자가 정죄되었다. 이렇게 해서 가톨릭교회는 신도의 몸과 마음을 통제하고자 했다. 이외에도 일곱 가지 성사(세례, 성체성사, 고백성사, 병자성사, 병자성사, 성직성사, 혼인성사 ─ 옮긴이)가 확정되었고, 주교가 직접 방문하여 세례, 고해성사, 영성체를 확인했으며, 교구 법정에서는 불법 결혼을 조사했고, 교회의 권위자가 성직자의 선발 및 승진에 더욱 적극적인 역할을 했다. 그럼에도 불구하고 성직자의 독신주의는 17세기 후기까지 여전히 문제가 되었고, 자금 부족으로 교구의 성직자 교육 강화 정책 또한 트리엔트 공의회 이후 한 세기가 지나서야 목표에 근접하기 시작했다.

이와 같은 단점과 한계에도 불구하고 트리엔트 공의회 이후의 가톨릭은 새로운 종교적 활력을 보여주었다. 종교적 소명이 증가했고, 대중적 신심이 부활했으며, 새로운 영성의 물결이 넘쳐났다. 새로운 수도회의 설립으로 가톨릭의 부활을 널리 알렸다. 그중 두 수도회, 즉 예수회와 카푸친 작은형제회는 초기 근대에 중요한 시대적 역할을 담당하게 된다. 1600년 이후 가톨릭 회복의 징후는 성지순례, 새로운 전례, 새로운 성인(聖人) 숭배로 확인된다. 17세기 초엽과 18세기에는 성인 시성(諡聖)이 물결을 이루었다. 교황의 권위를 수호하고자 하는 의지는 전례의 중앙 집중화로 이어졌다. 로마 미사 경본, 불가타 성서, 새로운 교황 제도가 가톨릭의 수도로 로마의 중심적 입지를 강화했다. 입지를 공고히 한 로마가톨릭은 프로테스탄트를 압도하고 비-기독교 인구를 개종시키기 위해 공격적인 활동을 펼쳤다. 16세기 중엽부터 18세기 사이에 시행된 수많은 교황청의 제도가 가톨릭의 제국주의적 에너지를 증언해주고 있다. 독일, 영국, 헝가리, 그리스의 대학교에서 해당국 출신의 성직자를 교육하도록 했고, 교황청 내에 포교성(Propaganda Fide)을 설립하여 유럽 바깥으로 파견되는 가톨릭 선교사를 관리했다. 해외 선교사 문제는 뒤에서 프로테스탄트의 해외 선교사 파견과 비교하여 더 자세히 논하기로 하고, 그 이전에 먼저 정교회의 발전상을 검토해보아야 한다. 이 또한 라틴교회의 부흥으로부터 영향을 받은 것이다.

동방정교회: 정복 과정에서 살아남기

오스만튀르크의 콘스탄티노폴리스 정복 이후 그리스정교회(Greek Orthodox Church)에서는 두 개의 축이 중심이 되었다. 총대주교좌(patriarchate)와 아토스(Athos) 수도원이었다. 비잔티움 제국의 중요한 기관이었던 수도원은 대개 성스러운 산 위에 건설되었다. 아토스 수도원도 마찬가지였다. 반도 지형의 끄트머리, 접근하기 어려운 산꼭대기에 수도원이 위치했다. 오스만튀르크의 침략 당시 소아시아의 많은 수도원이 그러했듯이, 아토스 수도원 또한 지리적 위치의 덕을 많이 보았다. 오스만 제국은 종교인을 공경하며 보호한다는 이상적 명분과, 또한 지역민의 민심을 쉽게 얻을 수 있다는 실리적 이유에서 영감을 받아 아토스 수도원을 건드리지 않고 그대로 두었다. 내면적인 기도와 침묵 속의 명상 운동을 주도한 수도원으로서 아토스 수도원의 종교적 입장은 오스만 제국에게 전혀 위협이 되지 않았다. 수도원에 특혜가 주어지자 그곳은 전쟁의 피난처가 되었고, 많은 기부금이 모여들었으며, 오스만 제국의 중요한 금융기관으로 발전했다. 1568년 술탄 셀림(Selim) 2세가 모든 수도원 소유 토지를 몰수하면서 수도원들이 큰 타격을 입었지만, 아토스 수도원은 건물, 가축, 기타 부동산을 그대로 유지할 수 있었다. 아토스 수도원은 성상(聖像) 제작의 주요 중심지였던 만큼, 초기 근대에 왈라키아(루마니아 남부), 몰도바, 러시아의 정교회 공동체와 긴밀한 재정적·문화적 관계를 발전시켰다.

비잔티움의 전통을 이어받아 오스만 제국의 술탄 또한 정교회의 관리는 총대주교(patriarch)가 맡도록 했다. 1453년 이후 총대주교좌가 다시 설치된 것은 빈 도시에 그리스 사람들을 끌어들이기 위한 전략이었다. 오스만 제국은 그리스 전역에서 사람들을 강제로 이주시켜 그곳에 정착하게 했다. 오스만 제국이 임명한 총대주교는 국가 체제의 연장선상에 놓여 있었다. 오스만 제국에서 공인한 비이슬람 종교 공동체를 밀레트(millet)라 했는데, 총대주교는 그리스정교회 밀레트에 대한 권한을 부여받았다. 그에 따라 총대주교는 정교회의 행정을 관리했으며, 신도가 국가에 납부할 세금을 대신 징수했고, 정교회 신도 사이에서 로마법(Roman law)에 따른 가족법의 집행을 감독했다.

오스만 제국 치하의 그리스정교회는 많은 문제에 직면했다. 일단 기독교에서 이슬람으로 개종하는 사람이 많은 반면 무슬림의 개종은 금지되어 있었기 때문에 정교회 인구가 줄어들었고, 오스만 제국의 재정적 압박을 받았으며, 그리스인 공동체 내부의 분열이 극심했다. 총대주교는 중요한 정치적 직책으로, 다른 영향력 있는 그리스인 관료들(archontes)과 충돌하는 경우가 많았고, 때로는 오스만 제국의 위험한 정세에 휘말리기도 했다.

오스만 제국의 통치에 적응한 그리스정교회는 로마가톨릭과는 기존의 적대 관계를 유지하면서 프로테스탄트에 우호적인 태도를 취했고, 북동부 유럽의 정교회 사람들과는 유대를 강화했다. 1559년 총대주교 이오아사프(Ioasaph) 2세는 독일 루터교와 접촉했고, 독일의 신학자 필리프 멜란히톤(Philipp Melanchthon)은 자신의 저서 《아우크스부르크 신앙고백(Confessio Augustana)》을 총대주교에게 보내주었다. 1570년대에 이르러 슈테판 게를라흐(Stephan Gerlach)와 여러 독일 루터교 신학자들은 총대주교 예레미아스(Jeremias) 2세에게 신학 저서들을 보냈다. 그러나 양측은 기독교에서 교부와 공의회의 역할에 관해 이견을 좁히지 못했다. 프로테스탄트에서 러시아로 눈길을 돌린 예레미아스 2세는 슬라브족과 더욱 긴밀한 유대를 맺었으며, 1589년에는 모스크바 총대주교좌가 설립되었다. 이로써 대규모 러시아 인구가 그리스정교회의 깃발 아래 모여들었다.

총대주교 키릴로스 루카리스(Kyrilos Loukaris, 재위 1620~1638년)는 유럽 프로테스탄트와의 관계를 강화하기 위해 새로운 시도를 했다. 베네치아 공화국령 크레타섬에서 태어난 그는 파도바(Padova)대학교에서 교육받은 뒤 동유럽 정교회에 외교관으로 파견되기도 했다. 가톨릭, 특히 예수회에 반대한 그는 로마에 맞서 정교회와 개신교의 대연합을 구상했다. 그는 영국 및 네덜란드 개신교와 긴밀한 관계를 구축하고, 정교회의 교육을 개혁했으며, 근대 그리스어 성경 제작을 후원하고, 이스탄불에 인쇄기를 도입했다. 그러나 그의 개혁은 정치의 희생양이 되고 말았다. 교황 우르바노(Urbano) 8세와의 갈등에 휘말린 그는, 로마가톨릭의 외교적 압박과 그리스정교회 내부의 불만 세력 때문에 갈수록 지위가 취약해졌다. 1638년 오스만 제국의 술탄은 반역죄를 물어 그를 처형했다. 개신교에 대한 키릴로스의 열정은 그리스정교회 내부의 반감을 불러일으켰으며, 17세기 말엽에 이르러 그리스정교회는 공개적으로 가톨릭과의 접촉을 시도했다. 그러나 가톨릭 선교사들의 공격적인 정책은 얼마 못 가서 양측의 화해에 찬물을 끼얹었다.

러시아정교회: 제3의 로마

14세기 말엽부터 러시아교회는 비잔티움 중심에서 벗어나 교회 독립을 확고히 하기 위한 머나먼 여정을 시작했다. 중세에는 키예프(Kiev)

나 노브고로드(Novgorod)가 영적 중심 도시였지만, 1453년 콘스탄티노 폴리스가 함락되자 모스크바를 제3의 로마이자 새로운 예루살렘으로 간주하는 신화가 힘을 얻었다. 또한 정교회는 차르가 새로 정복한 서쪽의 키예프나 노브고로드의 종주권을 주장할 때 도움이 되었다. 차르가 중앙집권의 강화를 위해 정교회를 활용했던 것처럼, 교회 또한 휴일이나 성인, 정교회의 영적 신앙 규범, 문헌의 통일된 목록을 만들어 통합을 추구했다.

전통에 대한 치열한 헌신과 라틴교회로부터의 상대적 고립은 러시아교회의 역사적 특징이었다. 자주적 전통이 발전한 결과, 러시아의 엘리트 수도사들에 의해 슬라브어 성경(1499년)이나 연대기, 성인전 등 여러 가지 문화적 결과물이 탄생했다. 수도원의 중요성은 15세기 초엽에 더욱 강화되었다. 당시의 수도원은 독특한 사회-종교적 활력의 패턴을 보여주었다. 영혼의 고독을 추구하는 은둔의 수도승 혹은 성스러운 바보(러시아교회에서 중요한 인물상)가 광야로 나아가면 열성적인 신도들이 그 주위로 모여들고, 다시 그들을 중심으로 새로운 수도원 공동체가 만들어지면, 결국 모스크바 공국의 북쪽 변경이 확장되었다. 16세기에는 자산과 권력이 확대되면서 교회와 세속 권력 사이에 긴밀한 유대가 형성되었다. 문화적 보수성에도 불구하고 러시아교회는 교회 건축의 독특한 성취가 있었고, 제3의 로마다운 새로운 감각의 웅장함이 있었다.

러시아교회가 모스크바 공국과 함께 성장하는 동안, 서유럽과 중부 유럽에서 일어난 여러 사건은 16세기 이후 러시아정교회의 발전에 깊은 영향을 미쳤다. 그 방식은 두 가지였다. 첫째, 교리와 전례, 그리고 교회론의 개혁이었다. 처음에는 **프로테스탄트**로부터, 나중에는 트리엔트 공의회 이후 가톨릭으로부터 자극을 받아 러시아정교회에도 비슷한 움직임이 생겨났다. 핵심 주제는 중앙 집중화와 표준화였다. 주교의 권위를 강화하고, 성직자 교육을 개선하며, 민간의 "미신"을 근절하고, 전례를 표준화하며, 일반적 교회 및 도덕 규율을 강화했다. 둘째, 서유럽 교회의 발전으로부터 영감을 얻은 이러한 개혁의 이상은, 같은 이유로 전통을 고수하고자 하는 내부 공동체의 극렬한 저항에 부딪혔다. 그들은 혁신을 증오하고 로마가톨릭에 격렬히 반대했다.

반종교개혁의 시대는 우크라이나의 동방정교회에도 가혹한 갈등의 시기였다. 당시 우크라이나는 폴란드-리투아니아 연방의 일원이었다. 다민족 연방 국가였기 때문에 종교 또한 매우 다양했고, 각기 다른 귀족 세력에 뿌리를 두고 있었다. 귀족의 강세와 중앙정부의 약세 가운데 "땅의 주인이 곧 종교의 주인"이었다. 그러나 가톨릭을 신봉한 지그문트(Zygmunt) 3세(재위 1587~1632년)는 이와 같은 현실을 바꾸기 시작했다. 반종교개혁 운동을 자신의 왕국에 적용시키고 프로테스탄트와 정교회에 모두 선교사를 파견했다.

정교회와 가톨릭 개혁은 폴란드-리투아니아 연방에서 매우 복잡한 관계에 놓여 있었다. 신앙과 실행을 모두 정화하고 또한 강화한다는 목표는 다를 바가 없었다. 구체적으로는 하위 성직자와 평신도를 대상으로 교회 위계의 권한을 강화하고, 성직자 교육을 개선하며, 전례 관련 문헌을 개정하고, 신앙생활의 규범을 제정하는 일이었다. 그러나 반(反)교황 정서에 물든 정교회는 가톨릭 선교사의 개입에 부정적으로 반응했다.

1580년대부터 시작된 정교회 개혁은 후원을 바탕으로 이루어지는 경우가 많았다. 정교회 성경과 전례서를 출간하고, 우크라이나 서부의 도시 르비우(Lviv)에 정교회 의회를 건설하는 등의 성과가 있었다. 폴란드-리투아니아 연방에서 몇몇 정교회 지도자들은 가톨릭과의 통합이 개혁을 위한 가장 좋은 방안이라고 믿었다. 그러나 평신도들은 정교회 일부가 아니라 정교회 전체와 가톨릭의 완전한 화해만 인정할 수 있다는 입장이었고, 러시아정교회는 통합에 동의하지 않았다. 1596년 폴란드, 우크라이나, 벨라루스 지역의 정교회 지도자들은 브레스트 연합(Union of Brest)을 결성하여, 연합의 이름으로 로마가톨릭교회와의 통합을 승인했다. 그러나 평신도들은 강력히 반대했다. 1654년 우크라이나의 일부가 러시아에 편입되면서, 브레스트 연합의 연합파교회(Uniate)와 정교회(Orthodox)의 운명이 결정되었다. 영역을 나누고 통제권을 분리했지만, 종교적 긴장은 이후로도 오래도록 지속되었다.

러시아에서 정교회는 국교였고, 외부 세계의 별다른 영향 없이 현지의 슬라브어 전통을 유지했다. 1589년 모스크바 총대주교좌 설립과 함께 정교회의 위상도 올라갔다. 국교가 가톨릭인 폴란드와, 또한 국교가 루터교인 스웨덴이 17세기에 러시아를 침략하는 사건이 벌어진 이후, 정교회의 러시아 민족 정체성(Russianness) 상징이 더욱 강화되었다. 외국의 침략을 막아내는 과정에서 정교회와 차르의 왕국은 "어머니 러시아"와 같은 말이 되었다.

러시아정교회는 서방 기독교를 거부하면서도 종교와 교회 개혁의 교훈은 받아들였다. 페트로 모힐라(Petro Mohyla)도 그런 개혁가 중 한 사람이었다. 귀족 출신의 고위 성직자인 그는 예수회 모델을 따라 정교회 신학교를 설립하고 고도로 훈련된 신앙의 수호자를 교육했으며, 서구의 노선을 따랐다. 학문의 번성은 체계적인 출판과 편집 사업으로 이어져,

1650년대에는 키예프가 정교회 권역에서 지성의 중심지가 되었다.

키예프의 사례는 모스크바의 개혁에 영감을 주었다. 차르 알렉세이 미하일로비치(재위 1645~1676년)는 러시아정교회 개혁가들의 제안을 충분히 받아들였다. 전례와 도덕적 가르침의 엄격한 시행, 효과적인 설교의 강조, 이교도 민간 풍속의 금지 등이었다. 세법의 변화는 교회에 불리하게 돌아갔다. 교회와 성직자의 재산도 세속 권력의 통제를 받아야 했다. 점차 권한을 강화해온 모스크바의 총대주교 니콘(Nikon)을 중심으로 이에 대한 반대가 터져나왔다. 그가 그리스어 전례를 선택하자 많은 전통적인 신자와 성직자가 분노했다. 그들은 갈수록 강화된 총대주교의 절대권력을 반대하는 데 초점을 맞추었다. 차르는 정교회 전체에서 대표자를 선출하여 정교회 의회를 구성했고, 의회에서 총대주교를 직무 유기로 파면했다. 니콘은 물러났지만 정교회 의회는 니콘이 도입한 새로운 방식의 전례를 확고히 지지하며, 전통과 새로운 전례 사이에 절충을 요구한 반대자들을 추방했다. 이 사건으로 교회에서 차르의 권위가 올라갔으며, 러시아정교회에서도 그리스와 우크라이나식 지도력이 힘을 얻는 계기가 되었다. 극적이고 논쟁적인 과정을 거쳤지만 1666~1667년 대부분의 논쟁이 잦아들었다. 공식 교회에서 수백만 명의 신도가 분리되었다. 그들은 구(舊)전례파 혹은 분리파로 일컬어졌다. 국가의 야만적인 탄압이 이어지자 일부는 반란을 일으켰고, 더 많은 사람은 자발적으로 망명을 떠났다. 특히 중앙아시아의 스텝과 시베리아를 건너, 새롭게 확장된 러시아의 동방으로 가는 사람들이 많았다.

정교회가 러시아 제국에 종속되는 과정은 표트르 대제에 의해 완성되었다. 그는 서구식 교육을 받은 우크라이나인에게 교회의 주요 보직을 맡겼다. 페오판 프로코포비치(Feofan Prokopovich)도 그러한 인물 중 한 사람이었다. 그는 우크라이나인 성직자로 예수회에서 교육받았으며, 차르의 교회 통제를 옹호했다. 표트르 대제는 젊은 시절 해외에 거주할 때 영국성공회를 관찰한 적이 있어서, 그 경험을 바탕으로 러시아 국교를 만들겠다는 생각을 가졌다. 1718년 페오판 프로코포비치는 《영혼의 법규》라는 책을 출간했는데, 총대주교좌 폐지를 주장하며 시노드(synod, 교회 회의)를 옹호했다. 이는 신속히 법제화되었지만, 시노드는 1740년대까지도 실질적으로 개혁을 안착시키지 못했다. 개혁의 중점은 민간 종교의 습속을 줄이고 평신도에게 기독교 교리를 가르치며, 교구 성직자에게 더 좋은 교육의 기회를 부여하는 것이었다. 1800년에 이르러 교구 성직자의 지적 수준은 어느 정도 올라갔지만, 새로 정복한 동쪽 변경의 아시아인에게는 러시아정교가 성공적으로 전파되지 못했다. 초기에 볼가강 유역에서는 국가의 지원 아래 대규모 강제 개종이 이루어졌으나, 대부분은 기껏해야 표면적으로 기독교를 받아들일 뿐이었다. 예카테리나 2세는 정책을 바꾸었다. 그녀는 국가이성(raison d'etat)을 신봉하는 계몽주의적 신념을 가진 인물로, 보다 온화한 태도로 선교에 접근했다. 종교적 관용이 허락되자 망명했던 구(舊)전례파가 돌아왔으며, 그들을 처벌할 법률은 폐지되었다.

 18세기를 거치는 동안 러시아의 수도원은 쇠락의 길을 걸었고, 전체 성직자는 1724년에서 1738년 사이 절반으로 줄었다. 수도원의 쇠퇴와 재정 수요 때문에 예카테리나 2세는 상당수의 수도원을 국유화했다. 교회 내의 분위기는 사제들이 수도사가 되는 길을 막고 있었다. 한편 아토스산의 전통에 입각한 내면 기도는, 학문적 교육으로 돌아선 교회에서 소외된 수도사들이 선택할 수 있는 새로운 목적지였다. 새로운 전통의 활력이 많은 지식인에게 영감을 주었고, 그중에는 여성도 많이 포함되어 있었다. 예카테리나 2세가 수녀원 설립 요건을 완화한 뒤로 여성 종교 기관이 많아졌고, 가입하는 여성이 점차 늘어났다.

계몽주의 시대 이후에는 보수적 반작용이 이어졌다. 19세기 초엽 보수적인 교회의 지도자들은 권위를 자처하며 개혁과 외국의 혁신뿐만 아니라 신비주의에 대해서도 깊은 적대감을 나타냈다. 예수회가 1815년 상트페테르부르크와 모스크바에서 추방되었고, 1820년에는 제국 전역으로 그 범위가 확대되었다. 프리메이슨과 비밀결사가 1822년 금지되었으며, 시베리아의 영국 선교사들도 1830년대에 추방되었다. 정교회는 다시 한 번 러시아의 정체성을 지키는 수호자가 되었다.

기독교의 세계적 팽창

러시아정교회는 러시아 제국과 보조를 같이하며 동쪽의 중앙아시아와 북아시아로 확장되었고, 서유럽의 해상 제국이 부상하면서 가톨릭과 프로테스탄트 선교사도 전 세계로 퍼져나갔다(그림 14-1). 기독교의 팽창에는 세 가지 모델이 있었다. 첫째는 정복으로, 아메리카 대륙의 스페인이 대표적이었다. 둘째는 무역으로, 아시아의 포르투갈이 대표적이었다. 셋째는 식민지로, 북아메리카의 프랑스와 영국이 대표적이었다. 이 세 가지 모델이 상호 배타적이지는 않았지만, 기독교와 비-기독교 민족의 만남은 그에 따라 패턴이 결정되었다.

스페인령 아메리카와 포르투갈령 브라질에서는 식민지 정복과 통치 과정에서 위로부터 기독교를 강요했다. 원주민의 종교 문화를 억압

〔그림 14-1〕 〈트리엔트 공의회〉, 파스콸레 카티(Pasquale Cati) 그림, 1588~1589년
로마의 어느 성당에 그려진 프레스코 벽화다. 지구본을 앞에 두고 의인화된 인물들이 모여 있는데, 가운데 가톨릭교회를 상징하는 인물은 교황의 관을 쓰고 있다.

하고, 교리문답과 번역 프로그램을 강제하고, 원주민 공동체를 선교사의 권위에 종속시켰다. 가톨릭과 식민주의는 같은 말이었다. 멕시코와 칠레의 국경에서 군인은 신교사를 보호했고, 개종을 통해 스페인 지배에 대한 저항을 잠재웠다. 1500년에 시작된 이 과정은 18세기 말엽 칠레에서 반란이 진압되고 나서야 막을 내렸다.

포르투갈은 광범위한 영토 제국을 건설할 야망이나 수단이 없었다. 인도의 포르투갈령 고아(Goa)는 예외에 불과했다. 그러나 포르투갈은 아프리카와 아시아의 무역 거점을 연결하여 서아프리카에서 일본에 이르는 네트워크를 만들어냈다. 모잠비크, 고아, 믈라카, 마카오, 나가사키 등지에 진출한 포르투갈 성직자들의 애초 목표는 단지 그들의 동포를 돌보는 것이었다. 예수회가 창립되고 나서 최초의 예수회 선교사 프란시스코 하비에르(Francisco Javier)의 모범 덕분에, 모든 가톨릭 국가 출신의 예수회 선교사들이 포르투갈의 파드로아두(padroado, 교황이 부여해 준 특권) 아래 활동하고자 자원했다. 1500년에서 1750년 사이 인도에서 포르투갈인이 아닌 예수회 선교사는 약 10퍼센트에 불과했다. 중국 선교 또한 포르투갈의 후원 아래 이루어졌지만 그 비율이 60퍼센트를 넘었다. 무력으로 기독교를 이식할 수 없는 곳에서는 설득을 통해 개종을 권유했다. 번역된 문헌, 의례, 치료, 기타 문화적 행위를 통해 선교사들은 더 넓은 네트워크에서 기독교를 홍보했다. 그 네트워크는 과거 인도양이나 동남아시아에서 이슬람이 전파될 때와는 달리 무역에 의해 유지되었다. 정치와 문화, 경제, 선교사 개인의 능력에 따라 기독교는 다양한 차원의 성공과 저항에 맞닥뜨렸다. 남아시아에서 가톨릭은 힌두교도 사이에서 거의 성공을 거두지 못했다. 한편 시리아 기독교와의 만남은 강렬한 내부 갈등을 불러일으켰는데, 공동체 안에서 로마와의 화해를 지지하는 세력과 반대하는 세력이 격렬히 부딪쳤기 때문이다. 동남아시아에서 가톨릭이 어느 정도 성공을 거둔 곳은 스리랑카, 믈라카, 베트남 정도였다. 그러나 일본에서는 17세기에 새롭게 일본을 통일한 도쿠가와 정권이 기독교를 잔인하게 탄압하면서 혹독한 재앙을 겪었다. 아시아 유일의 스페인 식민지인 필리핀에서만 가톨릭은 주요 종교로 자리 잡았다.

스페인과 포르투갈에 뒤이어 프로테스탄트 국가인 영국과 네덜란드도 17세기에는 세계적 해양 세력이 되었다. 무역과 식민지 정착에 중점을 둔 네덜란드와 영국의 민간 기업들은 해외 사업에 투자했지만 기독교 선교에는 거의 투자하지 않았다. 그러나 식민지의 이권이 얽히게 되자 더 많은 자원이 복음화에 투입되었다. 17세기 중반의 타이완이 바로 그런 사례다. 네덜란드는 원주민 선교를 지원함으로써 동남아시아의 바타비아에서 그랬던 것처럼 타이완을 동아시아 거점으로 삼으려 했다. 마찬가지로 북아메리카 영국인 정착지의 경계 지역에서 활동한 기독교 선교사들의 임무는 문명화와 평화 정착이었다. 이는 멕시코와 칠레에서 스페인령의 경계 지역을 따라 활동한 예수회의 선교와 비슷한 양상이었다. 1769년 원주민 소년들에게 기독교 교육을 하기 위해 뉴햄프셔에 다트머스(Dartmouth)대학교를 설립한 것은 북미 선교의 성격을 극명하게 보여주는 사례였다.

기독교 선교는 중상주의적 세계 질서 가운데 서로 경쟁하는 유럽 국가들에게 종교적 경쟁을 부추겼다. 17세기 말엽 덴마크와 독일의 성직자들은, 여러 유럽 국가가 상업적 이익을 적극적으로 개발 중인 인도로 선교사를 파견했다. 칼뱅주의 국가 네덜란드는 케이프에 식민지를 건설하고 포르투갈령 모잠비크와 경쟁했으며, 프랑스의 칼뱅주의자와 독일의 프로테스탄트 이민자를 끌어들였다. 때로 종교적 저항은 군사적 저항보다 더 오래 지속되기도 했다. 네덜란드가 1641년 포르투갈로부터 믈라카를 빼앗은 뒤에도, 이미 130년 전부터 지속해온 가톨릭 선교 덕분에 믈라카의 가톨릭은 그대로 유지되었다.

오리엔트정교회의 가톨릭 선교에 대한 저항은 똑같이 완강했다. 16세기 말엽 에티오피아에서 포르투갈의 예수회는 좋은 성적을 내지 못했다. 그러나 17세기 초엽 두 명의 황제(ZaDangel, Susenyos)가 개종했고, 로마가톨릭과의 재결합에 동의했다. 여기에 에티오피아정교회의 많은 신자가 극렬히 저항했고, 1632년 황제(Susenyos)가 폐위되고 예수회는 추방되었다.

아르메니아인 또한 가톨릭 선교에 대체로 아무런 영향을 받지 않았다. 그들은 카톨리코스(Catholicos)의 종교적 지도를 받았는데, 카톨리코스는 종교 공동체의 지도자로서 오스만 제국 치하 그리스정교회 총대주교와 비슷한 역할을 했다. 아르메니아인 디아스포라는 상업적 네트워크로 유지되었고, 전통에 강하게 밀착되어 있었다. 사파비 제국의 수도 이스파한 인근의 뉴줄파에 거주한 아르메니아인은 가톨릭 선교사를 만나자 적대감을 드러냈다. 러시아 제국이나 오스만 제국에서도 아르메니아교회는 강한 민족적 특성을 유지했다.

17세기 오스만 제국에 의해 아르메니아교회에 종속된 시리아교회는 더욱 어려운 처지에 놓여 있었다. 17세기에는 프랑스의 외교와 무역이 오스만 제국을 파고들었고, 가톨릭 선교사들은 일부 시리아인을 개종시키는 데 성공했다. 앞서(12세기) 시리아교회의 일파인 마론파(Maronites)가 로마가톨릭과 재결합한 사례가 있었는데, 프랑스 선교사들은 이를 모범 사례로 활용했다.

기독교의 세계적 팽창은 수많은 종교적 및 문화적 문제를 제기했다

(이는 지금도 계속되고 있다). 신학 용어의 번역, 언어의 사용, 개종을 보는 시각(통합인지 수용인지 혼종화인지 영적 정복인지) 등의 문제였다. 초기 근대 세계 전역의 민족들은 기독교가 선전하는 메시지를 받아들이거나 거부하거나 무관심했다. 그러는 사이 유럽의 가톨릭과 프로테스탄트 국가에서는 민족학이 만들어져 더욱 정교하게 발전해갔다. 유럽 바깥의 언어, 문화, 정치, 종교 연구는 결국 세계를 이해하는 지식의 기반이 되었다. 우리는 결국 그 지식의 계승자이면서 동시에 파괴자가 되는 셈이다.

더 읽어보기

Angold, Michael (ed.), *The Cambridge History of Christianity* (Cambridge University Press, 2006), vol. v.

Baylor, Michael G. (ed.), *The Radical Reformation* (Cambridge University Press, 1991).

Bossy, John, *Christianity in the West 1400-1700* (Oxford University Press, 1985).

Boxer, Charles R., *The Christian Century in Japan 1549-1650* (Berkeley, CA: University of California Press, 1974).

Cameron, Euan, *The European Reformation* (Oxford: Clarendon Press, 1991).

Carlebach, Elisheva, *Divided Souls: Converts from Judaism in Germany, 1500-1750* (New Haven, CT: Yale University Press, 2001).

Castelnau-L'Estoile, Charlotte de, Marie-Lucie Copete, Aliocha Maldavsky, and Ines G. Zupanov (eds.), *Missions d'évangélisation et circulation des savoirs xvi e-xviii e siècle* (Madrid: Casa de Valazquez, 2011).

Chadwick, Owen, *The Early Reformation on the Continent* (Oxford University Press, 2001).

Christin, Olivier, *La paix de religion: L'autonomisation de la raison politique au xvi e siècle* (Paris: Seuil, 1997).

Crummey, Robert O., *Old Believers in a Changing World* (Dekalb, IL: Northern Illinois University Press, 2011).

Delumeau, Jean, *Sin and Fear: The Emergence of a Western Guilt Culture 13th-18th Centuries* (New York: St. Martin's, 1990).

Dykema, Peter A., and Heiko A. Oberman (eds.), *Anticlericalism in Late Medieval and Early Modern Europe* (Leiden: Brill, 1993).

Hsia, R. Po-chia (ed.), *A Companion to the Reformation World* (Oxford: Blackwell, 2004).

_____, *A Jesuit in the Forbidden City: Matteo Ricci 1552-1610* (Oxford University Press, 2010).

_____, *Social Discipline in the Reformation 1550-1750* (London: Routledge, 1989).

_____ (ed.), *The Cambridge History of Christianity* (Cambridge University Press, 2007), vol. vi.

_____, *The World of Catholic Renewal 1540-1770* (Cambridge University Press, 2005).

MacCulloch, Diarmaid, *The Reformation: A History* (London: Penguin, 2003).

Muchembled, Robert, *Une Histoire du Diable xii -xxe siècle* (Paris: Seuil, 2000).
Oberman, Heiko A., *Luther: Man between God and the Devil* (New Haven, CT: Yale University Press, 1989).
Ozment, Steven, *The Age of Reform 1250-1550: An Intellectual and Religious History of Late Medieval and Reformation Europe* (New Haven, CT: Yale University Press, 1980).
Patte, Daniel (ed.), *The Cambridge Dictionary of Christianity* (Cambridge University Press, 2010).
Randall, Catharine, *Black Robes and Buckskin: A Selection from the Jesuit Relations* (New York: Fordham University Press, 2011).
Rublack, Ulinka, *Reformation Europe* (Cambridge University Press, 2005).
Scribner, Robert, *For the Sake of Simple Folk: Popular Propaganda for the German Reformation* (Cambridge University Press, 1981).
Scribner, Robert, Roy Porter, and Mikulas Teich (eds.), *The Reformation in National Context* (Cambridge University Press, 1994).
Standaert, Nicolas (ed.), *Handbook of Christianity in China* (Leiden: Brill, 2001), vol. i.
Vauchez, Andre, *Sainthood in the Later Middle Ages* (Cambridge University Press, 1997).
Wiesner-Hanks, Merry E., *Women and Gender in Early Modern Europe*, 3rd edn. (Cambridge University Press, 2008).
Zupanov, Ines G., *Missionary Tropics: The Catholic Frontier in India* (16th-17th Centuries) (Ann Arbor, MI: University of Michigan Press, 2005).

CHAPTER 15

초기 근대의 이슬람 세계

나일 그린 Nile Green
지나 코건 Gina Cogan

이슬람은 모스크와 경전의 종교로 일컬어지는 경우가 많다. 초기 근대에는 가장 웅장하며 오래도록 지속된 역사상 수많은 모스크가 건설되었다. 이전 시대의 주요 모스크 건설 공사와 달리 초기 근대의 새로운 기도 공간은 다마스쿠스나 카이로 같은 오랜 무슬림의 중심지가 아니라, 이 시대에 새롭게 무슬림의 통치 아래 편입된 아시아나 아프리카의 머나먼 곳에서 주로 건설되었다. 그중에서 사마르칸트의 비비-하눔(Bibi-Khanum) 모스크(1404년), 카슈가르의 이드가('Idgah) 모스크(1442년), 팀북투의 시디 야히야(Sidi Yahya) 모스크(1440년), 바게르하트(Bagerhat)의 샤이트굼바지(Shaitgumbaj) 모스크(1459년)가 중요한 사례다. 칭기즈 칸(사망 1227년)과 티무르(사망 1405년)의 정복 이후로 새로운 종교와 지성의 중심지는 과거 이슬람의 종교적 중심지를 벗어나 다른 곳에서 발달했다. 15세기의 거대 모스크가 위치한 지역들이 나중에 다르 알-이슬람(이슬람의 집)으로 인정되었다는 점을 감안할 때, 이슬람 사원이 이슬람의 공간이라는 사실을 공표하는 데 일정한 도움이 되었던 것 같다. 티무르 이후의 술탄국들은 다시 더 큰 제국으로 편입되었다. 오스만 제국, 사파비 제국, 무굴 제국 등이었다. 이때 명실상부한 모스크 건축 최고의 황금기가 시작되었다. 바야흐로 이슬람 제국의 시대를 맞이하여 오스만 제국 에디르네(Edirne) 시역에 셀리미예(Selimiye) 모스크

(1575년)가 건설되었고, 이외에도 알제리의 케차우아(Ketchaoua) 모스크 (1612년), 이스탄불의 술탄 아흐메트(Sultan Ahmet) 모스크(1616년), 사파비 제국의 수도 이스파한의 샤(Shah) 모스크(1629년), 무굴 제국의 수도 델리의 자한-누마(Jahan-Numa) 모스크(1656년), 라호르의 바드샤히 (Badshahi) 모스크(1673년), 쿠트브 샤히(Qutb Shahi) 왕조에서 시작했으나 무굴 제국 때에 완공된 하이데라바드의 메카(Mecca) 모스크(1694년) 등이 있다. 제국의 금고에서 자금을 조달한 이들 모스크는 제국과 이슬람의 힘을 나타내는 확고한 상징물이었다(그림 15-1).

이와 같은 후원의 주체로 보아, 당시의 이슬람은 인민의 종교라기보다 국가의 종교였다는 사실을 알 수 있다. 모스크 건축의 완성도와 호화로운 건축 자재 때문에 우리의 시선은, 보다 널리 퍼져 있는 무덤사원 (shrine)의 이슬람보다 오히려 모스크(mosque)의 이슬람에 이끌리기도 한다. 여러 제국이 경쟁적으로 화려한 공사에 역량을 쏟아붓는 동안, 다르 알-이슬람 전역에 걸쳐 도시와 마을에서는 무슬림 성인과 그 가족들을 위한 무덤사원이 들어섰고, 이들이 세계종교 이슬람의 확장과 현지화에 교두보 역할을 담당했다. 유럽 시골의 성당에 비견할 만큼 오래된 마을 단위의 모스크가 드문 이유는 신앙심이나 자금이 부족해서가 아니라, 무슬림 신앙이 기도를 위한 장소(모스크)만큼이나 무덤사원에 집중되어 있었기 때문이다. 모스크와 달리 그와 같은 무덤사원은 남성과 여성 모두의 종교성을 반영하고, 정주민과 유목민 모두의 요구를 충족하며, 서아프리카에서 자와섬에 이르기까지 이슬람에 동화된 수많은 시골 공동체와 이슬람의 혼종을 수용할 수 있었다. 그러나 여기서 요점은 모스크와 무덤사원, 경전과 교단, 초월자인 신과 현세의 성인 등으로 나누

〔그림 15-1〕 소콜루 메흐메트 파샤(Sokollu Mehmet Pasha) 모스크, 이스탄불, 1572년

는 이분법적 구분이 아니다. 그보다는 후대 사람들의 눈길을 사로잡는 제국의 웅장한 모스크와 그 이면에 숨겨진 영성의 스펙트럼을 고려하여 논의를 시작하고자 하는 것이다.

시아파 이맘(imam)이나 수니파 성인(wali)의 신성가족 무덤사원과 크고 작은 모스크가 같은 맥락에 놓여 있듯이, 쿠란과 일반 이슬람 문헌 또한 비슷한 맥락에서 보아야 한다. 이슬람은 흔히 경전의 종교라고 말하는데, 역사학적 측면에서 이 진부한 문장은 텍스트 수용성의 조건과 관련지어 평가되어야 한다. 초기 근대의 모든 무슬림 공동체에서 쿠란은 상징적 시금석이었지만, 많은 사람에게 그것은 텍스트라기보다 경배의 대상에 가까웠다. 쿠란 구절은 공식 예배 시간에 암송되거나 공공건물에 새겨지거나 비-아랍어 서적에 인용되기도 했지만, 초기 근대 무슬림의 대다수는 쿠란을 소장하지 못했다. 비-아랍어 사용자가 이슬람 신도의 다수를 차지하게 되는 인구학적 변화 속에서, 경전 중심 이슬람(scriptural Islam)의 확산에는 한계가 있었다. 가끔 다른 책의 행간에 주석으로 등장하는 정도였을 뿐, 초기 근대 말엽까지도 쿠란 전체가 번역되지는 못했다. 더욱이 쿠란의 인쇄는 금지되어 있었다. 그럼에도 불구하고 이브라힘 뮈테프리카(Ibrahim Müteferrika, 1674~1745년)가 이스탄불에서 잠시 코란을 인쇄한 적은 있었다. 이를 제외하면 초기 근대는 무슬림에게 인쇄술이 없는 시대와 다름없었다. 그러므로 우리는 무조건 쿠란을 종교 생활의 원천으로 간주하는 시각을 주의해야 한다. 17~18세기에 예언자의 순나(sunna, 길, 모범)를 지지하는 움직임이 점점 목소리를 키운 것도 사실이지만, 그렇더라도 당시의 사회-종교적 분위기는 루터교의 솔라 스크립투라(sola scriptura, 오직 성경)에 비견할 만한 모델의 확산을 가로막고 있었다.

문자 언어는 연결과 동시에 단절을 의미한다. 다르 알-이슬람 전역의 도시에서 종교와 학문의 언어는 아랍어였다. 많은 지역에서 아랍어는 사회계급적 언어 혹은 카스트 언어였고, 성직자의 가족이 자기복제를 할 수 있는 문화적 자산이었다. 일부 지역에서는 마드라사 학교를 통해 아랍어를 가르치면서 아랍어를 통한 사회적 이동의 기회를 제공하기도 했다. 둘 중 어느 경우라도 아랍어는 위엄과 권위를 가진 소수 엘리트의 언어라는 점에서 다를 바가 없었다. 초기 근대 제국의 지원에 힘입어 페르시아어와 튀르크어도 새로운 길을 열었다. 아랍어를 배우지 못한 저자(여성 포함)가 종교적 작품을 저술하고자 할 때 페르시아어나 튀르크어가 좋은 대안이 될 수 있었다. 그러나 궁정에서 복잡하고 화려한 바로크 양식이 유행하면서 페르시아어나 튀르크어 역시 어려운 상징적 언어가 되었다. 결국 대중 작가나 시골의 음유시인이 사용할 수 있는 언어는 진정한 의미의 토착 언어들(말레이어, 힌디어, 아프리카의 아자미어 등)뿐이었다. 당시의 문맹률에 대해서는 신뢰할 만한 자료가 남아 있지 않지만, 모든 지역에서 지식인은 소수에 그쳤고, 남성보다 여성이, 도시 거주자보다 농민 혹은 유목민이 문맹일 가능성이 훨씬 더 높았다. 제국의 관료 체제가 강화될수록 문자 사용의 수요가 높아졌으므로 아마도 문해력이 높아졌을 것이다. 또한 예컨대 카이로 같은 일부 도시에서는 우리가 알기로 기술자와 장인도 기본적인 문헌 해석은 가능할 정도의 문해력을 충분히 갖추고 있었다. 그러나 문자 해독 능력의 낙수 효과를 어느 정도로 추정하건 상관없이 대부분의 무슬림은 사실상 문맹이었고, 문해력은 소수 인원의 문화적 자산이었으며, 아랍어 문해력은 더더욱 드물었다. 전체 무슬림 공동체(유목민 포함)는 수피(Sufi) 지도자들을 통해 이슬람 지성계와 연결되었다. 수피는 다르 알-이슬람의 수많은 사회적·민족적·언어적 주변부에 위치한 공동체를 연결하는 문화적 매개자 역할을 담당했다.

이를 통해 우리는 중요한 점을 알 수 있다. 울라마('ulama), 즉 "학자들"이 수피와 다른 범주에 놓여 있지 않았다는 사실이다. 울라마는 문해력 있는 이슬람 지식인을 대표하며, 수피의 권위에는 신비주의적 경험과 예언자적 카리스마의 유산 승계가 결합되어 있다. 울라마와 수피는 모두 텍스트 교육에 의지하여 자신의 정당성과 활동의 근거를 만들었다. 먼 거리에도 불구하고 편지와 논문을 주고받는가 하면, 이자자(Ijazah)라고 하는 증서를 통해 학문의 경지를 확인받기도 하고, 아랍 문자를 사용한 현지어 문헌을 이용해 가르침을 전파하기도 했다. 우리가 논의할 시대 이전에 이미 그들의 정통성의 근거가 통합되었기 때문에 같은 사람이 수피이자 울라마인 경우가 많았다. 그래서 이후 우리의 논의에서는 이들을 수피-울라마(Sufi-'ulama)로 칭하기로 한다. 어떤 공동체에서 이들은 매우 적은 인원에 불과했으나, 유라시아와 아프리카 전역에 걸쳐 아랍어 문화권과 (더불어 그보다는 작지만) 페르시아어 문화권을 확장시켰다. 동시에 이슬람의 세속화를 이끌었고, 페르시아어-아랍어 저작물을 예컨대 한문(漢文) 같은 기존의 학술 언어로도 번역했다. 그렇다고 해서 이와 같은 종교의 지식 기반이 무턱대고 전파될 수는 없었다. 전파될 때마다 스승과 제자의 네트워크를 통과해야 했다. 그것이 이슬람 교육의 제도적 조직망이었다. 네트워크의 대부분은 수피 타리카(tariqas, 형제단)에 의해 제공되었다. 타리카는 사상과 활동이 더욱 널리 확산되는 사회적 통로 역할을 했다. 세계사의 맥락에서 이슬람의 역사를 살펴볼 때, 이슬람이 어느 시대에 어디까지 확장되었는지를 확인하려면 기본적으로 타리카 네트워크를 이해해야 한다. 타리카는 영적 계보를 기반으로 운영되었고, 그들의 네트워크는 지리적 거리뿐만 아니라 사회적 계층의 차이를 넘어섰다. 예언자의 뒤를 잇는 학자들과 부족민, 여성, 문맹의 도시민이 타리카를 통해 연결되었다.

이 글에서는 1400년에서 1800년 사이 모스크와 경전 중심의 이슬람을 지구상의 그토록 넓은 지역까지 전파하려 했던 그 시도의 범위와 한계를 살펴보고자 한다. 첫 소절에서는 수피 계보를 통한 여러 지역의 연결을 검토했다. 그들은 이론적 내용뿐만 아니라 조직-기관의 네트워크로 연결되어, 다르 알-이슬람을 하나로 통일시키지는 못했지만 결속력을 강화하는 데 충분히 기여했다. 두 번째 소절에서는 지리적 경계에서 사회적 경계로 논점이 이동하여, 해당 시기 집단적 문화수용(acculturation) 혹은 개인적 전략에 따른 광범위한 개종의 문제를 검토했다. 세 번째 소절에서는 초기 근대 제국들의 국교 제정과 그것이 신앙생활에 미친 영향을 살펴보았다. 국가는 백성의 종교 생활과 그에 따른 공적 생활의 조직화 및 체계화에 갈수록 적극적인 역할을 함으로써 개종의 과정에 더욱 깊숙이 개입했다. 마지막으로 네 번째 소절에서는 18세기 후기에 확산된 쇄신 운동을 추적하여, 식민 지배가 이슬람에 미친 영향의 초기적 징후를 검토했다. 이슬람의 역사를 세계사 속에서 펼쳐진 하나의 과정으로 이해하고자 할 때 논의의 초점은, 특히 서로 다른 지역이 연결됨으로써 나타난 어떤 과정이나, 혹은 같은 시대의 비교 가능한 서로 다른 지역(직접 연결이 아니더라도)의 사람과 패턴에 놓인다. 이슬람의 역사를 세계사의 일부로 배치하려면 중동의 "중심지"나 "규범" 같은 개념을 설정해서는 곤란하며, 모든 무슬림 지역의 발전에 균등한 관심을 기울여야 한다.

연결: 계보와 네트워크

중세 시기에 처음 등장한 타리카(tariqa) 형제단은 선택된 추종자와 계승자에게 통제된 방식으로 카리스마와 권위와 교리를 전수했다. 수피와 더 넓게는 무슬림 전통을 전수하는 이와 같은 통로의 실체는 원래 구체적인 사회조직이라기보다 개념의 차원이었다. 그러나 12~14세기에 그들은 처음으로 의례 체계, 복식 규범, 교육 과정을 만들었다. 무엇보다 순례와 숙박과 교육을 위한 기관의 설립이 결정적인 변화였다. 이를 통해 개념적 자산의 축적이 가능해졌다. 이슬람의 타리카 형제단은 넓게 보아 기독교의 수도원과 비슷한 공간으로 이해되었다. 그러나 타리카의 지도자는 결혼하여(아내를 여럿 둘 수 있다) 상속인과 후계자를 생산할 수 있다는 점에서 기독교의 수도원과 중요한 차이가 있었다. 15세기에 수피 교단은 여러 신흥 왕조와 연계를 맺으며 후원을 얻었다. 무슬림의 기부 관련 법률(와크프waqf) 덕분에 수피 교단도 자산을 획득할 수 있었다. 주요 도시에서는 왕실의 후원으로 거대 모스크가 건립되었지만, 마을이나 지방 단위에서는 지배 엘리트 계층이 수피 가문을 후원하는 것이 보다 광범위하고 지속적인 패턴이었다. 후원의 명목으로 수피와 수피-울라마에게는 시장의 상점이나 농지가 영구적으로 기증되었다. 덕분에 성직자 가문은 독립적인 부를 갖출 수 있었고, 이를 기반으로 해당 지역에서 종교는 물론 경제적 실력자로 부상했다. 티무르 제국 시기의 관행도 이와 같은 사례였다. 특히 술탄 후세인 바이카라(Husayn Bayqara, 재위 1469~1506년) 시기에 페르시아 동부와 중앙아시아에서 개발이 저조한 농지를 와크프로 성직자 가문에 기부했다. 정부에서는 우선 농업 생산성 향상에 따른 이득을 얻었다. 그러나 티무르 제국이 붕괴된 뒤에도 수피 가문에게 영구적으로 주어진 농지의 소유는 변함이 없었다. 그들은 방대한 농지를 기반으로 하여 막강한 세력으로 부상했다. 이와 같은 부를 바탕으로 "신을 위한 작은 도시"라고 할 만한 무덤사원이 건축되었고, 이를 둘러싸고 모스크와 학교와 숙소를 포함하는 복합단지가 조성되었다. 고인이 된 수피를 기리기 위해 순례객이 무덤사원에 몰려들면서 더욱 많은 수익이 발생했다. 순례와 풍부한 대중적 전설, 공식적 신학을 통해 수피-울라마는 성인으로 추앙되었고, 타리카 형제단의 계보 메커니즘과 와크프의 법적 지원이 통합되어 성인의 가문에 상징적·물질적 유산이 상속되었다. 형제단(타리카)과 기부(와크프)는 종교 권력을 구축하고 재생산하는 핵심 도구였다.

 결국 15세기에는 수피 가문이, 머나먼 모로코에서부터 아나톨리아와 인도와 동남아시아에 이르기까지, 곳곳에서 지역 종교 기관으로 부상했다. 타리카 형제단과 그들의 무덤사원에서는 국가에서 기대하기 어려운 서비스를 제공하는 경우가 많았다. 예컨대 15~16세기 중앙아시아의 나크슈반디야(Naqshbandiyya) 형제단은 지도자에게 충성을 맹세한 농민이나 도시민에게 유목민의 공격에 대한 방어에서부터 세금 면제에 이르기까지 폭넓은 서비스를 제공했다. 17세기에 이르러 수피 형제단이 확대되면서 중국에서도 유사한 조직이 등장했다. 이를 문환(門宦, 위대한 가문)이라 했는데, 이 지역에 진출한 무슬림의 후손이 스스로를 예언자의 후손이라고 주장하면서, 중국식 가족 구조와 상업적 수완을 더하여 기업의 계보를 형성한 것이었다. 그토록 다양한 사회·경제·정치 조직과 스스로를 연계할 수 있었다는 사실 자체로부터, 수피가 전통을 효과적으로 활용하는 조직이었음을 짐작할 수 있다. 성공의 비결은 권위의 이동 가능성과 전수 가능성이었다. 즉 예언자의 후손이라는 주장을 뒷받침할 계보나 교리나 의례는 모두 상징적 자산으로, 기본적으로 이동이 가능한 자산이었다. 그래서 일반적 패턴은, 유명한 수피의 아들이나 제자가 다른 도시로 이동하고 그곳에서 정착하면, 예언자로부터 직계로 이어지는 가문이라는 명성에 기대어 신도가 모였다. 신도들은 그로부터 무함마드의 기적과 구원의 은총(이른바 바라카barakah)을 기대했다. 다르 알-이슬람의 지평이 확장되는 가운데 제자를 찾아, 혹은 기회를 찾아 떠났던 그러한 이주자들은 분명 개척자의 면모를 가지고 있었을 것이다. 수많은 성인전에 그들의 여행과 모험이 대중적인 이야기로 남아 있다.

이와 같은 이주자들은 새로 정착한 지역에서 신성한 가문을 만들었다. 그 가문은 고국에서부터 이어지는 신성한 혈통의 한 분파였다. 인도나 아프리카 혹은 중앙아시아에서 신성한 가문은 대개 특정 직역(법적 중재, 의술, 주술, 교육 등)을 독점했다. 여기에 통치 엘리트의 후원으로 무상 토지나 세금 면제 등의 혜택이 더해지면서 그들의 문화 권력은 더욱 굳건해졌다. 이 과정에는 흔히 민족적 차원도 개입되었다. 그들은 단지 학자나 명문가의 후손 정도가 아니라 사이이드(sayyid), 즉 예언자 무함마드의 직계 혈통이라고 주장하는 경우가 많았다. 이처럼 생물학적 계보를 주장하다 보니, 초기 근대의 다인종 사회 속에서도 이론상으로는 아랍인 사이이드가 지역 종단에서 주도적 위치를 차지할 수 있었다.

필리핀 남부의 섬 민다나오(Mindanao)와 술루(Sulu)에서는 아랍인의 후손이라는 주장을 강화하기 위해 현지어를 아랍 문자로 기록한 타르실라(tarsila, 아랍어로 계보를 뜻하는 silsila에서 파생)라고 하는 문헌이 등장했다. 이는 예언자의 계보가 포함되는 왕실이나 엘리트 가문의 강렬한 하이브리드 족보였다. 개념적으로 사이이드 가문에 속하는 그들도 현지인과 통혼하면서 인종적 외모가 다양해졌다. (아프리카나 남아시아처럼) 아랍 인종이 매우 희박한 지역에서는 족보가 민족적 위계나 특권을 유지하는 데 중요한 근거가 되었다. 그곳에서 이슬람의 영성은 전혀 민주적이지 않았다. 그보다는 수피 전통의 계보학적 패러다임이나 심지어 더 오래된 사이이드 가문 경배의 맥락이 오히려 사회적 위계를 재생산하는 데 매우 효과적인 도구로 작용했다. 교육을 받고 수피와 울라마의 종교 기관에 들어가는 메커니즘이 있었지만, 이와 같은 사회적 이동성을 제한하는 범위의 한계가 있었다. 신성한 가문을 유지하기 위해 계보나 학문 혹은 부를 배치하는 과정에서 한계가 설정되었다. 전통적인 권위주의 세력과 신흥 세력의 긴장 관계는 초기 근대 무슬림의 여러 종교적 변화를 만들어낸 주요 동력 중 하나였다. 그러나 18세기 초 정치·경제적 재앙과 함께 종교적 격변이 시작되기 전까지 초기 근대의 대부분 동안 지역 종교 기관은, 특히 사파비 제국과 오스만 제국이 아닌 다른 지역에서는 안정적으로 유지되었다. 이들 제국에서는 현실적으로 신성 가문이나 형제단의 자율성과 충돌하는 세력이 바로 국가였다(그림 15-2).

위계질서와 권위주의적 전통 안에서도 종교적 위안의 여지는 남아 있었다. 순례사들은 조상으로부터 후손으로 이어진 계보의 중간 어

〔그림 15-2〕 사파비 제국 수피 교단의 지도자 사피 앗-딘(Safi al-Din)의 사원, 이란 아르다빌 소재, 1500년경

느 시점에 건설된 무덤사원을 찾아 여행을 떠났다. 성지순례의 장소에서는 기적의 치료와 중보 기도가 가능했다. 그래서 신성 가문은 많은 사람에게 사랑받는 꼭 필요한 존재였으며, 지역 공동체에서 오래도록 지속되는 구성원이었다. 기적의 이야기가 퍼져나갔고, 손님을 끌어들이는 더 나은 기술들이 발달했다. 성인의 무덤은 종교적 예술 창작의 현장이었다. 현지어 시와 찬송에 흔히 음악이 더해져, 세속 신학을 전달하는 매체가 되었다. 수피 성인이든 시아파 이맘이든 기적을 일으키는 성자의 은총에 감사하여, 그들의 탄생일(mawlid) 혹은 사망일('urs)이 무덤사원 기반 종교 문화에서 성스러운 축일이 되었다. 이동식 전례나 차용어 혹은 교리를 통해 형제단은 이 문화를 다르 알-이슬람 전역에 확산시켰다. 초기 근대 시기 인도의 아지메르(Ajmer), 중앙아시아의 샤-이 진다(Shah-i Zinda), 이집트의 알-카라파(al-Qarafa)에 있는 주요 무덤사원에서는 대규모 축제를 개최했고, 연회와 음악과 시장과 조명으로 축제의 열기가 달아올랐다. 이러한 축제 문화를 보고 초기 근대 프랑스의 작가 프랑수아 라블레(François Rabelais)가 흥겨운 가톨릭의 세계를 구상하기도 했다.

    그러나 수피 타리카 형제단과 그 지도자의 영향력은 단순히 이슬람의 군중 축제에 그치지 않았다. 그들은 이슬람의 학문과 법질서의 대표자이기도 했다. 그들은 다양한 계층, 민족, 공동체 연결의 구심점이었다. 학식이 없는 수피(Sufi)도 있었고 수피가 아닌 울라마('ulama)도 있었지만, 가장 성공적인 타리카는 대개 학자의 가문에서 나왔다. 결국 문자 문화는 문화와 문화 자본을 전수 및 재생산하는 가장 효과적인 도구였던 셈이다. 수피-울라마를 중심으로 하는 성규 공부 "모임(halqa)"을 통해 세대 간은 물론 지역 간에도 경전 학습이 전수되었다. 모임의 장소가 어디건, 무덤사원이나 모스크, 집이나 정원이나 관계없이 그러한 모임 자체가 텍스트 전통의 사회 메커니즘을 형성했다. 이는 수피를 중심으로 형성된 대중적 관습과 분리될 수 없는 것이었다. 전수의 대상(traditio)은 대개 책이었다. 많은 경우 중세 고전문학으로, 예컨대 알-자줄리(al-Jazuli, 사망 1465년)의 기도문, 페르시아 시인 루미(Rumi, 사망 1273년)의 시집 등이었다. 아프리카, 인도, 중국으로도 이런 책들이 전파되었다. 다시 한 번 수피 타리카 형제단은 공부 모임을 연결하는 과정에서 텍스트 전파의 통로가 되었다. 공부 모임에서는 영성과 규범 관련 문헌을 연구하며, 내적 자아의 수련과 외적 자아의 규율 등 자아 통제를 지향했다. 이런 면에서 모범을 보인 전형적인 인물이 예언자와 그의 친구 아부 바크르(Abu Bakr)였다. 그러므로 교육 자체는 사회질서와 불가분의 관계에 놓여 있었다. 이론적으로는 그러한 질서가 구체적으로 발현된 실체가 바로 수피-울라마의 엄격한 아다브(adab, 예의범절)였다.

수피 학자들은 구자라트와 예멘에서 몬순 계절풍을 타고 동남아시아의 섬 지역으로 학문과 계보를 전수했다. 거기서 다시 태국과 필리핀의 술루 및 민다나오로 확산을 이어가다가, 스페인의 필리핀 정복과 불교 왕국 아유타야(태국 중부)의 팽창에 가로막혔다. 아라비아 지역에서 멀리 떨어진 곳에서도 아랍어가 연구되었을 뿐만 아니라 말레이어, 자와어, 마긴다나오어 같은 언어의 문자와 기술적 어휘를 만드는 데도 아랍 문자가 사용되었다. 대서양을 건너 이슬람이 전파된 초기의 증거는 거의 남아 있지 않다. 아마도 수피 교단의 구성원이 노예로 잡혀가서 브라질과 카리브해 지역 최초의 무슬림 공동체 지도자가 되었던 것으로 추정된다. 무함마드 카바(Muhammad Kaba)는 오래된 수피 가문의 후손이었다. 그는 오늘날의 코트디부아르 지역에서 샤이크 바부 알-파키루(Shaykh Babu al-Fakiru)로부터 교육받았고, 1777년 노예선에 실려 자메이카로 끌려갔다. 자메이카에서 그는 《키탑 알-살라트(Kitab al-Salat)》라는 책을 썼는데, 단순한 아랍어 기도문에 관한 내용이었다. 이 책은 카리브해 노예들에게 이슬람의 기본 원리를 전해주었다. 무함마드 카바는 서아프리카의 카디리(Qadiri) 형제단에 의해 전승된 글을 기억하여, 노예로 자메이카에 끌려온 아프리카인에게 지식을 전달했다.

수피 형제단, 공부 모임, 텍스트가 결합되어 국제적으로 지식을 전파했다. 또 다른 방향으로 전파된 북아프리카의 학문 전승이 있는데, 바로 수단(Sudan)의 나일어족이다. 이 지역에는 샤드힐리(Shadhili) 형제단이 소개되었다. 이주민인 하마드 아부 두나나(Hamad Abu Dunana, 활동 1450년)가 책을 가지고 왔는데, 당시 알-자줄리(al-Jazuli)가 모로코의 여러 도시로 전파한 수피즘의 규범과 관련된 내용이었다. 공부 모임에 참가한 수피-울라마가 다른 지역으로 이주하면서 그곳에서 다시 공부 모임을 만들었고, 이렇게 해서 형성된 네트워크를 통해 사상이 신속히 전파되었다. 사회가 진화하는 동안 분쟁 해결 수단이 제대로 갖추어지지 못한 사회에서는 법률 전문가인 수피-울라마의 명성과 수요가 확고했다. 그들은 판사나 중재자의 역할을 담당했다. 초기 근대에 국가는 멀지만 중재가 절실히 필요한 상황에서, 수피-울라마는 생계의 위기에 처한 사람들을 괴롭히는 소액 분쟁을 해결하는 데 도움을 주었다. 사하라 주변 아프리카 전역에 걸쳐 그와 같은 법률적 기능은 사람들에게 워낙 뚜렷한 인상을 심어주어, 그곳에서는 수피를 내개 파키(faqlh), 즉 법관이라 한다. 대규모 분쟁이 발생했을 때, 예언자의 혈통과 축복의 힘을 물려받은 사이이드로서 몇몇 수피들은 서로 다른 민족 내지 정치 집단을 중재하는 역할을 맡았다. 예컨대 16세기에 인도의 통제를 두고 무굴과 아프간의 연맹체가 충돌했을 때 이를 중재한 것이 수피였다.

때로 분쟁의 해결사이고 때로 지식의 전파자이며, 기적을 일으키고 축제를 주최한 수피 형제단은 무수한 지역의 대표자로서 주변 사회와 상호 의존하는 복잡한 네트워크를 형성했다. 수피 형제단은 무덤사원을 근거지로 생활한 수많은 가족과 하인은 물론이고, 통치 엘리트나 평범한 순례자에게도 지원을 받았고 거꾸로 그들을 지원하기도 했다. 수입과 상호 의존의 측면으로 볼 때 타리카 형제단은 상거래의 활성화에도 기여했다. 예컨대 17~18세기 모로코에서 무역상으로 활발한 활동을 펼친 나시리야(Nasiriyya) 형제단이나, 사하라 아프리카에서 활동한 카디리(Qadiri) 형제단 소속 쿤타(Kunta) 상인의 부상에서 이를 확인할 수 있다. 그들은 초기 근대 무역에서 매우 중요한 사회적 신용 자본을 제공했다. 뿐만 아니라 대출, 노동력, 정치 엘리트 계층과의 소통, 도둑이 감히 침범할 수 없는 숙소 등 상거래의 실용적 측면에도 기여했다.

수피는 종교의 현지화를 주도한 세력으로 평가되는 경우가 많았다. 수피에 의해 교리와 관습이 하드라마우트(Hadhramawt)나 호라산(Khorasan) 같은 성지로부터 수마트라나 수단처럼 멀리 떨어진 곳에 이식되어 다채로운 "지역 이슬람"의 가지가 자랐다. 이는 결코 틀린 말이 아니지만, 그러나 전체 과정의 절반에 불과하다. 타리카 형제단은 이슬람 현지화의 주역이었던 것 못지않게, 무슬림 세계 내부를 연결하는 매개자로서 역할을 했다. 앞에서 언급한 것처럼 타리카는 개념적 실체인 동시에 물질적 내용을 담보하고 있었다. 초기 근대 무슬림은 모두 페르시아나 이라크의 줄기에서, 궁극적으로는 메카의 뿌리에서 파생한 가지로 인정되었다. 풍성한 가지들이 다르 알-이슬람 전체로 뻗어 있었던 것이다. 그러므로 타리카 형제단은 원거리 지역의 무슬림이라 할지라도 더 큰 하나의 통일된 전체의 일부로 자처할 수 있었다. 동남아시아의 자위(Jawi) 수피들도 예멘에서 아랍인이 기록한 계보에 등재되었다. 이런 식으로 해서 수피 스승과 제자의 계보를 기억했으며, 타리카 형제단은 다르 알-이슬람에 중첩하여 개념적 상호 관계의 그물망을 형성했다. 당시의 수많은 무슬림 사회가 국가와 지리, 언어와 민족에 의해 나뉘었지만, 머나먼 계보학적 분파를 이어주는 형제단을 통해 초기 근대 무슬림은 이슬람의 세계종교적 면모를 피부로 느꼈을 것이다.

 종합하자면 인물, 교리, 의례, 장소를 포함해서 타리카 형제단이 수행한 가장 중요한 집단적 과정은, 니제르강 삼각주에서 시베리아에 이르기까지 초기 근대에 그들이 진출한 수많은 현지 사회에 이슬람의 존재를 드러낸 것이었다. 타리카 형제단이 이슬람을 현지화하는 동시에 연결하는 역할을 했다고 한다면, 이는 곧 현지의 종교적 관습이 발전하는 동안에도 다른 지역에서 온 방문객이 보기에는 그것이 여전히 이슬람으로 인식되었음을 의미한다. 이와 같은 "인식 가능성"은 필연적 요소라기보다 어떤 과정의 결과로서, 특정 문화적 지표들의 전파를 통해 발생했다. 예컨대 무덤사원의 육각형 돔, 의례 절차에 사용되는 동일한 아랍어 어휘, 다양한 현지어로 거론되는 동일한 인물들, 광대한 공간적 거리에도 불구하고 익숙한 핵심 경전의 반복 등을 통해 만들어진 것이었다. 페르시아에서 아나톨리아, 인도, 중앙아시아와 심지어 중국에 이르기까지 페르시아의 시인 루미(Rumi)와 자미(Jami)의 시가 전파되었던 것은 하나의 사례에 불과하다. 문화적 지표의 전파로 뚜렷한 일관성이 드러나지 않았다면 초기 근대 무슬림 사회가 거대한 공유 시스템의 일부였다고 말하기도 어려웠을 것이다. 그 속에서 사람과 관습과 사상이 유통되었고, 극복할 수 없는 문화적 장벽 같은 것은 존재하지 않았다. 그 덕분에 누르 앗-딘 라니리(Nur al-Din Raniri, 사망 1658년) 같은 인물이 인도, 이집트, 아라비아, 동남아시아를 연결하는 경력을 쌓을 수 있었다. 라니리의 사례를 통해 명확히 알 수 있듯이, 그와 같은 인식 가능성은 상호성에 기반하여 작동하는 것이었다. 인도 태생의 라니리는 아라비아의 스승들에게 무슬림으로 인정받았고, 마찬가지로 라니리가 수마트라에 정착했을 때 그 또한 그곳의 말레이인 학생들을 무슬림으로 인정할 수 있었다.

인식 가능성을 뒷받침한 문화적 전파는 개념적인 동시에 실체적 존재인 타리카 형제단의 역할이었다. 초기 근대 이슬람에서는 가톨릭과 같은 구심점이 존재하지 않았기 때문에 타리카 형제단의 역할은 더욱 중요했다. 기독교의 경우 종교재판을 통해 유럽, 라틴아메리카, 필리핀 등 원거리 사회에서 동일한 기독교 표준을 제정하려 했지만, 이슬람에서는 그와 비슷한 시도가 전혀 없었다. 수피-울라마의 타리카는 그들이 자리 잡은 다양한 지역에서 지역 종교 지도자와 신성 가문, 예배와 순례의 장소, 학교와 공부 모임, 법적 중재와 대중적 축제 등을 제공했고, 이를 통해 이슬람의 사회적 측면이 작동했다. 타리카의 계보, 형제단과 그들의 네트워크는 이슬람의 거대한 지리적 네트워크를 연결함으로써, 개념으로서뿐만 아니라 실질적으로 이슬람의 정당성을 확보해주었다.

개종: 문화적 적응과 중개

초기 근대에 일어난 또 하나의 대규모 종교적 변화 과정은 바로 개종이었다. 이슬람으로 개종하는 사례는 7세기 이슬람의 탄생 이후로 꾸준히 있었던 일이다. 그러나 그 수단과 동기는 시대에 따라 크게 달랐다. 1400년에서 1800년 사이 상황에 따라 개종의 형태도 다양했다. 원칙적으로는 성년의 친구 앞에서 신앙고백(shahada)을 입 밖으로 꺼내어 말하기만 하면 무슬림이 된다. 여기에다 남성의 경우 할례를 하면 육체적 증거를 더하게 된다. 절차가 간단했기 때문에 많은 개종자가 어렵지 않게 자신의 (그리고 후손들의) 문화적 태도를 무슬림으로 전환할 수 있었다. 그래서 역사학자들은 "개종(conversion)"과 함께 "문화수용(acculturation)"이라는 개념을 사용해왔다. 개인이나 공동체 전체가 비교적 짧은 기간에 공식적인 혹은 명목상의 개종을 하면, 이후 보다 긴 시간 동안 문화수용의 과정이 이어진다. 이를 통해 개종자들은 작명이나 식사 패턴, 복식과 사회성 등 보다 폭넓은 이슬람의 문화적 장치를 받아들인다. 문화수용은 전형적인 문화협상(cultural negotiation)의 과정이므로, 대개는 개종 공동체의 과거 관습이 일부라도 새로 받아들인 이슬람의 관습과 공존하기 마련이다. 초기 근대 무슬림 공동체 중 샤리아를 전면적으로 따르는 경우는 거의 없었고, 대부분은 이슬람 율법과 현지의 관습법('urf)이 불안정한 균형을 이루었다. 더욱이 이 시기의 많은 무슬림 공동체가 보여준 종교적·문화적 관습의 다양성은 문화수용의 다양한 경로가 만들어낸 결과물이었다.

그러나 다양성 가운데에서도 어떤 커다란 패턴이 식별된다. 앞에서 살펴본 것처럼 수피-울라마는 이슬람의 가장 대표적인 인물로 확고히 자리를 잡았다. 그러므로 이들이 개종과 문화수용의 과정에서 중심 역할을 한 것은 당연한 일이었다. 우리는 이 대목에서 글을 배우지 못했지만 문화의 중개자로, 또한 화려한 현지어를 구사하며 이슬람을 가르친 떠돌이 수피들, 왕이 잠든 사이 손도 대지 않고 할례의 기적을 일으킨 경이로운 일꾼들의 역할이 과연 무엇이었는지 숙고해볼 필요가 있다. 자와섬의 민속으로 "9명의 성인(wali sanga)" 이야기가 전하는데, 이는 사람들이 개종을 어떻게 기억하는지를 분명하게 보여주는 사례다. 시베리아에서 서아프리카에 이르기까지 비슷한 이야기들이 남아 있다. 이런 이야기의 배경이 되었던 과정을 이해하려면 지역의 개종과 사람의 개종을 개념적으로 구분해서 볼 필요가 있다. 먼저 지역의 개종을 살펴보면, 가장 효과적인 방법은 새로운 지역에 이슬람의 교두보를 설립하는 것이다. 수피-울라마가 다르 알-이슬람의 변경에서 개척자로 일할 때, 대부분은 외로운 별처럼 홀로 떠 있었던 것이 아니라 자신들을 후원하는 정치 단위와 자신들의 정통성을 담보해줄 형제단 등 더 큰 시스템의 일부로 활동했다. 왕자나 총독은 관할 지역의 변두리에 있는, 개발이 가장 미진하지만 자산은 풍부한 땅을 기부하는 경우가 많았다. 이를 기부받은 수피는 대개 이슬람 율법을 공부한 울라마였고, 토지를 기부받는 대가로 지역을 위한 봉사를 약속했다. 종교적 사명에 충실했던 이들 개척자는 분쟁 해결과 사회질서 유지에 그들의 법률 지식을 활용함으로써 중앙 권력이 잘 미치지 않는 한계 지역에서 무슬림 국가의 대변인이 되었다. 또한 군인, 농부, 상인 들과 연계되는 수피-울라마가 자신의 부와 권력으로 개종을 장려하는 경우도 있었다.

농민의 개종 과정이 가장 광범위하게 연구된 곳은 벵골 지역이었다.

무굴 제국 국경의 광활한 산림지대였던 그곳은 초기 근대에 인구학적으로 가장 큰 변화를 겪었다. 벵골 이외의 남아시아 지역에서 1000년여에 걸쳐 이루어진 개종보다 불과 수백 년 동안 벵골 지역에서 더욱 철저한 개종의 결과가 나타났다는 사실은, 그 자체로 중요한 발전의 과정을 가리킨다. 무굴 제국의 총독이 수피-울라마에게 기부한 토지는 개간되지 않은 숲으로, 쓸모없는 땅이었던 만큼 넉넉한 양을 제공했다. 친인척을 데려오거나 현지 일꾼을 고용해서 나무를 베어내자, 깊은 숲속의 이슬람 문명 전진기지가 구축되었다. 모스크, 무덤사원, 농장, 시장, 때로는 학교까지 건설되었다. 시간이 지나면서 이러한 거점은 도로나 강을 통해 제국에 속한 더 큰 사회와 연결되었다. 한편으로 이는 장소가 (더불어 자원이) 무슬림으로 개종되는 과정으로, 이주자의 정착 이후 이웃 정치 단위에 병합되는 것이 그 패턴이었다. 그러나 벵골 지역의 경우, 숲속에는 이미 사람들이 살고 있었고(비록 산스크리트어나 힌두교 카스트가 아니라 토착 종교를 믿는 사람들이었지만), 무슬림 사회로 들어오면 얻을 수 있는 부나 지위, 기타 실질적 이득으로 그들을 개종시키고 점차 무슬림 규범 문화를 수용하도록 했다. 그래서 이 경우는 지역뿐만 아니라 사람의 개종 과정에 해당한다. 이 과정은 수 세대에 걸쳐 진행되었고, 이슬람을 대표하는 사람보다는 제도가 문화수용의 효과적인 원동력이었다. 개종 공동체는 무덤사원 복합체와 결부되었으며, 그곳에서 법적 중재, 농산물 시장, 숲에서 만나는 여러 위협에 대한 기적적인 보호를 제공했다.

또 하나의 지역 개종 사례는 오스만 제국의 신규 정복지인 레반트와 남동부 유럽에서 찾아볼 수 있다. 그곳은 기존에 전부 혹은 일부가 기독교 지역이었는데, 국가와 일정한 신뢰 관계가 있는 수피가 들이기

착했다. 당시 푼즈(Funj) 술탄국 등 아프리카의 무슬림 국가가 팽창하는 과정에서도 비슷한 일이 벌어졌다. 푼즈 술탄국은 아랍인 수피-울라마를 후원해준다고 약속하고 사하라 이남 지역으로 그들을 들여보냈다. 아프리카에서 이슬람의 새로운 경계 지역까지 진출한 성직자들은 토지를 얻어 카스르(qasr) 마을을 건설했다. 그곳은 신앙과 농업과 법률이 통합된 거점이었다. 오스만 제국이나 무굴 제국에서 그랬던 것처럼, 푼즈 술탄국의 후원에 대한 대가로, 수피-울라마는 현지인에게 최소한의 영향을 미치면서도 신흥 국가의 사회질서를 구축하는 기둥의 역할을 맡았다. "시장과 호스텔"이 결합된 수피 사원을 통해 상인의 여행을 지원하는 기본적인 네트워크가 만들어졌다. 이는 지역 경제를 활성화했고, 그 속에서 무슬림 상인은 특권을 누렸다. 이 과정을 거치면서 무슬림 인구의 변화도 나타났다. 상인이 들어와서 현지 여성과 결혼을 했을 뿐만 아니라, 현지 자원 접근성이 높아지면서 무슬림 개종을 유인할 경제적 이득이 더욱 커졌기 때문이다. 모스크보다는 다목적 사원 복합체의 역할이 발칸 지역, 중앙아시아, 수단, 인도, 팔레스타인 등 서로 멀리 떨어진 지역에서 확인된다. 그곳은 농업 공동체나 목축 공동체 모두에게 매우 실용적인 (또한 많은 경우 유일한) 국가(정주) 서비스를 제공하는 기관이었다.

   수피 사원은 지역 개종뿐만 아니라 사람들, 특히 볼가강과 멀리 시베리아 사이에서 살아간 유목민의 개종에도 효과를 발휘했다. "쟁기를 이용한 개종" 모델에서는 산림 지역 주민이 더 큰 무슬림 사회로 편입되었을 때 얻을 수 있는 이득에 이끌리며 아래로부터 점진적으로 문화 수용의 과정을 거쳤지만, 스텝 지역의 경우 대개 부족의 수장이 개종하면 부족민은 그에 따랐으므로 보다 즉각적인 하향식 개종이 이루어졌다. 이와 같은 이야기는 민족지 자료에 풍부하게 남아 있다. 목초지와 조공을 두고 언제나 경쟁을 벌이는 것이 유목민의 삶이라, 카리스마 넘치는 방랑객 수피가 그 속에 들어가 어느 부족의 수호자를 자처하면서 갑작스러운 개종을 이끌어내는 경우가 많았다. 몽골의 후예인 금장 칸국(Golden Horde)에서는 바바 튀클레스(Baba Tükles)라고 하는 인물이 집단 개종을 주도했다고 믿었으며, 심지어 그를 조상으로 섬기기도 했다. 그로부터 동쪽으로 더 들어간 중앙아시아에서, 오늘날 위구르인으로 알려진 튀르크족의 개종 이야기가 현지인 사이에 전해지는데, 그에 따르면 카라한 칸국의 사툭 부그라(Satuq Bughra) 칸(사망 955년)이 개종하면서 칸국 전체가 개종했다고 한다. 카슈가르 근처 아르투쉬(Artush)에 있는 그의 무덤사원은 그 지역 무슬림의 매우 중요한 추모 공간이 되었다.

중앙아시아의 다른 지역뿐만 아니라 중국이나 심지어 티베트에서도, 전체 공동체의 조상 혹은 개종의 주역을 기리는 무덤사원 건축을 통해 지역별 집단 정체성의 뿌리를 내리는 역할을 한 인물은 술탄이 아니라 수피였다. 중동 이주민의 후손이라는 자신들의 역사를 소중히 여기는 중국의 회족(回族)은 이러한 무덤사원을 공북(拱北, 아랍어로 "돔"을 뜻하는 qubba에서 유래)이라 부르는데, 그 형태는 무슬림 건축물이라기보다 유교식 사당을 닮았다. 조상이나 개종자를 기념하는 건축물로 보아, 수피의 역할은 단순히 기존 공동체의 후원자가 아니라 새로운 공동체의 시조였음을 의미한다. 실제로 그런 일이 일어난 경우도 있지만, 때로는 유목민이 도시의 관습을 따라 하기 위해 무슬림의 경배 방식을 모방해 전설을 만들어내기도 했다. 수많은 부족의 민족지에는 수피와 부족장 딸의 결혼 및 출산 이야기가 전한다. 아프가니스탄의 차하르 아이막(Chahar ʿAymaq) 부족의 일 분파인 티무리(Timuri) 부족은, 스스로가 나크슈반디 사이이드 아미르 쿨랄(Naqshbandi Sayyid Amir Kulal, 유명한 수피 – 옮긴이)과 위대한 정복자 티무르(사망 1405년)의 딸이 결혼하여 낳은 자손의 후예라고 믿는다. 개종의 이야기를 전해주는 전설에서 매개자는 성직자 개인이었고, 이는 오랜 문화수용의 과정에서 볼 때 다만 한순간의 사건에 불과했다. 그렇다면 우리는 점진적 과정에서 지속적인 제도적 매개자였던 사원의 역할을 다시 한 번 돌이켜볼 필요가 있다. 부족 집단마다 순례를 통해 개종을 이끈 인물의 무덤사원을 경배하며, 경우에 따라서는 목축민이 주변 땅에 대한 조상의 소유권을 주장하기도 한다. 그래서 이슬람은 목초지와 수원지의 소유권 주장을 신성화하는 실용적 기능도 제공했다. 이와 같은 실용성으로 보아 개종과 문화수용은, 개종자가 이슬람 규범을 수용함으로써 더 큰 윤리적 공동체에 편입되는 데 동의하는 것과 여러 가지 부수적인 이익이 교환되는 상호적 과정이었음을 짐작할 수 있다. 구체적으로는 관습적 권리의 성역화, 분쟁 중재, 가축 치료, 부적 제공, 상업적 혹은 국가적 사무에 필요한 문서 작성, 기타 사원이나 종교 전문가가 제공할 수 있는 모든 서비스가 포함된다.

이와 같은 교환을 통해 우리는 이슬람 개종과 국가의 상호작용, 그리고 사원 복합체와 그 속의 사람들이 국가의 상호작용을 중개한 역할에 주목하게 된다. 특히 초기 근대 국가에서는 유목 부족을 통제하고자 하는 의지가 갈수록 강해졌다. 다시 한 번 종교는 사회적 활동의 유용한 도구가 되었다. 앞에서 살펴보았듯이 문화수용의 과정에서 이슬람 개종은 중층적 과정이었고, 기존의 관습과 샤리아 전체 사이에 놓인 스펙트럼에서 수많은 협상의 지점이 존재했다. 현실에서는 때로 국가가 문화수용 과정에 개입하여 부족 집단을 국가 정책에 보다 적합한 방향으로 이끌고자 했다. 전형적으로는 부족민을 도시의 관리나 수피-울라마의 전진기지에 더 가깝게 묶어두고, 부족민을 보다 쉽게 다스리기 위한 전략으로 제각각의 관습보다는 공통의 샤리아를 따르도록 하는 것이었다. 국가 차원의 힘을 동원해 추진되는 이와 같은 종교 사업은 "정통성"을 구축하는 일, 다시 말해 권력을 통해 역사적으로 종교적 규범을 만들어내는 일이었다. 오스만 제국이 후원한 벡타시(Vektash) 형제단이 바로 그런 사례로, 아나톨리아 지역의 불안정한 부족민을 통제하기 위한 수단이었다. 또 다른 사례로 오스만 제국은 율법주의자 나크슈반디야(Naqshbandiyya) 수피에게 이주를 권장한 일이 있었다. 그들이 시골의 투르크멘인 지역에 거점을 건설하기를 원했던 것이다. 이런 정책은 수피 형제단에게만 적용된 것이 아니었다. 오스만 제국에서는 "일미예(ilmiyye)"라고 하는 법적 행정 체계를 발달시켰고, 다양한 무슬림 백성을 좀 더 원활히 통제하기 위해 법을 철저히 적용했다. 어떤 공동체가 이슬람을 법적 차원으로 이해하지 못했을 수도 있지만, 일단 무슬림 공동체로 분류되면 그들은 샤리아의 적용을 받았다. 그것이 보다 규범화되고 예측 가능한 메커니즘이었기 때문이다. 최근의 연구 성과에 따르면, 현실적 상황이나 법률적 판단에 따라 샤리아가 탄력적으로 적용되었다고는 하지만, 오스만 제국의 관료는 부족민의 예외를 인정하면서도 울라마의 집행권을 제한하고자 했다.

지금까지 집단적 개종과, 때로 국가가 추진하는 개종의 형태를 살펴보았다. 그러나 개종이란 개인의 결정에 따른 결과일 수도 있다. 이 경우 개인적 결정을 모아보면 더 큰 흐름의 패턴을 식별할 수 있다. 개종의 개인적 동기와 관련하여 두 가지 중요하면서도 뚜렷한 패턴이 있었는데, 하나는 노예 신분의 탈피였고, 다른 하나는 사회적 이동성을 의도한 선택이었다. 개종과 노예제의 관련성에서 다시 한 번 국가의 개입이 드러난다. 오스만 제국의 데브쉬르메(devshirme) 시스템이 그것이었다. 오스만 제국에서는 1648년 효력이 종료될 때까지(처음 언급된 자료는 1438년이다) 발칸 지역 기독교인의 아들을 목록에 올려두고 그들의 신체로 세금을 거두었다. 즉 그들을 데려가 무슬림으로 양육하고, 국가에 입양된 아들로 간주하여 오스만 제국의 관료나 군인으로 활용했다. 이것은 하나의 기회이기도 했기 때문에, 역설적으로 어떤 부모는 관리에게 뇌물을 주고 자신의 아들을 데려가라고 요청하기도 했다. 데브쉬르메를 제외하고는 군인 모집과 관련해서 개종이 어느 정도로 이루어졌는지 알 수 없다.

아프리카에서는 시스템이 완전히 달랐다. 납치되어 대서양 무역에 팔려 간 사람들은 데브쉬르메에 비견할 만한 사회적 신분 상승을 전혀 기대할 수 없었다. 무슬림을 노예로 삼는 것은 이슬람의 율법으로 금지되어 있었다. 아프리카에서는 노예로 잡혀가지 않고자 하는 (헛된) 희망을 품고 이슬람으로 개종하는 사람들이 많았다. 그러나 개종이 한 방향으로만 진행되는 것도 아니었다. 브라질이나 캐롤라이나의 플랜테이션 농장에서 아프리카 무슬림은 나중에 기독교로 개종하여 그 문화를 받아들였다. 다만 아메리카로 건너온 뒤에도, 한때 알려진 것보다 더 오랫동안 이슬람이 유지되었다. 아프리카인의 종교 생활이 무슬림이나 기독교 같은 외부 헤게모니 세력에 의해 좌우된 것만은 아니었다. 그러므로 노예무역으로 아프리카의 종교적 관습이 확산된 부분도 주목해볼 필요가 있다. 그것이 가장 극명하게 드러난 사례가 아프리카 무슬림의 영혼 빙의 관습이었다. 북아프리카에서 그나와(Gnawa, 베르베르어로 "검은색"을 의미하는 aguinaw에서 파생) 형제단 부상, 중동에서 자르(Zar), 보리(Bori), 알리 하바(Ahl-i Hava) 숭배 확산, 인도에서 시디족(Siddi, 아프리카에서 노예로 팔려 와 인도에 정착한 종족 – 옮긴이)의 빙의 의례 전파 등이 모두 비슷한 계열의 종교 관습들이다. 이러한 경우는 모두 역(逆)-문화수용의 과정을 거쳤다는 공통점이 있다. 즉 이슬람으로 개종한 아프리카 노예가 간직하고 있던 아프리카의 종교적 관습이 다른 지역의 무슬림에게 전파된 것이었다.

개종은 지중해 북쪽에서도 일어났는데, 초기 근대의 레네가도(renegado) 현상이 그것이었다. 16~17세기 북유럽의 기독교 선원들이 본인의 사회·경제적 전망을 개선하기 위해 무슬림으로 개종하는 경우가 있었다. 개인의 의사 결정이었지만 결과적으로 그 수는 결코 적지 않아서, 적게는 수천 명에서 많게는 수만 명으로 추산되는 정도였다. 포로로 잡힌 기독교인이 풀려나기 위해 북아프리카 항구에 도착한 뒤 개종하는 경우가 있었는데, 이는 아프리카인이 노예로 잡혀가지 않기 위해 개종한 것과 비슷한 개인적 결정이었다. 다른 사례로 출세를 위해 전략적 선택을 한 경우도 있었다. 가난한 기독교인 선원들은 이슬람으로 개종하여 자유를 얻을 뿐만 아니라 사회적 지위의 상승과 부를 얻는 통로로 이용하고자 했다. 다시 말하지만, 이와 같은 개인적 결정은 더 큰 규모의 집단적 유사 사례의 일부였다. 유럽인 배교자들의 결정은 오스만 제국에 있는 많은 기독교인과 유대인이 사회적 신분 상승을 의도하여 개종 결정을 했던 것과 다를 바가 없었다. 이스탄불이든 런던이든 개종 인구 규모가 결코 작지 않았기 때문에 17세기의 소설가나 희곡 작가 들이 이를 모를 수 없을 정도였다. 그들은 동료 유대인이나 기독교인이 루미(Rumi)로, 튀르크(Turk)로 변신했다고 꾸짖었다.

하지만 이 과정은 일방적이지 않았다. 스페인이 점차 이베리아반도를 정복하면서 그곳의 무슬림은 강제로, 때로는 자발적으로 기독교로 개종했다. 알안달루스의 전문 직업 집단은 카스티야 왕국과 아라곤 왕국의 왕실과 새로운 관계를 맺었다. 직업 기마병 집단의 경우, 기독교로 개종하면서 새로운 시대에도 계속해서 높은 사회적 지위를 유지할 수 있었다. 그러나 이베리아 지역에서 하위 계급을 형성했던 무슬림은 신앙에 따른 북아프리카 이민(hijra)을 떠날 형편이 못 되었다. 그들은 강제로 개종당했고, 은밀하게 과거의 신앙을 지키기 위해 아랍 문자로 표기한 스페인어(aljamiado) 경전을 보관했다.

초기 근대에 종교가 국교화되면서 오스만 제국의 된메(Dönme)나 이베리아반도의 콘베르소(Converso) 같은 크립토 공동체(crypto-communities)가 만들어졌다(된메는 겉으로 이슬람을 받아들였지만 비밀리에 유대교 신앙을 지켰으며, 반대로 콘베르소는 겉으로 기독교를 받아들였으나 비밀리에 이슬람 신앙을 지켰다. ─옮긴이). 마찬가지로 러시아가 16세기에 카잔 칸국과 아스트라한 칸국을, 그리고 18세기에 시비르 칸국과 크림 칸국을 정복한 뒤 많은 무슬림이 강제 개종과 동화 정책의 대상이 되었다. 적어도 무슬림의 관점에서 볼 때, 이베리아반도나 유라시아의 무슬림에게는 다시 한 번 역(逆)-문화수용의 과정이 나타나, 과거의 신앙과 관습이 잊혀갔다. 때로는 개종이 사적인 선택의 결과일 수도 있지만, 점차 국가가 강제하는 문제로 변해갔다.

국가적 강제 개종과 국교 순응

정복과 개종, 수피-울라마 지원과 거대 모스크 후원 이외에도 국가가 종교에 개입하는 방식은 더 있었다. 초기 근대의 정치 단위가 종교 국가로, 동시에 종교 문제를 처벌하는 국가로 변모하면서 보다 체계적인 변화가 나타났다. 그래서 중세 말기와는 전혀 다른 상황이 펼쳐졌다. 중세 말기의 부족 왕조들은 정통성이 약했고, 지속 시기도 비교적 짧았다. 그래서 그들은 수피 교단의 지원을 요청했으며, 수피 교단 자체가 그들의 불안정성 때문에 생긴 것이었다. 이런 패턴은 1501년 사파비 수피 형제단이 페르시아를 정복하면서 사파비 제국으로 변모한 16세기에 절정에 이르렀다. 이때부터 아르다빌(Ardabil)에 있는 사피 앗딘(Safi al-Din)의 무덤사원은 수피의 조상인 제국의 선조에게 경배를 드리기 위한 순례지가 되었다. 이런 식으로 국가가 (더 정확하게는 궁정이) 수피의 권위에 협력하려 했던 시도는 16~17세기 곳곳에서 확인된다. 인도에서 무굴 제국의 황제 아크바르(Akbar, 재위 1556~1605년)는 이슬람과 힌두교의 특성을 종합해서 새로운 "신성 종교(din-i ilahi)"를 만들었다. 여기서는 과거 수피가 가졌던 권위를 황제에게 돌렸고, 황제는 진정한 스승(murshid)으로서 궁중의 신하들을 제자(murid)로 거느린 인산 알-카밀(insan al-kamil, "완벽한 사람"이라는 의미로, 이슬람에서는 예언자 무함마드를 지칭)이 되었다. 같은 방식의 관습이 동남아시아 말레이 궁정에서도 등장했다. 아체(Aceh)에 주재한 술탄 이스칸다르 무다(Iskandar Muda, 재위 1607~1636년)도 인산 알-카밀로서 절대적 권위를 인정받았다.

황제의 제국적 카리스마와 종교적 카리스마의 결합을 기반으로 한 개인화된 종교는, 궁정을 통제하고 구성원의 충성심을 확보하는 데 목적이 있었다. 이처럼 궁정의 도구로 사용된 종교는, 산재한 수많은 백성을 다스리기 위한 수단으로 이용된 종교와 달랐다. 이는 국가 종교의 문제로 이어지는데, 국가가 일거수일투족을 통제하지는 않았다 하더라도, 국가가 주도하여 종교적 경계선을 정했고, 국가의 팽창과 통치가 종교의 목적이 되었다. 이 과정에서 개종을 후원하는 국가의 역할이 커지기도 했지만, 무엇보다 "정통성"의 통일된 기준을 제정하려는 시도가 이어졌다. 오스만 제국에서 가장 종합적으로 사업이 시행되었지만 사실 국교 제정 과정은 기본적으로 상호 관계의 산물이었다. 즉 오스만, 사파비, 합스부르크 제국은 각각 다른 제국과 구별되는 자신의 종교적 정체성을 만들어갔다. 오스만과 사파비 제국의 경우, 그 과정에서 종교의 감시가 강화되었지만 동시에 종교를 변화시키려는 시도 또한 강조되었다. 즉 이슬람의 특정 유파에 대한 대대적인 선전이나 탄압이 이루어졌다. 국가가 개입한 종교적 변화의 가장 적극적인 사례는 페르시아의 사파비 제국이 수니파에서 시아파 이슬람으로 개종한 경우였다. 1501년에 시작된 이 사업의 결과는 한 세기가 지나 전면적으로 나타났다. 구체적으로 말하자면, 국가 주도로 레바논에서 시아파 울라마를 초빙해 오거나, 페르시아 현지에서 율법 전문가를 육성하기 위해 교육기관 마드라사를 설립하는 등의 일들이 포함되었다. 이와 같은 하향식 정책은 민중의 종교성까지 도달하기가 어려웠지만, 사파비 제국은 순례 장소로 새로운 시아파 성지를 후원했다. 시아파에 속하는 열두 이맘파 후손들의 무덤을 둘러싸고 조성된 이맘자다(imamzada) 유적지는 페르시아에서 기존 수피

(Sufi) 유력 가문의 타리카(tariqa) 계보에 대항하기 위해 시아파의 혈통을 끌어들인 것이었다. 새로운 법률 전문가 초빙이나 새로운 순례지 조성뿐만 아니라, 종교적 권위에 경쟁이 되는 사람을 박해하는 것도 국가적 종교 사업의 일환이었다. 대개는 수피교도였다. 그들은 학살당하거나, 추방당하거나, 기껏해야 시골에서 소박한 삶을 살아야 했다.

　이슬람력으로 1000년(밀레니엄)이 되는 1591년을 전후로 수십 년 동안 천년왕국설의 혼란이 이어졌다. 국가의 책임자들은 천년왕국설의 혁명적 잠재력을 심각하게 바라보았다. 인도에서 무굴 제국의 황제 자한기르(Jahangir)는 아흐마드 시르힌디(Ahmad Sirhindi, 사망 1624년)를 감옥에 가두고, 그 뒤 황제 아우랑제브(Aurangzeb)는 그의 책을 금서로 지정했다. 오스만 제국이나 사파비 제국에서 그랬던 것처럼 무굴 제국에서도 점차 다른 종류의 카리스마적 이슬람(예컨대 아프간의 로샤니 Rōshānī 운동)을 규제해갔다. 1606년 제5대 시크교 구루 아르잔(Arjan)을, 1675년 제9대 구루 테그 바하두르(Tegh Bahadur)를 처형한 것도, 무슬림과 비-무슬림을 막론하고 카리스마적 종교 운동을 정치 불안의 요소로 간주했기 때문이다. 인도에서 일어난 이 사건은 오스만 제국에서 사바타이 세비(Sabbatai Sevi, 사망 1676년)가 이끌던 유대인 메시아 운동 탄압을 연상케 한다. 그러므로 우리는 이슬람뿐만 아니라 종교 일반에 대한 국가의 정책을 살펴보아야 할 것이다.

　17세기는 제국 체제가 성숙하여 자신감이 갈수록 충만해지던 시기여서, 특히 샤리아와 이를 담당하는 성직자들을 이용하며 제국 스스로가 종교적 권위를 자처했다. 당시 시대적 변화의 요점은, 황제를 중심으로 수피의 카리스마를 모아내는 것에서 더 나아가 송교석 율법을 완선히 국가에 예속시키는 것이었다. 이러한 전환점의 절정에 오스만 제국의 황제 슐레이만(Suleiman, 재위 1520~1566년)이 있었다. 그의 주변에서는 이슬람력 밀레니엄에 즈음하여 그를 최고의 "입법자(kanuni)"로 추대했는데, 이는 곧 황제 개인의 정의가 제국 전체의 구조에 스며들어 정당화되는 것을 의미했다. 이보다 더 오랜 시간이 걸렸지만, 입법자의 역할을 담당했던 울라마와 국가의 관계도 서서히 변해갔는데, 오스만 제국은 법률 전문가의 후원을 중앙 집중화하고 지식의 실현 방안을 만들고자 했다. 메시아든 수피든, 문제는 국가의 권위를 뒷받침하는 카리스마가 기본적으로 불안정하고 통제할 수 없다는 점이었다. 그것이 사파비 제국이 당면한 딜레마였다. 카리스마의 황제들이 존재하는 한 다른 카리스마를 따르는 백성도 존재했다. 적어도 원칙적으로 이슬람 율법(샤리아)은 보다 안정적이고 예측 가능한 수단을 제공했다. 그에 따라 통치자와 국가의 정통성도 명확해질 뿐만 아니라 백성의 행동 방식도 규정되었다. 그래도 문제는 남아 있었다. 샤리아는 표준화되지 않은, 때로는 상호 모순적인 법적 의견과 관행의 총합이었다. 서로 다른 도시에 산재한 법적 관습의 제정 기관과 반(半)독립적인 법률가들에 의해 만들어진 것이 샤리아였다. 샤리아는 하룻밤에 만들 수 있는 것이 아니었다. 해결책은 법학자를 데려와서 샤리아를 국가에 편입시키고 국가에서 원하는 규범을 만드는 것이었다. 이를 달성하려면 제국의 중심지에 국립으로 마드라사(대학교)를 설립하거나(슐레이만 황제는 1550~1559년 이스탄불에 6개 대학을 설립했다), 종교적-법적 업무를 담당하는 관료 조직을 구성해야 했다(오스만의 "일미예ilmiyye" 시스템). 당시 이슬람 율법과 관련해서 제국의 규범과 이슬람의 율법을 융합했던 가장 주목할 만한 사례는, 문화석으로 중국 회족 무슬림인 왕대유(王岱輿, 사망 1660년경)의 업적이다. 그는 한문으로 (후대에 한漢 키탑kitab으로 알려진) 저술을 남겼는데, 샤리아와 유교 국가의 용어 및 원칙을 섞어놓은 내용이었다.

    분명 이러한 정책은 장기적 변화를 수반하는 것이고, 그런 만큼 예기치 못한 변수가 개입하기 마련이었다. 제국의 입장에서 정책을 조율하거나, 혹은 오스만 제국의 한 지방인 이집트의 아랍인 울라마가 그러했던 것처럼 시스템에 대한 근본적인 반대가 있을 수도 있었다. 초기 근대 여러 개의 "적대적 샤리아"가 공존했지만, 그럼에도 불구하고 종교적 율법에서 국가 지원의 역할이 커졌다고 보는 것이 타당하다. 그래서 과정은 두 방향이었다. 즉 울라마가 관료화되는 방향과, 국가가 성직자화되는 방향이 있었다. 오스만 제국에서 일어난 거래와 비슷한 방식이 페르시아에서도 일어났다. 사파비 제국 치하에서 국가가 법률 전문 성직자와 그들의 종교 기관을 후원한 것은 분명 보다 통일된 "정통" 사회의 출현에 도움이 되었지만, 한편으로 제국의 영향이 울라마의 고유 영역으로 확장되는 것에 반대하는 성직자도 남아 있었다. 만약 무슬림의 행동 규범을 법적으로 백성에게 적용함으로써 종교 국가의 정체성을 점차 강화해가는 큰 그림에서 사파비 제국과 오스만 제국이 서로 다르지 않았다 하더라도, 이외의 당시 다른 무슬림 제국에서도 과연 그러했는지는 분명하지 않다. 무굴 제국에서 종교적 문제로 처형이 일어난 사례는 앞에서 살펴보았지만, 그러나 국가와 울라마의 관계에 대해서는 다른 종교 국가와 무굴 제국을 비교할 수 있을 정도의 자료를 확보하지 못했다. 인구학적으로 무슬림은 소수에 불과했기 때문에 무굴 제국의 입장에서 그러한 정책을 굳이 생각할 필요는 없었을 것이다. 무굴 제국의 엘리트들이 번역한 힌두교 경전의 번역본에서는 분명 종교 개입에 관해 복잡한 그림을 보여주고 있다. 그럼에도 불구하고 무굴 제국의 황제 아우랑제브는 재위 기간(1658~1707년) 샤리아를 국가 정책에 끌어들여 무굴 제국에 "정통" 수니파의 정체성을 보다 분명하게 도입할 수 있는 법적 장치를 만들고자 했던 것 같다. 그 점에 있어서는 데칸 지역이나 페르시아 지역에 있던 적대 관계의 시아파 이웃 나라들에 못지않았다.

17~18세기 동남아시아에서는 메카와 메디나에서 율법 교육을 받은 울라마의 영향이 점차 커졌던 것으로 확인되는데, 그들 중 일부는 말레이 술탄국에 고용되기도 했다. 18세기 아프리카에서도 국가와 울라마의 관계가 갈수록 긴밀해졌다. 울라마는 국가의 재정 지원과 고용에 점차 크게 의존하게 되었다. 중국의 청 제국이 1690~1750년대에 서쪽으로 진출하여 중앙아시아를 정복했을 때는 하미, 투르판, 우스(烏什) 등지에서 수피 울라마가 중개인으로 등장하여, 샤리아를 근거로 청 제국과 새로운 무슬림 백성의 권리를 협상했다. 결과적으로 여러 가지 혜택이 있었다. 청 제국으로서는 현지의 대리인과 통치의 정당성을 확보했고, 무슬림 인구는 관습적 권리를 인정받고 준가르 유목민의 공격으로부터 보호받을 수 있게 되었다. 또한 중개에 나선 울라마는 무슬림이 아닌 만주인에 협력하기를 거부하는 수피 가문을 희생시켜 권위와 부를 얻을 수 있었다.

지배 엘리트 계층과 전문 종교인 사이의 다양한 관계에서 우리가 확인할 수 있었던 것은, 단순한 국가 주도의 헤게모니 장악과는 다른 패턴이었다. 그보다는 오히려 타협과 협력의 그림이었다. 이와 같은 협력의 그림은 (무슬림 국가가 아닌 청 제국이나 러시아 제국 로마노프 왕가를 포함해) 무슬림 종교 전문가의 협력을 필요로 하는 국가가 늘어나면서 더 많은 기회를 얻었다. 앞에서 언급한 계보나 기적이 그랬던 것처럼 율법의 전문성과 윤리적 신뢰성도 하나의 문화 자본이 될 수 있었다. 이를 기반으로 종교 전문가들은 국가의 대표자들에게 영향력을 행사할 수 있었다. 행정직에 진출하거나 무역 특혜를 얻는 등 금전적 보상을 받음으로써, 그러한 특혜를 원하는 울라마 사이에 경쟁이 강화되었고, 그것이 교리 논쟁이나 개인적 비난으로 표출되기도 했다.

법적 전문성과 도덕적 권위는 수피-울라마가 기존 국가 시스템에 협력할 기회만 부여한 것이 아니었다. 경우에 따라 그들은 율법과 더불어 불신자를 물리치는 전쟁(지하드)을 통해 스스로 국가를 설립할 기회를 얻었다. 가장 충격적인 사례는 중앙아시아의 도시 카슈가르(Kashgar)를 중심으로 1679년 시작된 18개 오아시스 도시에 대한 신정 통치였다. 비-무슬림 유목민을 폭력적으로 제압한 아파크 콰자(Afaq Khwaja, 사망 1694년)의 수피 국가는 1760년경까지 지속되면서, 샤리아에서 유래한 나크슈반디야(Naqshbandiyya) 형제단의 규범을 사회질서의 근원으로 하는 수백 개의 수피 교육기관과 숙소 및 순례지를 설립했다. 19세기까지 지속된 이와 같은 패턴이 서부 아프리카 및 사하라 지역에서는 18세기에 나타났는데, 군사력을 확보한 수피-울라마가 분두(Bundu) 같은 지하드 국가를 설립하는 데 성공하기도 하고 때로는 실패했다. 반-수피 인물도 이와 같은 국가 형성 패턴의 일부였다. 예컨대 무함마드 이븐 압드 알-와하브(Muhammad ibn ʿAbd al-Wahhab, 사망 1792년)라고 하는 나지드(Najd) 지역의 어느 학자는, 아라비아 지역에서 사우디 토후국(Saʿudi emirate)을 처음 설립한 무함마드 이븐 사우드(Muhammad ibn Saʿud, 사망

1765년) 가문과 혼인 동맹을 맺었다. 이븐 압드 알-와하브의 영향력은 근대에 이르러 널리 확산되었지만, 생전의 그는 18세기의 정치적 혼란을 딛고 신정국가 건설에 매진한 여러 고위직 울라마(수피 형제단 소속이 많았지만 그렇지 않은 경우도 있었다) 중 한 명일 뿐이었다.

쇄신: 누적에서 식민지 위기까지

활동가 울라마들 때문에 18세기는 "개혁의 시대"라는 별명을 얻었다. 당시는 서아프리카에서 머나먼 동남아시아까지 무슬림 세계에서 위기의식이 확산되는 중이었다. 그와 같은 울라마의 사상이 조직화되고 확산되는 메커니즘이 형성되자, 어느 지역에서든 수피 타리카는 그와 같은 경향의 핵심에 위치하게 되었다. 18세기에 등장한 수많은 예언자 중심 울라마가 기본적으로 새로운 가르침을 내놓은 경우는 거의 없었다. 굳이 이를 지적하는 이유는 그들의 독창성을 폄하하기 위해서가 아니라, 그들이 성취하고자 하는 목표가 무엇이었는지를 이해하기 위함이다. 이런 측면에서 그들이 엄중한 "쇄신(tajdid, 회복)"의 과정에 의식적으로 참여하는 "쇄신의 주역(mujaddid)"이었다는 점을 이해할 필요가 있다. 그들은 이슬람의 역사가 언제나 "쇄신"의 과정이었고, 예언자의 후손으로서 수피와 울라마는 특히 그를 감당할 의무를 지닌다고 생각했다. 그러므로 후대 식민지 시기의 무슬림 학자들이 말한 "개혁가(reformist)"라는 용어는 그들과 전혀 어울리지 않는다. 이는 유럽식 사상에 접촉한 학자들이 그 영향으로 이슬람 전통에서는 거의 혹은 아예 존재하지 않던 사상을 끌어다 붙였을 따름이다.

18세기의 쇄신론자들과 16세기 및 특히 17세기의 선배들 사이에 논리적 연속성이 있었지만, 그렇다고 전혀 새로운 점이 없었다는 말은 아닙니다. 18세기 쇄신의 요구가 사회 각 분야에서 훨씬 더 큰 반향을 일으켰다는 사실 자체만으로도, 주장하는 내용은 아닐지라도 시대적 맥락에 상당한 변화가 있었음을 의미한다. 쇄신론에 있어서 아마도 가장 영향력이 강력했던 집단으로, 나크슈반디-무자디디(Naqshbandi-Mujaddidi) 형제단이 대표적 사례다. 17세기 초엽에 그 형제단의 설립자인 "제2천년기 이슬람 쇄신의 주역" 아흐마드 시르힌디(Ahmad Sirhindi)는 감옥에 갇혔지만, 18세기에는 그의 추종자들이 중앙아시아와 오스만 제국에서 성공적으로 확산해갔다. 아프리카와 동남아시아에서 나크슈반디(Naqshbandi)나 카디리(Qadiri) 교단이 주도한 범지역적 쇄신 네트워크 이외에도, 이스탄불과 그 주변을 돌며 설교한 카디자델리(Kadizadeli) 같은 지역 중심 운동도 있었다. 이들은 각기 나름대로 쇄신을 요구했지만, 중심 사상은 예언자 무함마드가 몸소 보여준 모범적 관행으로 돌아가자는 것이었다. 기존 종교를 공격하는 쇄신론자들의 핵심 무기는 비드아(bid'a, 쇄신의 대상)라고 하는 개념이었다. 예언자의 순나(sunna)에 근거하지 않은 것으로 간주되는 다양한 종교적 관행은 무엇이든 비드아에 포함될 수 있었다.

쇄신의 요구는 보다 큰 흐름의 일부였다. "비드아"를 지적하는 내부 논리가 등장한 지역을 살펴보면 그 흐름이 어떤 것이었는지 이해하는 데 도움이 된다. 앞에서 언급한 바와 같이, 수피의 지위가 높아지면서 거대한 무덤사원, 순례지, 대중적 종교 축제 등이 이어졌다. 이런 관행은 카이로(Cairo)나 델리(Delhi)나 다를 바가 없었다. 역사학적 관점에서 이와 같은 현상에 누적되는 특성이 있다는 것을 알아둘 필요가 있다. 세월이 흐르면서 여러 지역에서 그와 같은 현상들이 나타났는데, 여기에 성인 숭배라는 보편적 관습이 덧붙여졌다. 의례와 신학적 중층 구조가 점차 더해지는 그와 같은 누적은 현지화 과정의 결과였다. 교리와 관행이 지역 간 수피 네트워크와 결합하면서 모든 네트워크의 결절점에서 지역 문화의 요구를 수용했고, 그에 따라 갈수록 수피 가문에 지역성이 더해졌다. 대개는 개종 과정에서 기존의 비-무슬림 관습을 벗어나 이슬람의 이상적 목표를 향해 나아가는 문화수용이 점진적으로 지속되었고, 현지화는 그러한 과정의 결과로서 나타났던 것이다.

수 세기에 걸쳐 누적과 수용의 과정이 함께 진행되었고, 그에 따라 엄청나게 다양한 대중적 관습이 진화했다. 종교적 발전의 다양한 경로는, 현지인이 이해하기 쉬운 종교적 형태와 이주자(대개는 학문적 소양을 갖춘 타리카 형제단의 대표자)가 가져온 이슬람 관습 사이의 문화협상(cultural negotiation)을 통해 만들어진 것이었다. 쇄신론의 출현과 관련해서는, 이와 같은 수많은 지역별 문화협상의 결과, 현실적으로 이슬람이 지역에 따라 서로 다른 모습으로 나타나게 되었다는 점이 중요했다. 그러한 관습이 충분히 이슬람으로 "인식될 수 있게끔" 하는 문화적 지표들이 형제단을 통해 전파되었지만, 문화수용과 누적이 다양한 결과를 만들었고, 결국 그들이 모두 동일한 이슬람이 될 수는 없었다. 분명 현지의 대표자들은 각자 자신의 이슬람이 진정한 이슬람이라고 주장했지만, 방문객들로서는 논리적 모순에 직면할 수밖에 없었다. 그들 모두가 예언자의 진정한 이슬람으로서 통일된 실체일 수는 없었다. 가는 곳마다 현실적으로 다양한 관습을 맞닥뜨리게 되자, 울라마는 두 가지 개념을 논리적 도구로 내놓았다. 첫째는 예언자의 순나(sunna, 길)다. 무엇이 진정한 이슬람이고 무엇이 그렇지 않은지를 측정하는 기준이 바로 이것이다. 둘째는 비드아(bid'a)다. 순나의 경계를 벗어나는 것이면 무엇이든 비드아에 포함시켜 제거 대상으로 삼았다.

사회적 혹은 지리적 환경 때문에 이슬람이 더 이상 충분히 이슬람답지 못할 때, 전파된 보편적 이슬람 문화 지표가 처음부터 약했거나 문화 수용의 과정에서 희석되었을 때, 불화의 경험에서 이론적으로 울라마의 쇄신론이 대두되었다. 역설적이게도 스스로를 예언자의 계보와 연결된다고 주장한 수피의 신성한 족보는 시간이 지나면서 현지의 환경에 결부되었고, 후대의 수피-울라마가 더 큰 시야에서 볼 때 과거의 계보는 그들을 잘못된 길로 이끄는 수단이 되어버렸다. 후대의 울라마가 관찰에서 재검토를 거쳐 행동으로 나아가는 과정의 내적 논리를 살펴보면, 그들이 왜 스스로 "쇄신(tajdid)"에 참여하게 되었는지를 이해하는 데 도움이 된다.

쇄신론자의 공부 모임은 여러 지역에서 등장해 서로 연결되었다. 쇄신론의 요구가 그 자체로 새로운 것이 아니었다는 사실을 감안하면, 그것이 18세기에 왜 그토록 넓은 지역에서, 또한 그토록 신속히 확산되었는지 이해할 수 있다. 다만 우리가 파악하고자 하는 것은, 대중적 종교 관습에 대한 수피-울라마의 관심이 왜 갈수록 강화되었는가, 그리고 서로 다른 지역의 종교적 관습을 비교 평가할 수 있는 그들의 능력이 어떻게 성장하게 되었는가 하는 문제다. 비교의 과정은 여러 가지 경로를 통해 나타났다. 울라마가 관료 직위를 맡게 되면서 여러 도시로 전근을 다니거나 시골 인민을 대상으로 행정 관리 업무를 보게 되는 경우, 과거 다른 행정 구역에 거주한 사람들이 도시로 이주하여 과거의 관습을 지속하는 경우, 후기 제국의 도시에서 화려한 축제와 순례가 점차 강화된 경우, 아마도 가장 중요한 원인으로는 수피-울라마의 지역 간 이동이 가속화된 경우가 모두 해당할 것이다. 현재까지의 연구 성과로 볼 때, 갈수록 강화된 쇄신론의 요구가 과연 울라마의 인원수 증가와 관련이 있었는지는 아직 불분명하다. 그러나 국가 혹은 형제단이 후원하는 새로운 마드라사에서 성직자 인원이 필요 이상으로 넘쳐났는지는 알 수 없지만, 초지역적 종교인 문자 문화 기반의 이슬람과 지역별 무문자 문화 종교 관습 사이에 상호작용이 커지면서 그와 같은 쇄신론의 요구가 나타났던 것만은 분명한 사실이다.

지역을 초월하는 수피 형제단과 학자들의 네트워크에 의해 쇄신론이 표출되었다. 다시 말해 타리카 형제단 사이의 교류가 강화되면서 드넓은 지역의 수피-울라마가 연결되었고, 그들의 사상적 교류가 가능해지면서 쇄신론의 발달을 가져왔던 것이다. 이와 관련해서 두 인물의 사례를 들 수 있다. 압둘라 니다이('Abdullah Nidai, 사망 1760년)는 동투르키스탄의 도시 카슈가르 태생으로, 고향을 떠나 중앙아시아와 페르시아의 여러 도시를 전전하다가 이스탄불에 정착했고, 무르타다 알-자비디(Murtada al-Zabidi, 사망 1791년)는 북인도 지역 태생으로, 또한 고향을 떠나 예멘, 히자즈(Hijaz), 이집트 등지에서 학자들과 함께 거주했다. 18세기에는 더 많은 아프리카 및 동남아시아 출신 수피-울라마들이 메카를 방문했다. 그들의 교육 중심지는 예멘, 이집트, 모로코, 인도 등지였다. 심지어 중국 내륙의 회족 무슬림도 아마 수 세기 동안 다른 무슬림 공동체들과 교류를 지속한 것 같은데, 중국인 나크슈반디야 수피인 아지즈('Aziz) 마명심(馬明心, 혹은 馬明新, 1719?~1781년)이 아라비아에서 쇄신론을 수입했다. 예멘과 히자즈에서 수년에 걸쳐 공부한 마명심은 1761년 중국으로 돌아가 "혁신"의 오류를 바로잡고자 했다.

수피-울라마는 고향에서 멀리 떨어진 교육 중심지로 갔다가 다시 고향으로 돌아오는 긴 여정을 거치는 동안 자연스럽게 서로 다른 여러 지역의 이슬람을 비교할 기회를 얻었다. 학자들의 이동으로부터 이와 같은 비교와 불일치, 비판이 시작되었고, 그것이 18세기 수많은 쇄신 운동의 밑거름이 되었다. 지역 간 학자들의 이동과 교류가 증대되면서, 이전 세기에 형성된 이슬람의 다양성이 무슬림 학자들 사이에 깊이 인식되었다. 적어도 그들이 보기에 쇄신론자들은 이슬람의 역사를 능동적으로 이끌어가는 사람들이었고, 이전 시대의 개종은 불완전했으며, 문화수용의 과정에서 타협한 이슬람은 샤리아에 보다 충실한 이슬람으로 대체될 필요가 있었다. 종교적 쇄신과 국가 건설을 연결하는, 이른바 울라마 주도의 지하드에 의해 1800년을 전후로 수십 년 동안 아프리카에서 많은 국가가 건설되었다.

이번 장에서는 종교적 발전을 종합적으로 살펴보는 데 중점을 두었지만, 더불어 정치적 맥락도 논의되었다. 18세기로 접어들면서 오스만, 무굴, 사파비 제국의 쇠퇴 혹은 붕괴와 더불어 도덕적 위기감이 만연했고, 과거 무슬림 백성(아프간족이나 베두인족) 혹은 비-무슬림(기독교인이나 힌두인)에게 거꾸로 정복되는 새로운 경험을 하게 되면서, 일부 지역에서는 쇄신론의 요구가 더욱 힘을 얻었다. 초기 근대 무슬림 국가 체제가 확대되면서 국가에 봉직하는 학자 계층이 갈수록 늘어난 만큼, 당시의 위기로 국가직 일자리를 잃거나 국경 지역 거주지 폐쇄로 지방 관리직을 잃은 학자들에게는 현실이 특히 더 고통스럽게 다가왔을 수 있다.

그러나 사파비 제국 혹은 무굴 제국의 몰락이 곧 이슬람 쇄신의 종식을 의미하지는 않았다. 18세기 말엽 유럽 제국들과의 접촉이 강화되면서 이슬람의 쇄신은 더욱 가속화되었다(이때는 전면적 개혁이라고 말해도 좋겠다). 때에 따라서는 식민지 정책이 울라마에게 더욱 힘을 실어주는 경우도 있었다. 그들이 식민 지배 정부와 공동체 사이에서 중개인의 역할을 맡았기 때문이다. 볼가-우랄 지역의 러시아 제국이나 벵골에 들어온 제국적 동인도회사는 기존의 법률을 이해하기 위해 무슬림 학자들과의 관계를 개척해갔고, 무슬림 백성을 다스리기 위한 표준화된 법전을 제작했다. 이와 같은 협조적 울라마의 영향력은 러시아 제국이 1797년 카잔에 무슬림 인쇄소(책임자는 무슬림 인쇄업자 Abu'l Ghazi Buraš-uglï)를 개설하면서 더욱 강화되었다. 인도, 이란, 이집트의 무슬림에게 비슷한 수준의 기술이 전해지기까지는 이후 20년이 더 걸렸다. 18세기에 예언자 중심의 쇄신이 여러 방향에서 진행되었다면, 19세기에는 무슬림 모더니스트와 선교사가 식민지에서 영향력을 구축하면서 이슬람 권역에서 보다 전면적이고 근본적인 "개혁 운동"이 일어나게 되었다.

더 읽어보기

Regional Studies

Alam, Muzaffar, *The Languages of Political Islam: India 1200-1800* (University of Chicago Press, 2004).

Babayan, Kathryn, *Mystics, Monarchs and Messiahs: Cultural Landscapes of Early Modern Iran* (Cambridge, MA: Harvard University Press, 2002).

Barkey, Karen, *Empire of Difference: The Ottomans in Comparative Perspective* (Cambridge University Press, 2008).

Crews, Robert D., *For Prophet and Tsar: Islam and Empire in Russia and Central Asia* (Cambridge, MA: Harvard University Press, 2006).

Diouf, Sylviane A., *Servants of Allah: African Muslims Enslaved in the Americas* (New York University Press, 1998).

Eaton, Richard M., *The Rise of Islam and the Bengal Frontier, 1204-1760* (Berkeley, CA: University of California Press, 1993).

Fletcher, Joseph F., *Studies on Chinese and Islamic Inner Asia*, edited by Beatrice Forbes Manz (London: Variorum, 1995).

Gomez, Michael A., *Pragmatism in the Age of Jihad: The Precolonial State of Bundu* (Cambridge University Press, 1992).

Green, Nile, *Making Space: Sufis and Settlers in Early Modern India* (Delhi: Oxford University Press, 2012).

Jory, Patrick (ed.), *Ghosts of the Past in Southern Thailand: Essays on the History and Historiography of Patani* (Singapore: National University of Singapore Press, 2013).

Lipman, Jonathan N., *Familiar Strangers: A History of Muslims in Northwest China* (Seattle, WA: University of Washington Press, 1997).

McHugh, Neil, *Holymen of the Blue Nile: The Making of an Arab-Islamic Community in the Nilotic Sudan, 1500-1850* (Evanston, IL: Northwestern University Press, 1994).

Woodhead, Christine (ed.), *The Ottoman World* (New York: Routledge, 2012).

Thematic studies

Abisaab, Rula Jurdi, *Converting Persia: Religion and Power in the Safavid Empire* (London: I. B. Tauris, 2004).

Barletta, Vincent, *Covert Gestures: Crypto-Islamic Literature as Cultural Practice in Early Modern Spain* (University of Minnesota Press, 2005).

DeWeese, Devin, *Islamization and Native Religion in the Golden Horde: Baba Tükles and Conversion to Islam in Historical and Epic Tradition* (University Park, PA: Pennsylvania State University Press, 1994).
García Arenal, Mercedes (ed.), *Conversions islamiques: Identités religieuses en Islam méditerranéen* (Paris: Maissoneuve, 2001).
Green, Nile, *Sufism: A Global History* (Oxford: Wiley-Blackwell, 2012).
Krstić, Tijana, *Contested Conversions to Islam: Narratives of Religious Change in the Early Modern Ottoman Empire* (Stanford University Press, 2011).
Levtzion, Nehemiah (ed.), *Conversion to Islam* (New York: Holmes & Meier, 1979).
Levtzion, Nehemiah, and John Obert Voll (eds.), *Eighteenth-Century Renewal and Reform in Islam* (Syracuse University Press, 1987).
Lovejoy, Paul E. (ed.), *Slavery on the Frontiers of Islam* (Princeton, NJ: Markus Wiener, 2004).
Masud, Muhammad Khalid, Rudolph Peters, and David S. Powers (eds.), *Dispensing Justice in Muslim Courts: Qadi and their Courts* (Leiden: Brill, 2006).
Shaham, Ron (ed.), *Law, Custom, and Statute in the Muslim World: Studies in Honor of Aharon Layish* (Leiden: Brill, 2007).

Case studies in connectivity

Akasoy, Anna, Charles Burnett, and Ronit Yoeli-Tlalim (eds.), *Islam and Tibet: Interactions along the Musk Routes* (London: Ashgate, 2010).
Azra, Azymardi, *The Origins of Islamic Reformism in Southeast Asia: Networks of Malay- Indonesian and Middle Eastern 'Ulamā' in the Seventeenth and Eighteenth Centuries* (Honolulu: University of Hawaii Press, 2004).
Ho, Engseng, *The Graves of Tarim: Genealogy and Mobility across the Indian Ocean* (Berkeley, CA: University of California Press, 2006).
Kim, Kwangmin, 'Saintly Brokers: Uyghur Muslims, Trade, and the Making of Qing Central Asia, 1696-1814', unpublished Ph.D. dissertation, University of California, Berkeley (2008).
Papas, Alexandre, *Soufisme et politique entre Chine, Tibet et Turkestan: Étude sur les Khwajas Naqshbandis du Turkestan oriental* (Paris: J. Maisonneuve, 2005).
Reese, Scott S., (ed.), *The Transmission of Learning in Islamic Africa* (Leiden: Brill, 2004).
Reichmuth, Stefan, *The World of Murtada al-Zabidi (1732-91): Life, Networks and Writings* (Cambridge: Gibb Memorial Trust, 2009).

CHAPTER 16

동아시아 종교의 변화

유제니오 메네곤 Eugenio Menegon
지나 코간 Gina Cogan

최근까지도 일반적으로 동아시아 종교를 설명할 때는 중세 말기에서 초기 근대까지(1400~1850년)의 유교, 불교, 도교, 그리고 기타 신앙들로 구성된, 비교적 정태적인 이미지를 떠올리는 경향이 있었다. 한·중·일 모두 국가권력이 종교 의례와 제도에 긴밀히 관여했기 때문에 학자들은 왕조가 변할 때만 종교에서도 변화가 일어났다고 보았으며, 정치적 안정과 종교적 정체를 동일선상에 위치시켰다. 초기 근대와 근대 종교의 연속성은 간과되었으며, 진정한 변화의 순간은 근대 이후 서구 열강과 기독교 선교사에 의해 한·중·일과 기타 중화권 국가들이 "개방"되면서 찾아온 것으로 간주되었다. 그러나 그 이전에도 역사적으로는, 국내적 발전의 측면에서나 대외적 교류의 측면에서 모두 중요했던 새로운 발전과 변화가 있었다. 이제 우리는 이러한 변화의 대강을 좀 더 잘 이해하기 시작했으며, 여러 학자는 중요한 지역별 변화를 설명하는 가운데 지금도 새롭고 보다 구체적인 그림을 그려가고 있다. 이번 장은 동아시아의 다양한 종교적 풍경 중 일부 측면만을 다루게 될 것이다. 크게 두 부분으로 나누어 앞부분은 중국(E. 메네곤 저술)을, 뒷부분은 한국과 일본(G. 코간 저술)을 다루었다.

중국, 1368~1850년

명·청 시대 국가와 종교: 규제, 후원, 금지

1368년 명 왕조가 성립되면서 종교 활동에 대한 국가적 간섭이 전례 없이 강화되었다. 중국의 왕조들은 이미 1000여 년 전부터, 천명(天命)을 빌려 공공선(公共善)을 실현하려면 종교가 국가의 통제 아래 놓여야 한다고 믿었다. 그러나 실제로 종교 문제를 "국가 규제" 아래 놓게 된 것은 명 왕조 때가 처음이었다.[1] 왕조의 창업자인 홍무제(洪武帝, 재위 1368~1398년)는 불교의 행자 출신으로, 몽골인이 통치한 원 왕조(1271~1368년) 말엽의 혼란기에 미륵 사상(백련교)의 영향을 받은 반란군(홍건적)에 참여했던 인물이다. 개인적 종교 체험과 국가 관리 및 엘리트에 대한 불신에도 불구하고 홍무제는 미륵 사상을 사교라 하여 배척하고, "분파적" 종교, 마술, 무당 빙의, 허가받지 않은 종교적 회합을 금지했다. 대신 유교 이데올로기와 도덕적 규범, 의례를 국가와 지방 제례의 기본으로 삼았다. 당국의 대중 통제에는 한계가 있었지만 그럼에도 홍무제는 새로운 종교 정책을 시행하려 애썼고, 윤리 문제에 관하여 백성에게 전례 없이 강력한 내용의 칙령을 여러 차례 내려보냈다. 마을 단위의 공동체 의례도 구체적으로 규정했으며, 기념비와 제단이 설치되었고, 유교적 가치를 뒷받침하는 도덕 교과서 인쇄를 명령했다.[2] 공식적

---

[1] Timothy Brook, "The Politics of Religion: Late-Imperial Origins of the Regulatory State," in Ashiwa Yoshiko and David L. Wank (eds.), *Making Religion, Making the State: The Politics of Religion in Modern China* 22-42 (Stanford University Press, 2009).

국가 종교의 구조는 청나라(1644~1911년) 말기까지 유지되었고, 황제에서부터 황실의 관료를 포함하여 지방 행정관과 마을의 원로까지 국가 종교의 다양한 직책을 맡았다. 마을 단위에서 공식적 제례는 현지의 여러 신이나 강력한 수호신의 계보와 겹치는 경향이 있어서 공식 종교와 대중 종교의 구분이 희미해졌다.³

홍무제는 사찰의 후원과 불교 및 도교 승려의 통제를 결합시켰다. 규제 사항 중에는 승인받지 않은 승려의 신규 임명을 금지하는 조치도 포함되었다. 또한 홍무제는 티베트 불교를 공개적으로 반대했다. 몽골의 원 제국에 협조한 부패 세력이라고 보았기 때문이다. 홍무제의 가혹한 법과 조치는 그의 재위 기간에 일정한 효과를 거두지 않을 수 없었지만 오래가지는 않았다. 그의 후계자인 영락제(永樂帝, 재위 1403~1425년) 시기에 이미 기성 종교에 대한 일부 금지 조치가 완화되었다. 후대의 명나라 황제들은 때로 불교나 도교 후원을 확대하기도 했다. 그러나 국가 원수로서가 아니라 황실의 가장으로서 후원했기 때문에, 후원 규모는 그들의 능력 범위 안에서 이루어졌다.

명나라가 실시한 규제 정책은 지역 엘리트의 호응 및 지역적 맥락 가운데 발달했다. 예컨대 홍무제가 승인받지 않은 종교를 법적으로 공

---

2 Thomas David DuBois, *Religion and the Making of Modern East Asia* (Cambridge University Press, 2011); Hubert Seiwert and Ma Xisha (in collaboration with), *Popular Religious Movements and Heterodox Sects in Chinese History* (Leiden: Brill, 2003).
3 Romeyn Taylor, "Official Religion in the Ming," in Denis C. Twitchett and Frederick W. Mote (eds.), *The Cambridge History of China, The Ming Dynasty, 1368-1644*, vol. viii, Part 2, 840-92 (Cambridge University Press, 1998).

격하고자 했을 때 지방에서 동지를 발견했는데, 보다 근본주의적 입장을 취한 지방의 유교 엘리트(紳士) 계층이 바로 그들이었다. 그들은 지방 행정 관료로 일하며 지역 사회를 다스리고 있었다. 그러나 불교, 도교, 기타 종교 전통에 대한 태도는 그들 사이에서도 일관되지 않았다. 예컨대 번성하는 동부 해안의 강남(江南) 지역에서는 1680년대까지도 지역 엘리트 신사 계층이 불교 사찰에 넉넉한 후원을 제공했다. 상업적 지주 경제가 성장하면서 지방 신사 계층의 번영을 뒷받침하고 있었기 때문이다. 다른 지방의 맥락은 훨씬 더 다양한 양상을 보였다. 예컨대 남동부 해안 지역에서는 거대 가문이 자신들의 조상을 지역 수호신으로 숭배하며 토착 신앙 후원에서 중심적 역할을 했다.[4]

명나라 시대의 불교

불교는 초기부터 홍무제의 종교 통제 정책의 대상이었다. 이는 불교 사찰의 지위에 결정적 변화를 초래했다. 황제는 송나라(10~13세기) 때부터 이어져온 사찰의 네트워크를 해체하고, 완벽한 위계질서에 따른 조직으로 재편했다. 가장 중요한 정책은 1394년 황제의 칙령에 담겼

---

4 Timothy Brook, *Praying for Power. Buddhism and the Formation of Gentry Society in Late Ming China* (Cambridge, MA: Council on East Asian Studies - Harvard-Yenching Institute, Harvard University Press, 1993); Zheng Zhenman (translated and with an introduction by Michael Szonyi), *Family, Lineage Organization and Social Change in Ming- Qing Fujian* (Honolulu: University of Hawaii Press, 2001); Michael Szonyi, *Practicing Kinship: Strategies of Descent and Lineage in Late Imperial China* (Stanford University Press, 2002); David Faure, *Emperor and Ancestor: State and Lineage in South China* (Stanford University Press, 2007).

는데, 승려의 자유 여행을 금지하고 승려가 관리나 평민 등 세속의 일에 관여하지 못하도록 한다는 내용이었다. 이는 탄압이나 다름없는 강력한 조치였다. 이후 3대의 황제가 교체되는 동안에도 이 규제는 1412년에서 1441년까지 반복해서 시행되었다. 명나라 정부는 허가받지 않은 사찰의 건축을 금지했고, 사찰 혹은 승단에 대하여 세금을 부과했다. 재정 압박을 극복하기 위해 승려들은 허가증을 내다 팔기도 했다. 15세기 중엽부터 16세기 사이의 불교 활동 관련 자료가 희박한 것을 보더라도, 한 세기 동안 불교 사찰이 얼마나 심각한 위기에 봉착했는지 짐작할 수 있다. 황실은 물론 신사 계층의 후원도 미미한 수준으로 줄어들었다. 도교 후원자인 가정제(嘉靖帝, 재위 1522~1566년) 시기에는 불교 사찰이 물리적으로 파괴되었고, 특히 티베트 전통의 사찰은 더욱 심각한 타격을 받았다. 급기야 1544년에는 남녀 승려의 환속을 명하는 칙령이 공포되기에 이르렀다. 1550년대의 중국 정부는 해안의 침략을 막을 여력이 없었는데, 당시 해안 지역의 불교 사찰은 왜구(중국인과 일본인으로 구성)의 습격으로 막대한 파손 피해를 입었다. 만력제(萬曆帝, 재위 1572~1620년) 시기에 이르러서야 불교 경전이 다시 인쇄되었고, 교리 연구가 번성했으며, 사찰은 화려하게 재건축되었다. 독실한 불교 신자인 효정황후(孝定皇后, 1546~1614년)는 저명한 승려들을 궁정으로 초청했으며, 황실에서 불교 경전의 재인쇄를 후원하여 전국의 주요 사찰에 배포하도록 했다.[5] 16세기 중엽에 이르러 북경에서는 유명한 교학승들을 초청하여

---

5 Wu Jiang, *Enlightenment in Dispute: The Reinvention of Chan Buddhism in Seventeenth- Century China* (Oxford University Press, 2008).

불교에 심취한 환관과 유교 관료 들에게 강의하도록 했다. 또한 그들은 중세 시기 여러 불교 학파의 문헌을 다시 연구했다.[6] 당시는 여러 불교 유파 사이의 경계가 유동적으로 변화한 시대로, 교학과 참선이 상당히 통합되었고 비구와 비구니 승단이 다시 활성화되었다.[7] 또한 당시는 평신도와 문인 들이 점차 불교에 적극 참여했고, 불교의 수행과 사상이 공적 공간과 대중적 의식 속에 널리 확산된 시기였다. 명나라의 유학자 왕양명(王陽明, 1472~1529년)의 영향을 받은 유교는 불교의 깨달음에 대하여 전례 없이 열린 태도를 취했으며, 지방의 신사 계층은 여러 불교 유파의 사찰에 토지를 기부하고, 금전을 관리하고, 문필을 통해 불교를 홍보해주었다.[8] 당시 인쇄술이 폭발적으로 발전함에 따라, 불교 교리를 중심으로 하는 새로운 종합적 윤리 텍스트가 확산되었다. 예컨대 《보권(寶卷)》(불교의 공덕 이야기를 낭독하기 위한 대본 – 옮긴이)이나 《공과격(功過格)》(공덕과 과보를 구체적으로 측정하는 잣대 – 옮긴이) 같은 책이었다.

이렇게 되살아난 사찰의 활동과 건전한 평신도 운동의 성장으로 불교는 사회의 모든 분야에 스며들었다. 정기 축일도 생겨났고, 《금병매(金瓶梅)》나 《서유기(西遊記)》 같은 새로운 문학작품도 탄생했다. 만력제 시기는 특히 선불교가 재탄생한 시대였다. 선불교는 중세 시기에 발달

---

6 Susan Naquin, *Peking: Temples and City Life, 1400-1900* (Berkeley, CA: University of California Press, 2001).
7 Yü Chün-fang, "Ming Buddhism," in Twitchett and Mote (eds.), *The Cambridge History of China*, pp. 899-952; Beata Grant, *Eminent Nuns: Women Chan Masters of Seventeenth-Century China* (Honolulu: University of Hawaii Press, 2009).
8 Brook, *Praying for Power*.

한 명상 위주의 불교 종파로, 부분적으로는 주류 불교 종단에 반대하기도 하고 경제적 이유도 있고 해서 당시에는 거의 사라질 위기에 처해 있었다. 평신도들의 지원 덕분에 선불교의 주요 지도자들이 잇달아 등장했고, 명말청초에 그들의 계보가 제국 전역으로 확산되었다. 1644년 만주인의 중국 정복을 전후로 광범위한 살상과 종교 중심지의 파괴 등 어려운 고난의 시기가 닥쳐왔지만, 선불교는 이 시기를 견디고 전후 시기를 이어주는 가교 역할을 담당했다.[9]

청나라 시대의 불교

청나라의 황제들도 불교를 후원했을 뿐만 아니라 국가와 종교의 관계에서도 변화를 꾀했다. 유교, 티베트 불교, 선불교, 도교, 토착 샤머니즘의 균형을 신중히 유지하는 가운데 중국인, 몽골인, 만주인, 티베트인을 통치하는 계몽 군주로서 민족적·종교적 다원성을 인정하는 모습을 보였다. 그와 같은 황제의 이미지를 구축할 때도 불교가 핵심 역할을 했다.

청 제국 최초의 황제인 순치제(順治帝, 재위 1644~1661년, 청나라 3대 황제이자 중국 진출 이후 최초의 황제 ― 옮긴이)는 선불교 스승들을 궁정으로 초청하는 등 그들의 계보를 장려했다. 그의 후계자 강희제(康熙帝, 재위 1661~1722년)는 1680년대 남방 순행 당시 선불교 사찰을 방문했으며, 저명한 선불교 승려를 애호했고, 티베트 불교를 후원했다. 옹정제(雍正帝, 재위 1723~1735년)와 그의 아들 건륭제(乾隆帝, 재위 1735~1799

---

9 Wu, *Enlightenment in Dispute*.

년)는 더욱 적극적이었다. 궁중에서 선불교 수행을 조직했고, 티베트 불교의 주요 라마승과 친분을 맺어 그들을 지원했으며, 종교적 논쟁에 직접 참여했고, 불교 경전의 새로운 판본 출간 비용을 지원했으며, 애호하는 스승들을 칭찬하거나 혐오하는 승려들을 공격하는 칙령을 공포하기도 했다. 여러 황제가 개인적으로 선불교에 참여했음에도 불구하고 그들의 정책은 공식 승려 임명 시스템을 약화시켰고, 선불교의 쇠락을 앞당겼다. 1730년대에 이르러 옹정제는 선불교를 통제함으로써 지식인들이 사찰 문제에 미치는 영향을 제한하려 했다. 이는 왕권에 도전하는 통일전선 형성을 미연에 방지하기 위한 조치였다. 만주인으로서 청 제국의 황제는 언제나 이 문제를 우려했는데, 한족 엘리트 계층이 여전히 그들의 정통성을 의심했기 때문이다. 이후 1754년 건륭제는 기존의 승려 임명 시스템을 전면 개혁하는 과감한 조치를 단행했다. 새로운 재정 정책과 관련된 이 조치는 중앙의 승인 없이 승려 임명이 시행되는 현실을 차단하기 위함이었다. 이와 같은 조치에도 불구하고 불교는 청 제국의 정통성을 인정하는 중요한 이데올로기를 제공했다. 청 제국의 황제는 불교 개념을 능숙하게 활용하여, 특히 몽골과 티베트에서 인정하는 전륜성왕(Cakravartin, 왕 중의 왕)이라는 종교적 지위를 얻었다. 더욱이 지방에서도 불교의 번영은 계속되었다. 대규모 불교 승단이 전국적으로 (특히 강소성과 절강성에서) 대두되었다. 대부분의 성직자는 지역의 후원을 받는 사찰이나 소규모 공동체에서 생활했으며, 많은 사람이 원하는 지방의 제례나 마술(신비), 숭배 등의 의례를 거행했다(그림 16-1).[10]

[그림 16-1] 나한도, 십팔나한(十八羅漢)을 설명한 18세기 어느 서적의 삽화
중국 불교 예술에서 나한은 대중적 주제였으며, 황제 건륭제도 나한을 숭배했다.

명나라 시대의 도교

과거 학계에서는 명나라의 도교가 쇠락했다고 설명했지만, 사실 당시는 도교가 번성했던 시기다. 황실의 후원을 받았을 뿐만 아니라 많은 사람에게 인기를 끌기도 했다. 또한 당시는 도교에 큰 변화가 있었던 시기다. 도교 특정 종파에 대한 정치적 규제가 시행되자 도교에서는 새로운 전례와 문헌을 개발하기 시작했다. 명나라 초기에 홍무제는 조직화된 도교의 영향력을 제한하고자 통일된 전례를 시행하도록 했다. 홍무제가 장려한 도교의 종파는 정일도(正一道, 혹은 天師道)였다. 반면에 전진도(全眞道)의 사원 조직은 비판하는 입장이었다. 8세기에 기원한 정일도는 국가 공인 도사(道師)의 계보에 의해 주도되었으며, 황실 가족의 안녕을 기원하는 제천 의례와 기도가 포함된 국가 의례를 거행했다. 전진도는 불교 승단을 모방한 조직이었다. 개인의 영적 수행을 중시했으며, 결과적으로 정일도보다 더 대중적이었다. 그러므로 명나라 창업자가 보기에는 반란의 가능성이 짙었다. 모든 지방의 도교 승려를 중앙 관청에 등록하고, 음악과 궁중 전례 전문 도교 승려를 위한 특별 관청을 설립하여, 성직자의 인원수뿐만 아니라 그들이 거행할 의례의 종류도 제한하려 했다. 명나라의 창업주인 황제는 이를 통해 전국적으로 불건전한 요소를 통제하는 동시에, 종교의 영적인 힘을 제국의 창립에 복무하도록 묶어두려 했다. 명나라의 세 번째(실질적으로는 두 번째) 황제인 영

---

10 Patricia Berger, *Empire of Emptiness. Buddhist Art and Political Authority in Qing China* (Honolulu: University of Hawaii Press, 2003); Vincent Goossaert, "Counting the Monks: The 1736-1739 Census of the Chinese Clergy," *Late Imperial China* 21.2 (2000): 40-85.

〔그림 16-2〕 도교 사찰, 호북성 무당산

락제(재위 1403~1425년) 시기에 도교는 국가의 직접적 후원을 받게 되었다. 황제는 새로운 도교 경전(道藏)을 편찬하도록 했으며, 무당산(武當山)에 전국 도교의 중심 사찰(道觀)을 건립했다(그림 16-2). 도교와 관련된 몇몇 신격은 국가의 공식적인 신으로 추앙되었고, 황위 경쟁 당시 영락제를 지원했던 몇몇 도교 승려들에게 권력이 집중되었다. 명나라 중엽의 몇몇 황제들은 도교에 더욱 호의적인 태도를 보였고, 도교 승려들과 수행자들은 궁중의 환관들과 결탁하여 명나라 통치에도 영향력을 행사했다. 새로운 도교 경전인 《도장(道藏)》은 오늘날까지도 학자들의 주요 연구 자료로 인정되는데, 마침내 1445년 황실의 후원으로 출간되었다. 도교 승려들은 궁중 인사들의 욕구를 너욱 부추겼다. 이는 마침내

"도사(道士) 황제" 가정제(재위 1521~1566년) 시기에 극에 달했다. 몇몇 도교 승려들이 가정제 재위 후반기에 두각을 나타냈다. 황제는 도교 수행에 지나치게 몰두한 나머지 국정을 소홀히 했고 도교 승려이자 재상인 인물들에게 통치를 맡겨두었다. 이와 같은 과도한 영향력에 대한 반작용으로 명나라 후기의 몇몇 황제들은 궁정에서 도교 승려의 영향력을 축소하고자 했다. 그럼에도 궁중 의례를 집전하거나 연단술(煉丹術, 불로장생약을 만드는 기술 – 옮긴이)을 시행할 인력은 계속해서 고용했다.

명나라 도교 교리는 "내단술(內丹術)"과 관련된 명상 수련법을 받아들였고, 정일도(正一道)의 주요 스승들은 선불교의 명상법을 옹호했다. 궁중에서 주요 도교 스승들이 유력 인물로 떠오르자 도교가 대중적으로도 인기를 끌었고, 지역 공동체를 위협하는 잡신을 몰아내기 위해 대규모 의례가 거행되었다. 몇몇 종교적 신격, 예컨대 남부 해안 지역에서 어부의 신으로 숭배된 여신 마조(媽祖)는 국가 제천 의례와 함께 도교의 신으로 인정되었다. 또한 다양한 종파가 두 개의 종파, 곧 정일도(正一道)와 전진도(全眞道)로 통합되어 국가의 승인을 얻었다. 명나라 말기에는 이들의 인기가 워낙 높아져서 예수회 선교사들이 중국에 도착했을 때 다른 주요 전통을 찾아보기 어려웠고, 도교 관습과 민간 신앙을 구분할 수 없었다. 더욱이 평신도들이 조직하는 대중 축제는 도교 의례를 본뜬 것으로, 도교 전문가들이 축제에 활기를 불어넣었고, 도교 교리와 의례가 토착 관습과 융합되었다. 또한 도교는 명 왕조 말기에 가장 중요했던 종교 운동으로 평가되는 "삼교합일지사(三敎合一之社)"의 성립에도 기여했다. 이는 임조은(林兆恩)이 유교, 불교, 도교의 요소를 종합하여 만든 종교 통합 운동이었다.[11]

청나라 시대의 도교

명나라에서 청나라로 넘어가는 시기에 국가 정책의 갑작스러운 변화는 없었다. 만주 왕조는 명나라의 창업주가 제정하여 법전에 기록해둔 종교 통제 정책을 그대로 이어갔고, 도교를 경전에 기초한 성직자 중심의 종교로 이해했다. 청나라 궁정에서는 명나라 때처럼 열정적으로 도교 종파를 후원하지 않았다(옹정제 시기 잠시 궁중의 애호가 있었던 것은 예외다). 도교의 과도한 정치적 간섭에서 벗어나 냉철한 관료 체제를 만든 청 제국은 국가 의례에서 점차 도교의 요소를 "쇄신"해갔다. 예컨대 도교 음악가는 전통적으로 궁중 제례에 고용되었지만, 1742년 건륭제는 그들을 몰아내고 의례를 전적으로 유교식으로 바꾸었다. 도교 의례 전담 관리들은 점차 그 수가 줄어들어 1850년에는 불과 20명만 남아 있었다. 그러나 황실의 안녕과 관련된 문제에서 청나라의 황제들은 계속해서 도교 수행자를 고용했고, 제국의 수도나 다른 지역의 사원에 인재를 배정하거나, 혹은 궁내부의 감독 아래 궁중에서 특별하게 의례 담당자를 육성하기도 했다.

국가 지원 도교는 쇠퇴했지만 민간에서는 도교의 번영이 지속되었다. 이단을 금지하는 정책이 시행되었지만, 지방 관리들은 승인되지 않

---

11 Judith Berling, "Taoism in Ming Culture," in Twitchett and Mote (eds.), *The Cambridge History of China*, pp. 953-86; Pierre-Henry De Bruyn, "Daoism in the Ming, 1368-1644," in Livia Kohn (ed.), *Daoism Handbook* (Leiden: Brill, 2000), pp. 594-622; Kenneth Dean, *Taoist Ritual and Popular Cults of Southeast China* (Princeton University Press, 1993); Judith Berling, *The Syncretic Religion of Lin Chao-en* (New York: Columbia University Press, 1980); Kenneth Dean, *Lord of the Three in One: The Spread of a Cult in Southeast China* (Princeton University Press, 1998).

을 모든 종교적 회합을 억제해야 했기 때문에 불교와 도교는 거의 방치되었다. 지방관들은 도교 승려들의 도움을 받아 합법적 의례를 승인하고 비도덕적 숭배를 억제했다. 또한 관리들은 도교 의례에 의지하여 귀신을 쫓아내거나 기우제를 지냈다. 도교 사찰은 지방 신사 계층의 회합과 자선 활동을 위한 공공장소로 활용되었다. 지방 관리들은 불교와 도교 승려의 인원수를 기록하고, 임명 허가서를 발행했다. 1667년과 1736~1739년, 두 차례에 걸쳐 제국 전역을 대상으로 조사가 실시되었다. 모든 승려의 인원을 파악하여 그들의 인원수를 통제하려는 의도였지만 크게 성공하지는 못했다. 정부의 압력에도 불구하고 도교의 상징과 의례는 모든 차원의 일상생활에 스며들어 있었다. 평민은 도교 승려를 대할 때 두 개의 주요 종파 중 어디 소속인지를 그다지 개의치 않았다.[12]

대중의 종교적 숭배와 종교 운동

불교와 도교의 상징 혹은 의례는 중국의 모든 일상에 스며들어 있었다. 그럼에도 대부분의 종교 활동은 불교나 도교 종단의 바깥에서 이루어졌다. 지역의 사원이나 사당 중에는 제도적 종교 전통과 직접 연결되지 않고 다만 지역 공동체 차원의 모호한 종교적 형태를 띠는 경우가 많았다. 이런 사원에서도 대규모 제례와 개인적 기도의 기능을 모두 수행

---

12 Naquin, *Peking: Temples and City Life*; Goossaert, "Counting the Monks"; Monica Esposito, "Daoism in the Qing, 1644-1911," in Livia Kohn (ed). *Daoism Handbook*, pp. 623-58; Vincent Goossaert, "Taoism, 1644-1850," in *The Cambridge History of China, The Ch'ing Empire to 1800*, vol. ix, Part 2 (Cambridge University Press, forthcoming).

했다. 지방의 신이 그 지역 공동체를 다스린다고 믿었으며, 종교 전문가나 영매가 그 신을 섬겼다. 의례나 경전은 도교나 불교의 것을 차용했지만, 그 속에는 고대 샤머니즘의 전통도 이어지고 있었다. 명·청 시기에는 지역 유지의 가문이 후원하는 지역 축전이 펼쳐졌고, 그곳에서 지방의 엘리트 계층과 종교인, 평민의 결속력이 만들어졌으며, 이를 통해 지방 권력 구조가 강화되었다. 하나의 행정구역에는 수많은 공동체가 속해 있었고, 현실적으로 사원은 그 공동체 조직의 구심점이었다. 그래서 왕조 말기의 정부에 기대하기 어려웠던 사회적 자선 사업을 사원에서 수행하는 경우가 많았다. 공식적으로 그런 지방 축제는 낭비에다 체제 전복의 위험이 있다고 비난받았지만, 실제로는 많은 지방관이 지역 엘리트의 사찰 조직 운영을 허용함으로써 평화로운 지역 통치에 도움을 받았다. 심지어 지방관이 행사 후원자로 직접 참여하기도 했다. (예컨대 마조媽祖 같은) 어떤 지역 신들은 국가적으로 승인을 받았는데, 지방 종교의 구조와 국가적 신격을 통합하려는 시도의 일환이었다.[13]

정부 당국으로부터 승인받은 사원 공동체는 체계적으로 조직화되어 있었고, 이외에도 지역 공동체의 제례 관습은 국가로부터 폭넓게 용인되는 상황이었다. 그럼에도 불구하고 이를 벗어나는 "사이비" 종교 전문가와 집단이 대중의 영적 요구에 부응하고 있었다. 이들은 제국의 중

---

13 Szonyi, *Practicing Kinship*; Faure, *Emperor and Ancestor*; Kenneth Dean and Zheng Zhenman, *Ritual Alliances of the Putian Plain* (Leiden: Brill, 2010); Mark Meulenheld, "Chinese Religion in the Ming and Qing Dynasties," in Randall Laird Nadeau (ed.), *The Wiley-Blackwell Companion to Chinese Religion* (Chichester, West Sussex, and Malden, MA: Wiley-Blackwell, 2012), pp. 125-44.

앙 정부나 지방 엘리트들의 공격 대상이 되는 경우가 많았다. 그러나 특정 시기 특정 지역에서는 그 반대 또한 사실이었다. 특히 명나라 말기에 이와 같은 몇몇 종교 운동이 대대적인 성공을 거두며 지방에서 막대한 후원을 이끌어냈다. 신종교의 거대한 물결은 명나라 후반기부터 시작되었고, 16세기에서 18세기 초엽 사이에는 각 종파의 인쇄 문헌이 폭발적으로 증가했다. 기존에 유사한 신종교가 구전이나 필사본을 통해 전수된 사례는 기원 직후부터 꾸준히 이어졌지만, 명나라 후반기의 신종교는 인쇄술과 맞물리면서 신종교의 역사에 획기적 변화를 맞이했다. 가입 절차가 분명하고, 독립된 조직을 갖추고, 자체적으로 인쇄된 경전을 보유한 점이 당시 새로 나타난 독특한 신종교 전통의 대표적 특성이었다. 나청(羅清, Luo Qing)은 15세기 말엽의 군인이자 구도자로, 가장 성공적인 종교개혁가였다. 그가 주도한 종교 운동은 정통 사찰 불교에 도전해 명말청초에 전국적으로 수십만에 달하는 신도를 모았고, 성직자에 비해 평신도의 중요성을 역설했으며, 유교와 불교의 상징 및 관점을 결합했다. 그의 종교 운동은 북경 인근에서 시작되어 대운하를 따라 남쪽으로 전파되었고, 절강(浙江)과 복건(福建) 지역에서 넉넉한 지지 기반을 확보했으며, 지역 엘리트의 후원을 받았다. 학자들이 "민간 불교"라거나 "재가 불교" 혹은 "종파주의"라고 일컬은 다른 수많은 종교 집단과 마찬가지로, 나청의 종교 운동 또한 머지않아 국가의 공격 대상이 되었다. 자생적인 그의 종교 운동은 사실 불교, 도교, 유교, 기타 대중적 종교 전통, 그리고 예컨대 "태어나지 않은 어머니(無生老母)" 같은 고대의 기원 설화 내용을 자유롭게 조합해서 이른바 "보권(寶卷)"이라는 절충주의적 경전을 제작했다(보권에 대해서는 앞 소절 "명나라 시대의 불교" 참조 — 옮긴이). 이러한 종교 집단의 대부분은 평화주의자였고, 종말론을 조장하여 기존 질서를 위협하지도 않았기 때문에 역사 기록에 뚜렷한 흔적을 남기지 않았다. 그들은 카리스마 넘치는 지도자와 그가 지명한 후계자의 역량에 따라 마을 전체, 심지어 지역 전체를 장악한 적도 있었다. 때로는 학식 있는 중간 계층(상인, 하급 관리, 비구, 비구니)에 호소하기도 했지만, 대개는 평민을 대상으로 하는 경우가 많았으며, 자선 사업과 종교 기능을 혼합했다. 반란과 사회불안을 우려한 명말청초의 중앙정부에서는 지방관에게, 평화주의자인 이들 집단을 역모 혐의로 처형하라는 명령을 반복적으로 내려보냈다. 또한 이들을 분류하는 범주를 만들었는데, 대개는 실질적인 그들의 교리나 수행을 왜곡하는 경우가 많았다. 그럼에도 그들 중 일부는 국가의 처벌을 피해 살아남았고, 심지어 오늘날까지도 중국이나 대만 일부 지역에서 번성하고 있다.[14]

　18세기 말엽에서 19세기 초엽에는 천년왕국설을 표방하는 종교 집단의 반란이 잇달아 일어났다. 여기에는 불교의 우주론이나, 북서부 지역 이슬람 운동의 간접적 영향이 있었다. 19세기에 가장 광범위한 성공을 거둔 종교 운동은 태평천국(太平天國, 1851~1864년) 운동이었다. 태평천국 운동 또한 과거 천년왕국설의 사회-종교적 전통에서 비롯되었지만 기독교 신학적 개념을 새롭게 첨가했다. 당시 광동 지역에 진출한

14　Daniel Overmyer, *Folk Buddhist Religion: Dissenting Sects in Late Traditional China* (Cambridge, MA: Harvard University Press, 1976); Daniel Overmyer, *Precious Volumes: An Introduction to Chinese Sectarian Scriptures from the Sixteenth and Seventeenth Centuries* (Cambridge, MA: Harvard University Asia Center and Harvard University Press, 1999); Seiwert and Ma, *Popular Religious Movements*.

영미 선교사들과의 접촉을 통해 프로테스탄트 기독교에서 파생된 개념이었다. 태평천국 집단은 중국 중부 지역을 대부분 차지했지만 결국 중앙정부군에 패했고, 그 과정에서 약 2500만 명이 희생되었다. 이와 같은 반란은 시대적 종말의 신호였다. 대중 종교 제례나 관습이 20세기에도 (심지어 오늘날까지도) 여전히 이어졌지만, 내부의 변화와 서구의 침략이 종교에 대한 국가의 새로운 태도를 이끌어냈다. 그것이 누적되어 종교에 대한 새로운 분류가 만들어졌고, 1898년 이후 미신 타파의 물결이 일어났다. 미신 타파 운동은 중국에서 기존의 체계화된 종교에 깊은 영향을 미쳤고, 마을과 사원의 공동체 구조 또한 약화시켰다.[15]

이슬람과 기독교

이슬람과 기독교는 종교적 교량(橋梁)으로서 중국과 중앙아시아, 인도양, 중동뿐만 아니라 동남아시아, 유럽과 그 식민지를 연결했다. 이들 두 종교는 모두 중국에서 오랜 역사를 지녔으며, 그 시초는 기원후 8세기까지 거슬러 올라간다. 두 종교의 전파 경로는 상당히 차이가 있었지만, 두 종교 모두 과거 중세 불교가 중앙아시아와 인도로부터 동아시아로 서서히 전파되는 동안 마주쳤던 것과 같은 현지화 문제를 공통적으로 겪어야 했다.

명·청 시대의 이슬람 공동체는 이미 중국에서 오랜 역사를 지니고 있었고, 18세기 청 제국에 편입된 국경 지대의 사람들 때문에 중국

---

15 Vincent Goossaert and David Palmer, *The Religious Question in Modern China* (University of Chicago Press, 2011).

의 이슬람 인구는 증가하는 추세였다. 중국의 무슬림은 과거 당 제국 시기의 이주민으로부터 시작되었다. 그때 당 제국이 중앙아시아 및 인도양 세계와 교류하면서 중국 북서부 지역과 남부 해안 지역에 무슬림 상인들이 정착하기 시작했다. 그들은 소규모 공동체로 유지되었다. 예컨대 남부의 항구도시 천주(泉州)에 정착한 아랍인처럼 중국인과 통혼하는 경우도 있었지만, 그럼에도 여전히 이방인으로 남아 있었으며, 종교 선택의 자유가 있었고, 그들만의 대표자를 별도로 선출했다. 송나라(960~1279년) 때에도 대개는 해상 경로를 통해 무슬림 이방인의 유입이 계속되었으나, 보다 본격적인 유입은 원나라(1279~1368년) 때 이루어졌다. 당시 중앙아시아와 중동 출신의 무슬림 관료들과 기술자들이 정부에서 요직을 얻었다. 몽골의 보호 아래 예컨대 남서부의 오지에 해당하는 운남(雲南) 지역 등 제국의 곳곳에서 새로운 무슬림 공동체들이 출현했다. 몽골이 물러난 뒤 명 제국을 건설하는 과정에서는 무슬림의 기여를 환영했으며, 그들을 주요 군사 지휘관, 건축가, 천문학자, 엔지니어 등으로 영입했다. 유명한 환관 정화(鄭和)는 제국의 거대 규모 함대를 이끌고 인도양과 아프리카를 방문한 제독으로, 그 또한 운남의 무슬림 출신이었다. 중국에서 회족(回族)이라 불린 그들은 교육을 통해 중국인과 무슬림의 정체성을 동시에 습득했고, 문인 사회와 과거 시험에도 참여했다. 페르시아어와 아랍어의 사용이 줄어들어 다만 전례의 언어로만 남겨졌고, 중국어가 회족 엘리트의 구어이자 문자 언어로 자리 잡았다. 회족 지식인들은 종교 경전을 번역했으며, 유교와 이슬람 사상을 혼합한 독특한 저술을 남기기도 했다(그림 16-3).[16]

18세기 중엽 건륭제 시기에 성복된 중앙아시아 신강(新疆) 지역의

〔그림 16-3〕 성심루(省心樓), 서안 대청진사(西安大淸眞寺)
8세기에 처음 창건되어 명나라 때 대거 확장되었다.

튀르크계 원주민 위구르인(Uyghurs)은 과거의 무슬림과 달랐다. 그들은 중국사에서 중세 시기부터 막강한 세력을 형성했으며, 중국의 종주권 아래에서도 고유의 문화 전통을 고수하며 동화정책에 저항했다. 그들은 이슬람 문화가 더 강한 동부 위구르인(종교-문화적 구심점은 사마르칸트, 부하라, 이스탄불 등)과 세속화가 강한 서부 위구르인으로 나뉘었지만, 양쪽 모두 중국 물질문화의 영향을 받았다. 청 제국의 군사적 감시 아래 그들은 위구르 카간의 자치 독립을 꾀했고, 청 제국은 이 지역을 완전히 장악하지 못했으며, 이런 상황은 오늘날까지 그대로 이어지고 있다. 청 제국의 군사적 지배에 불만을 품은 이유 중 하나는, 신강을 비롯한 여러 지역에서 18세기 말엽 무슬림 인구 사이에 이슬람의 쇄신 운동(re-Islamicization)이 일어났기 때문이다(이슬람의 부활 내지 쇄신 운동에 관해서는 이 책의 15장 참조 – 옮긴이). 특히 회족의 일부 집단은 중앙아시아와 남아시아에서 번성한 수피 교단을 신봉했는데, 수피 교단은 중국인 지도자가 메카로 성지순례를 다녀온 뒤 성립되었다. 그들은 회족 공동체의 분열을 초래했다. 일부 지도자들은 청 제국을 지지했지만, 다른 일부 지도자들은 그에 반대하여 1780년대에 감숙과 운남 등지에서 무장 반란을 일으켰다. 반란은 19세기까지 지속되었으며, 지역적으로 무슬림 공동체 내부 혹은 무슬림과 비무슬림 인구 사이의 분쟁이 이어졌을 뿐만 아니라 청 제국의 수탈에도 저항했다. 이와 같은 불안정한 상황은 신

---

16 Zvi Ben-Dor Benite, *The Dao of Muhammad: A Cultural History of Muslims in Late Imperial China* (Cambridge, MA: Harvard University Asia Center and Harvard University Press, 2005); James Frankel, "Chinese Islam," in Randall Laird Nadeau (ed.), *The Wiley-Blackwell Companion to Chinese Religions*, pp. 237-60.

강 지역에서 오늘날까지도 지속되고 있다. 그러나 중국 본토 지역에서 살고 있는 대부분의 회족(回族)은 한족(漢族)의 문화를 받아들였다.[17]

기독교의 상황을 살펴보자면, 과거 당나라에서 원나라 시기까지 네스토리우스파 기독교가 중국에 진출해 있었지만, 명나라 초기에는 이미 모두가 사라진 뒤였다. 1540년대에 예수회 선교사들이 포르투갈의 배를 타고 남중국 지역에 진출했는데, 이때부터 가톨릭 선교 운동과 중국이 본격적으로 연결되기 시작했다. 당시 세계 제국을 꿈꾼 이베리아반도의 왕국들은 전 세계로 선교사를 파견하는 중이었다. 제국 내 외국인의 거주를 금지한 명나라의 정책에도 불구하고, 개방적인 세계관을 가진 명 제국의 지식인들은 선교사들의 방문과 그들이 전해주는 새로운 사상에 우호적인 편이었다. 이탈리아의 예수회 선교사 미켈레 루지에리(Michele Ruggieri)와 마테오 리치(Matteo Ricci)는 선교 사업의 선구적 단계를 이끌었다. 그때는 불교 경전을 모방하고, 수도원의 생활양식에 유교 문인들의 정체성을 받아들였다. 이후 기독교는 그들에 공감하는 관리들의 지원에 힘입어 행정관청의 핵심부로 진출할 수 있었다. 선교사와 개종자는 유럽의 천문학, 과학, 예술, 종교를 유기적으로 결합한 이른바 "천학(天學, 하늘의 학문)"을 중국에 소개했다. 천학은 새로운 서양의 지식과 이국적인 기독교 의례 및 영적 요소들에 관심이 있는 엘리트 계층을 비롯하여 소수의 고학력자와 수많은 하급 문인과 평민에 이르기까지 폭넓은 대중의 호응을 불러일으켰다.[18]

---

17 Donald Leslie, *Islam in Traditional China: A Short History to 1800* (Canberra: National Australian University, 1986).

명나라 말기에 천문학, 과학, 기계 등 기술적 전문성을 갖춘 몇몇 예수회 선교사는 제국의 수도 북경에 정착하여 제국의 역법을 교정하는 작업에 협력했다. 당시 소규모 기독교 공동체들은 제국의 핵심 지역에 흩어져 있었다. 선교사와 엘리트 기독교인은 유교의 도덕적 체계를 인정하고 중국의 정치 질서를 지지했으며, 기독교의 정통성을 주장하며 스스로를 "사이비" 종교와 구별하려 했다. 이러한 전략의 이면에는 기독교가 언젠가 유교적 세계관을 바꿀 수 있으리라는 희망이 숨겨져 있었다. 기독교 신학과 윤리가 유교와 양립할 수는 없는 일이었다. 그러나 명나라 말기의 기독교가 선교사들의 계획에 반드시 부합했던 것은 아니다. 중국의 기독교인은 유럽인으로부터 지식과 신앙을 배워 이상적인 종교 운동을 만들어냈다. 신유학적 사상을 기반으로 한 독특한 신학 이론이었다. 더욱이 명나라 여러 지역에 산재한 기독교 공동체들의 역사적 경험은 그 지역의 규범에 따라 다양할 수밖에 없었다. 시골의 평민 사이에서 "유교식 기독교"와 문인 개종자 중심의 지식(텍스트) 세계는 그리 명예로운 자리를 차지하지 못했다. 일상 의례와 개인의 신앙은 유럽의 모델을 따랐지만, 어디까지나 중국식 의례와 윤리 이해를 기반으로 크게 왜곡된 상태였다. 그런 상황 때문에 기독교는 사회조직의 중심적 문제들, 예컨대 조상 제사, 젠더 규범, 지역 제사 등의 문제에 도전하기도 했다.[19]

18 Willard Peterson, "Learning from Heaven: the Introduction of Christianity and Other Western Ideas into Late Ming China," in Twitchett and Mote (eds.), *The Cambridge History of China*, pp. 789-839; Nicolas Standaert (ed.), *Handbook of Christianity in China. Volume One: 635-1800* (Leiden: Brill, 2001).

명나라에서 청나라로 넘어간 뒤에는 중국의 수도에서 선교사들이 체제와 더욱 밀접하게 결부되었다. 청 제국 초기의 군주 순치제와 강희제는 공식적으로 기독교인을 사천감(司天監)에 배속시켰고, 비공식적으로 내무부(內務府, 궁내부)의 일도 맡겼다. 황제에게 더욱 가까이 다가간 예수회 선교사들은 점차 한족 엘리트 계층과의 접촉면이 줄어들었고, 기독교에 대한 한족 엘리트 계층의 적대감도 커져갔다. 청 제국 궁궐에서 예수회 선교사들의 영향력은 강희제 시기에 최고조에 달했다. 1700년을 기준으로 중국에는 (전체 인구 1억 5000만 명 중) 약 25만 명이 가톨릭 신자였다(북경에 러시아정교회 선교부도 설치되었지만 주로 러시아 사절단 관련 업무에 이용되었다). 예수회는 유교의 4서(四書)를 처음 유럽 언어로 번역했으며, 유교가 기독교 윤리와 공존할 수 있다고 믿었다. 반면 도교나 불교는 악마의 종교로 폄하했다. 유교에 우호적인 예수회 선교사들의 노력에도 불구하고 가톨릭교회는 악명 높은 "중국 제사 논쟁"에 휘말렸다. 예수회와 청 제국의 황제는 중국 기독교인의 조상 제사와 공자 숭배 문제를 두고 교황과 대립하기에 이르렀다. 1705~1706년과 1720~1721년, 두 차례에 걸쳐 교황은 청 제국에 사절단을 파견하고자 했으나 실패했고, 선교는 위기를 맞이했으며, 선교 활동도 제한되었다.[20]

---

19 Eugenio Menegon, *Ancestors, Virgins, & Friars: Christianity as a Local Religion in Late Imperial China* (Cambridge, MA: Harvard University Asia Center and Harvard University Press, 2009).
20 Thierry Meynard, *Confucius Sinarum Philosophus (1687): The First Translation of the Confucian Classics* (Rome: Institutum Historicum Societatis Iesu, 2011); Eugenio Menegon, "European and Chinese Controversies over Rituals: A Seventeenth-century Genealogy of Chinese Religion," in Bruno Boute and Thomas Smålberg (eds.), *Devising Order: Socio-religious Models, Rituals, and*

마침내 1724년 옹정제는 제국 전역에서 공식적으로 기독교를 사이비 종교로 규정해 금지하는 명령을 내렸다. 다만 선교사들이 북경에 거주하면서 황실의 업무를 돕는 것은 가능했다. 지방의 기독교 공동체는 지하로 숨어들었고, 성직자와 기독교인은 지방관의 눈길이 닿지 않는 곳에 모여 살았다. 한 세대 동안 성장이 둔화되었지만 탄압을 통해 종교적 정체성은 더욱 확고해졌고, 현지 사역을 더 쉽게 수행할 수 있는 중국인 성직자 양성에도 도움이 되었다. 18세기를 거치는 동안 제국의 간헐적 탄압으로 중단되기는 했지만 기독교인은 오래도록 지속적으로 종교 활동을 이어갔고, 기도와 전례를 위해 서로 모였으며, 그들만의 전통을 유지했다. 또한 매우 험난한 과정을 무릅쓰고 외부 세계와의 접촉도 유지했다. 아편전쟁(1840~1860년대) 이후 국제적 및 제국주의적 성격을 더해간 기독교는 더욱 강력해졌고, 때로는 폭압적이기도 했다. 마침내 나폴레옹 이후 시대의 기독교는 중국인 신자들을 국제 조직과 제도 안으로 포용했다. 동시에 새로 진출한 프로테스탄트 교회의 성장을 막아보려 했지만, 소용이 없었다.[21]

---

the Performativity of Practice (Leiden: Brill, 2012), pp. 193-222.
21 R. G. Tiedemann (ed.), Handbook of Christianity in China. Volume Two: 1800 to the Present (Leiden: Brill, 2010); Henrietta Harrison, The Missionary's Curse and Other Tales from a Chinese Catholic Village (Berkeley, CA: University of California Press, 2013).

한국, 1400~1800년

초기 신유교 이데올로기와 의례

전근대 동아시아에서는 통치자가 국가의 물리적·경제적 안녕뿐만 아니라 우주적 안녕을 지킨다는 믿음이 당연시되었다. 통치자 개인의 성향과 상관없이 통치자라면 모든 형태의 대중적 공공 의례를 후원 또는 주최하고, 종교 기관을 후원해야 했다. 전근대 국가가 전적인 세속 질서가 아니었다는 점도 그 이유 중 일부였다. "종교적"이라고 할 수 있는 복합적 관습과 행위 질서로부터 국가 체제를 분리할 수가 없었다. 그래서 예컨대 국가가 추진한 과거 시험도 종교적 행위의 일종이었다. 왜냐하면 과거 시험과 관료 제도를 지탱하는 원칙이 수험생 교재에도 포함되어 있었는데, 그것은 인간의 영역뿐만 아니라 하늘의 세계에도 적용할 수 있는 내용이었기 때문이다.

한국에서 불교는 기원후 4세기경 처음 소개될 때부터 통치자들의 열렬한 후원을 이끌어냈다. 왕들은 불교 사찰의 건축 비용을 제공하고, 의례를 후원하고, 대규모 인쇄 사업을 주도하고, 불교 미술 제작을 의뢰했다. 심지어 6세기에는 외교 과정의 일환으로 불교 경전과 불상을 일본에 전해주기도 했다. 통치자들은 불교에 기여하면서도 동시에 유교나 신유교 학자들을 지지했고, 샤머니즘 의례도 지원했다. 고려 왕조(918~1392년)는 국가의 불교 후원이 절정에 달한 시기였으나, 그때도 통치자들은 유교를 장려하고 지역의 신을 숭배하는 데 자원을 투입했다.[22] 결국 1392년 조선 왕조가 등장하면서, 수 세기 동안 이어져온 다양한 종교 전통의 폭넓은 후원 관행은 막을 내리고 오직 신유학(新儒學,

신유교)만 지원하기에 이르렀다. 이는 1400년에서 1800년 사이 동아시아 종교 관습의 가장 큰 변화였다.

조선 왕조의 특징은 신유교였다. 그러나 신유교가 국가 이데올로기로 헤게모니를 장악하기까지, 또한 양반이라고 하는 귀족 엘리트 계층의 일상생활에 파급되기까지 수십 년이 걸렸다. 물론 평민에게 전파되는 데는 더 오랜 시간이 걸렸다. 사후 세계 망자의 안녕을 기원하는 방식에서 신유교의 조상 제사가 기존의 불교와 샤머니즘을 대체했다. 이 과정은 친족 구조 전반의 재편과 동시에 진행되었다. 기존의 관습 체계에서 결혼 풍습은 대개 처가살이(uxorilocal, 婦處制)였고, 유산은 아들과 딸에게 균분상속 했으며, 아들뿐만 아니라 딸도 조상 제사를 모실 수 있었다. 그러나 새로운 관습에서 결혼 풍습은 시집살이(patrilocal, 父處制)와 부계 중심 친족 구조로 바뀌었고, 유교적 이상에 맞추기 위해 장자상속이 이루어졌다. 그렇다 하더라도 16세기까지 양반 가문에서는 장자가 사망한 뒤 큰며느리가 조상 제사를 모셨고, 18세기까지도 딸의 아들이 외할아버지의 제사를 모실 수 있었다. 첫 번째 아내와 두 번째 아내의 구분이 뚜렷해졌고, 두 번째 아내의 아들은 첫 번째 아내의 아들에 비해 가족의 위계에서 더 낮은 위치에 놓였다.[23]

22 Sem Vermeersch, *The Power of the Buddhas: The Politics of Buddhism During the Koryŏ Dynasty* (Cambridge, MA: Harvard University Asia Center, 2008).
23 Martina Deuchler, *The Confucian Transformation of Korea: A Study of Society and Ideology* (Cambridge, MA: Council on East Asian Studies Harvard University, 1992); Martina Deuchler, "Propagating Female Virtues in Chŏson Korea," in Dorothy Ko, JaHyun Kim Haboush, and Joan R. Piggott (eds.), *Women and Confucian Cultures in Premodern China, Korea, and Japan* (Berkeley, CA: University of California Press, 2003), pp. 142-69.

조상 숭배는 이승과 저승의 망자를 연결하는 매개일 뿐만 아니라 사후에도 부모-자식의 관계가 유지되는 끈이었다. 그래서 조선 왕조가 지속되는 동안 조상 제사는 자식이 해야 할 최고의 일이 되었고, 오직 아들에게 그 일이 주어졌으며, 이를 통해 도덕적 정당성과 사회적 권위가 부여되었다. 신유교의 학자-관료들은 여성의 도덕적 행동을 인정했지만, 그것이 가정의 범위에서 이루어져야 한다고 믿었다. 여성의 지위를 유교적 가치에 부합하도록 조정하기 위해 여성의 활동은 시가(媤家)를 위한 것이 되어야 한다는 개념을 만들었다. 이를 위해 조선 시대 내내 출판을 통해 여성을 교훈하는 문헌이 보급되었다.[24]

조선의 수도는 최고 통치권자의 주거지이자 하늘-땅-사람(天地人)의 조화를 이루는 중심지로 개념화되었다. 이를 내세워 수도에서 불교 사찰과 승려를 내쫓았을 뿐만 아니라(뒤에 다시 논의한다) 유교의 신인 땅의 신(社)과 곡식의 신(稷)을 위한 제단, 즉 사직단을 건설했다. 지방 행정 중심지에도 유사한 제단이 건설되었다. 유교의 이상을 구현한 왕국을 건설하기 위해 장례나 제사 같은 개인의 의례뿐만 아니라 국가 의례의 중요성도 강조되었다.[25]

조선 중후기의 신유교

16세기 후기부터 17세기 중기까지 한국은 변화의 시기를 맞이했다. 일본의 군벌 도요토미 히데요시(豊臣秀吉, 1536/7~1598년)가 1592년

---

24 Deuchler, "Propagating Female Virtues."
25 Boudewijn Walraven, "Religion and the City: Seoul in the Nineteenth Century," *The Review of Korean Studies* 3 (2000): 178-206.

조선을 침략했고, 1598년 그가 사망할 때까지 전쟁이 계속되었다. 그로부터 수십 년이 지나 1627년과 1636년에는 만주인이 조선을 침략했다. 그로부터 불과 몇 년 뒤인 1644년 명나라가 무너졌고, 만주인은 중원으로 들어가 청나라를 세웠다. 일련의 사건은 신유교 사상가들에게 위기의식을 불어넣었다. 그들이 야만인으로 간주한 만주인이 명나라를 대체하자, 이는 정치뿐만 아니라 우주의 질서를 뒤흔드는 사건이었다. 조선의 신유교 학자들이 보기에 만주의 통치자들은 유교의 이상을 결코 유지할 수 없었다. 그래서 그들의 의식에서는 조선이 문명의 마지막 보루이자, 하늘과 땅의 관계를 중재할 존재로 남게 되었다.

남겨진 임무를 정확히 수행하고자 한 유학자들 사이에서 효종(1619~1659년)의 적절한 장례 절차 문제로 논쟁이 벌어졌는데, 이는 왕의 정통성과 관련되는 문제였다(효종은 장렬왕후의 둘째 아들이지만 형이 일찍 죽어 대신 왕위에 올랐다. 그러나 어머니보다 먼저 세상을 떠났다. 효종이 왕위에 올랐으니 장남과 다를 바 없다고 간주한다면, 효종의 어머니 장렬왕후는 3년 상복을 입어야 하고, 왕위와 상관없이 둘째 아들로 간주한다면 어머니 장렬왕후는 1년 상복을 입어야 했다. 만약 후자를 선택한다면, 효종의 후손들에게 두고두고 정통성 시비가 남을 수밖에 없는 문제였다. – 옮긴이). 이외에도 정통성의 문제는 계속 논란의 대상이 되었다. 일부 신유교 학자들은 명나라가 멸망했으므로 조선의 왕이 유교적 규범을 준수하는 것 이외에 외부로부터 정당성을 승인받을 필요는 없다고 주장했다. 또한 비록 정치적 편의에 따라 청나라에 정당성을 부여했지만, 조선의 왕이 준수하는 규범은 청나라와 상관없이 절대적이고 초월적인 법칙에 의해 규정된다고 주장했다. 또 다른 일부 학사들은 폭력이나 논란의 과정 없이 통치자의 자리에 오른 왕은 그 자체로 정당성을 가지며, 따라서 보편적 규범에 따라 조선을 다스릴 수 있다고 주장했다.[26]

거의 같은 시기, 의례와 조상 제사의 장소 문제로 사립학교(서원)와 국가 간에 갈등이 빚어졌다. 16세기 중엽부터 국립 교육기관의 대안으로 서원(書院)이 설립되기 시작했다. 서원 안에는 서원의 정신적 지도자인 현자나 성현을 숭배하는 사당도 건립되었다. 학생들은 매일 아침 사당에 나아가 경의를 표했고, 매년 봄과 가을에 공경의 의미로 제례를 거행했다. 저명한 학자의 위패를 모신 사당은 학생들에게 귀감이 되었을 뿐만 아니라, 가문에서 조상을 숭배하는 것과 같은 방식으로 서원 출신자들의 계보를 형성하는 데 기여했다. 또한 이러한 사당은 하늘과 땅의 연결, 저명한 학자들이 품었던 이상과 학생들이 처한 현실의 연결을 강화해주었다.[27]

조선 초기의 불교

15세기 초엽 신유교의 위상이 높아지자 불교의 위상은 거꾸로 추락했다. 조선 후기에는 불교가 지방과 평민의 종교로 전락했지만, 엘리트 계층은 여전히 불교를 후원했다. 불교 반대 운동은 이념과 현실의 양방

---

26 JaHyun Kim Haboush, "Constructing the Center: The Ritual Controversy and the Search for a New Identity in Seventeenth-Century Korea," in JaHyun Kim Haboush and Martina Deuchler (eds.), *Culture and the State in Late Chosŏn Korea* (Cambridge, MA: Harvard University Asia Center, 1999), pp. 46-90.
27 Yŏng-ho Ch'oe, "Private Academies and the State in Late Chosŏn Korea," in Haboush and Deuchler (eds.), *Culture and the State in Late Chosŏn Korea*, pp. 134-59.

향으로 전개되었다. 반불교 이론가들은 사찰의 부패와 방종을 비난했으며, 불교가 공적인 문제에 아무런 기여가 없다고 주장했다. 나중에는 불교가 대중에게 해로운 영향을 미친다고 비난하는 이들도 등장했다.[28] 불교를 완전히 몰아내려면 많은 시간이 필요했지만, 그 과정을 거치는 동안 1400년에서 1800년 사이 조선은 동아시아에서 독특한 나라가 되어 있었다. 중국과 일본의 통치자들은 다양한 우주론을 믿었다. 국가를 보호하기 위해서 어떤 우주론이 다른 우주론에 비해 유리하다는 생각이 없지 않았지만, 불교든 도교든 유교든 혹은 "민속"이든, 어느 하나의 전통을 무시하는 것은 결국 백성에 대한 의무를 다하지 못하는 것이라고 생각했다. 이와 달리 조선의 왕은 불교를 멀리했고, 유교 신봉자들은 그것이 하늘과 땅의 매개자로서 왕의 순수성을 지켜내기 위한 방안이라고 믿었다.

그러나 조선 초기의 왕들은 유학자들의 불교 비판에 진심으로 동의하지는 않았다. 조선 제3대 왕 태종(재위 1400~1418년)의 명령으로 242개의 불교 사찰만 남기고 나머지 사찰을 폐쇄했으며, 남아 있는 사찰의 토지, 재산, 노비를 몰수했다. 그럼에도 그와 그의 후계자들은 불교를 자신의 왕국에서 완전히 몰아내는 것이 불가능하지는 않겠지만 무척 어려

---

28 U-Gŭn Han, "Policies Toward Buddhism in Late Kŏryo and Early Chŏson," in Lewis R. Lancaster and Chai-shin Yu (eds.), *Buddhism in the Early Chŏson: Suppression and Transformation* (Berkeley, CA: Institute of East Asian Studies University of California at Berkeley, 1996), pp. 1-58; Sŏngmu Yi, "The Influence of Neo-Confucianism on Education and the Civil Service Examination System in Fourteenth- and Fifteenth-Century Korea," in William Theodore de Bary and JaHyun Kim Haboush (eds.), *The Rise of Neo- Confucianism in Korea* (New York: Columbia University Press, 1985), pp. 125-60.

운 일이 되리라고 생각했다.²⁹ 더욱이 조선 초기에 반불교 정책을 실시한 배경에는 이론가들의 논쟁뿐 아니라 경제적 이유도 있었다. 새롭게 들어선 정권은 토지와 자금이 급했고, 불교 사찰에서 몰수한 토지와 노예는 그들의 금고를 채우는 데 큰 도움이 되었다.

최소 한 세기 이상의 시간이 걸리기는 했지만, 통치자와 관료 들은 공식적 불교 지원을 종식시키는 데 성공했다. 수도를 유교 정권의 순수한 중심지로 만들기 위해 도성 안의 모든 불교 사찰은 1512년 폐쇄되었고, 비구와 비구니의 도성 출입이 금지되었다. 그럼에도 불구하고 통치자들은 개인 자격으로 불교 후원을 계속했으며, 양반 계층의 사람들도 마찬가지였다. 15세기 중엽부터 16세기 중엽까지는 불교 경전 간행을 추진하는 기관도 운영되었다(예컨대 1461년 설치되어 1471년 폐지된 간경도감刊經都監이 있다. —옮긴이).³⁰

조선 중후기의 불교

불교가 국교의 지위를 상실한 뒤 오히려 여성과 평민은 더욱 적극적으로 불교에 참여하게 되었다. 개인 후원자의 상당수가 엘리트 계층의 여성이었다. 조선 시대에 접어들면서 여성들은 점차 조상 제례에서 배제되었다. 가정이라는 제한된 공간에서 활동해야 했던 엘리트 여성

---

29 U-Gŭn Han, "Policies Toward Buddhism."
30 Hee-sook Nam, "Publication of Buddhist Literary Texts: The Publication and Popularization of Mantra Collections and Buddhist Ritual Texts in the Late Chosŏn Dynasty," trans. Inga Diederich, *Journal of Korean Religions* 3.1 (2012): 9–27.

들은, 마찬가지로 국가 종교에서 소외되었던 비구와 비구니를 후원하며, 그들에게 원하는 의례를 부탁했다. 법적으로 평민 여성은 사찰 방문이 금지되었으나, 양반가의 여성은 이를 무시하고 예전과 다름없이 사찰 행사에 참여했다. 그래서 조선 시대 엘리트 계층의 여성이, 대개 남편이 죽은 다음에 머리를 깎고 출가하는 경우가 많았다. 재혼을 금지한 유교의 규범에 비추어 보더라도 과부의 출가는 문제가 없었을 뿐만 아니라, 사망한 남편에 대한 순결과 충성을 증명하는 것이라 존중할 만한 일이었다.[31]

도성 밖 불교 사찰에 국가의 후원이 중단된 뒤에도 평민이 사찰계를 모아 지원한 덕분에 사찰과 승단이 유지될 수 있었다. 사찰계 조직은 승려와 사찰을 위해 기금을 마련하고, 함께 부처님의 명호를 암송하며 서로를 권면했다. 또한 대중 불교 서적의 출간을 후원하는 사찰계도 있었다. 불교 승려들은 신유교 엘리트 계층의 인정을 받기 위한 노력을 포기하지 않았고, 조선 시대 내내 불교와 유교의 양립 가능성을 주장하는 글을 지속적으로 발표했다.[32]

---

31 Ji-Young Jung, "Buddhist Nuns and Alternative Space in Confucian Chosŏn Society," in Eun-Su Cho and Robert Buswell (eds.), *Korean Buddhist Nuns and Laywomen: Hidden Histories, Enduring Vitality* (Albany, NY: State University of New York Press, 2011), pp. 147-64.
32 Robert Buswell, "Buddhism Under Confucian Domination: The Synthetic Vision of Sŏsan Hyujŏng," in Haboush and Deuchler (eds.), *Culture and the State in Late Chosŏn Korea*, pp. 134-59; Sangkil Han, "The Activities and Significance of Temple Fraternities in Late Chŏsŏn Buddhism," trans. Matty Wegehaupt, *Journal of Korean Religions* 3.1 (2012): 29-63; Nam, "Publication of Buddhist Literary Texts."

대중 종교와 기독교

결혼과 상속 제도에서 신유교의 패턴이 자리 잡으면서 가족 구조에도 변화가 있었다. 16세기에 이르러 조상 제사는 대중적 종교 활동의 일부가 되었다. 오늘날 한국 샤머니즘에 관해서는 많은 연구가 있었지만, 조선 시대나 심지어 근대 시기의 무속이 어떠했는지는 알려진 바가 거의 없다. 샤머니즘 의례에서 무당(대개 여성 영매)은 자신의 몸에 신을 받아 신의 말을 대신 전해주는데, 고려 시대에는 국가로부터 후원을 받았지만, 신유교가 자리를 잡으면서 이 또한 밀려났다. 여성 무속인은 조선 시대에도 계속해서 활동했지만, 대중 종교로 변신한 뒤에는 엘리트 계층이 아니라 평민이 그들의 고객이 되었다. 또 다른 종교 전문가로 판수가 있었는데, 맹인 남성으로 점을 보거나 퇴마 의례를 거행하는 사람이었다. 또한 법사가 있었는데, 집에서 의례를 거행해주는 의례 전문가였다.[33] 물론 조선 시대의 소도시나 시골 마을에서도 이와 유사한 종교 전문가들이 많이 활동했을 것이다.

조선 시대에 번성한 샤머니즘에 비하면 기독교를 믿는 사람은 많지 않았다. 그러나 샤머니즘과 기독교 모두 주류 종교인 신유교에 비해서는 비주류였다. 기독교는 조선에 소개된 뒤 국가적으로 처벌을 받는 등 고난을 겪었다. 16세기 말엽에 예수회 선교사들이 일본 진출에 성공하면서 부분적으로 조선 선교 계획도 수립하게 되었다. 그러나 당시의 계획은 결실을 맺지 못했다. 17세기 초엽 중국의 가톨릭 세력이 조선에 복

---

33 Boudewijn Walraven, "Popular Religion in a Confucianized Society," in Haboush and Deuchler (eds.), *Culture and the State in Late Chosŏn Korea*, pp. 160-98.

음을 전해보려 했지만 이 또한 성공하지 못했다. 17세기 말기가 되어서야 기독교 신앙이 조선에 전해지기 시작했다. 당시 북경에 사신으로 갔다가 기독교 관련 서적을 읽게 된 어떤 유학자는 예수회 성직자를 만났고, 귀국한 뒤 동료와 친구 들에게 기독교의 가르침을 전했다. 이에 조선 정부는 강력히 반발하며 기독교를 금지하고 신도들을 투옥 및 처형했다. 1871년까지 대대적인 처형을 마쳤는데(병인박해, 1866~1871년 – 옮긴이) 평신도 약 8000명이 처형되었다. 그 뒤 서양과 외교 관계를 수립하기 위해 기독교에 대한 국가의 강경한 태도는 다소 완화되었다. 당시 대부분의 조선 기독교인은 평민이었는데, 조선에는 성직자가 없었으므로 그들이 성직자를 만날 수는 없었다. 19세기 기독교 신앙은 대부분 가정에서 실천되었으며, 가정에서 가정으로 전파되었다. 가정은 주로 여성의 활동 공간이었으므로, 기독교 공동체에서도 여성의 리더십이 강했다.[34]

일본, 1400~1800년

중세 및 초기 근대 일본의 종교는 여러 가지 중요한 변화를 거쳤다. 일본사에서는 1336년부터 중세 말기가 시작된 것으로 본다. 즉 고다이고 천황(後醍醐天皇, 1288~1339년)의 친정 체제에 혁명을 일으킨 아시

---

34 James Huntley Grayson, "A Quarter-Millennium of Christianity in Korea," in Robert E. Buswell, Jr. and Timothy S. Lee (eds.), *Christianity in Korea* (Honolulu: University of Hawaii Press, 2006), pp. 7-25; Gari Ledyard, "Kollumba Kang Wansuk, an Early Catholic Activist and Martyr," in Robert E. Buswell, Jr. and Timothy S. Lee (eds.), *Christianity in Korea* (Honolulu: University of Hawaii Press, 2006), pp. 38-71.

카가 다카우지(足利尊氏, 1305~1358년)가 쇼군(막부의 군사 통치자)으로서 권력을 장악했을 때다. 이를 무로마치 막부(室町幕府)라 하는데, 무로마치 막부는 16세기 후기까지 지속되었다. 무로마치 시대 말기에는 군벌의 난립으로 내전이 벌어지다가(戰國時代) 한 세기의 혼란기를 거친 뒤 마침내 다시 통일되었다. 마지막으로 전국을 통일한 군벌은 도쿠가와 이에야스(德川家康, 1542~1616년)로, 1603년 에도 막부(江戶幕府)가 시작되었다. 이때부터 1868년 에도 막부가 붕괴될 때까지를 일본사의 초기 근대로 구분한다. 이 시대에 대승불교에 입각하여 수많은 부처와 보살을 숭배하는 신앙이 민중 사이에 확산되었다. 동시에 거대 사원 복합체는 독립된 정치적 실체로 성장하여, 쇼군이나 지역 군벌(다이묘)과 지역 패권을 두고 경쟁하는 관계가 되었다. 도쿠가와 이에야스와 그의 직전 지도자들은 무력을 동원하여 그들을 제압했다. 이후 초기 근대에 종교와 국가의 관계는 급격한 변화를 맞이했다. 중세에는 불교와 세속 권력이 상호 보완적 관계였지만, 초기 근대에는 국가가 분명한 우위에 서고 종교 기관이 정권을 위해 복무하는 새로운 모델로 대체되었다. 불교 사찰은 대개 신도의 신분을 보장하는 기관의 역할을 했는데, 이는 1500년대 중엽 선교사들로부터 전해진 기독교가 17세기 중엽에 대대적인 탄압을 받은 역사에서 비롯된 결과였다.

불교

무로마치 막부의 제3대 쇼군 아시카가 요시미쓰(足利義滿)는 호전적인 지역 군벌들을 잘 다루었을 뿐만 아니라 강력한 중앙집권 체제를 유지했다. 무로마치 막부의 쇼군 가운데 그와 같은 역량을 발휘한 인물로는 그가 아마도 마지막이었을 것이다. 또한 영토를 보호하고 통치의 정당성을 확보하기 위해 불교를 후원했다. 13세기에 일본으로 전파된 선불교의 열렬한 신도였던 그는 특히 선불교의 임제종(臨濟宗)을 후원했다. 임제종에서는 신도들이 깨달은 경지를 점검할 때 과거 선승들의 고사에서 선택한 공안(公案)을 이용했다. 중국 송나라의 시스템을 모방한 일본 초기 중세의 임제종은 5개의 산(五山, 고산)을 중심으로 대표 사찰을 지정했고(五山制度), 공식적으로 쇼군의 인정을 받았다. 아시카가 요시미쓰와 그의 후계자 쇼군들은 오산(五山)의 사찰들과 긴밀한 관계를 유지했다. 이를 통해 자신의 권위를 강화하고, 오산 사찰의 아래에 있으면서 지역 다이묘들과 관계를 맺은 다른 임제종 사찰들에 간접적으로 영향력을 행사했다. 무로마치 막부의 쇼군들에게 후원을 받는 오산의 사찰들은 교육과 예술의 중심지가 되었다. 그곳의 승려들은 중국어문에 능한 데다 대출 업무를 맡아보며 금융 지식까지 갖춰, 무로마치 막부와 중국의 외교 관계에서 빼놓을 수 없는 인물들이었다. 무로마치 막부는 또한 오산 계통의 비구니 사찰도 후원했다. 그곳에도 능력 있는 비구니 승려가 없지 않았지만, 비구니 사찰은 비구 승려들의 사찰만큼 명성을 얻지 못했다.[35]

    오산의 사찰들이 아무리 부유하고 권세가 강하다 하더라도, 밀교를

---

35 Martin Collcutt, "Zen and the *Gozan*," in Kozo Yamamura (ed.), *The Cambridge History of Japan*, vol. iii: *Medieval Japan* (Cambridge University Press, 1990), pp. 583-652; Yoshiyuki Ushiyama, "Buddhist Convents in Medieval Japan," trans. Anne Dutton, in Barbara Ruch (ed.), *Engendering Faith: Women and Buddhism in Premodern Japan* (Ann Arbor, MI: Center for Japanese Studies the University of Michigan, 2002), pp. 131-64.

위주로 하는 과거의 진언종(眞言宗)이나《법화경(法華經)》암송과 연구에 주력한 천태종(天台宗)에 비할 바는 아니었다. 진언종과 천태종 모두 8세기에 성립했고, 왕실이나 귀족과 오랜 인연을 맺어왔다. 예컨대 천태종 사찰 연력사(延曆寺, 엔랴쿠지)는 왕실의 일원이 주지를 맡은 부속 사찰을 여럿 거느렸다. 연력사와 다른 천태종 및 진언종 사찰은 장원을 보유하고, 그 수입을 독점하며 성장을 거듭했다. 또한 고리대금과 무역 조합은 그들의 금고를 더욱 채워주었다. 결국 그들은 당시 성장하는 상업 경제의 중심에 서게 되었다. 대형 사찰은 심지어 영지 수입이 곤란할 때도 다른 사업을 통해 생존이 가능했으므로, 결과적으로 그들은 중앙의 쇼군이나 지역의 다이묘로부터 독립을 유지할 수 있었다.[36]

불교의 전통적 거점은 일본 고대의 수도인 교토(京都)와 나라(奈良)였다. 중세 초기부터 불교의 수행, 사상, 제도가 수도를 벗어나 바깥 지역으로 확산되기 시작했다. 이러한 흐름은 15~16세기에도 그대로 이어졌다. 선불교의 조동종(曹洞宗) 승려들은 좌선(坐禪)을 중시했는데, 그들의 가르침이 도시와 농촌 마을로 뻗어나가 후원을 얻어냈다. 그럼에도 수도에 위치한 임제종 사찰들과는 경쟁할 일이 없었다. 초기 조동종에서는 여성에게도 수행을 권장하며 비구니 사찰까지 건립했으며, 중세 후기와 초기 근대 시기까지 비구니 사찰의 활발한 활동이 이어졌다.[37] 정토종(淨土宗)의 각 지파에도 수많은 비구와 비구니가 참여했다. 극락

---

36 Neil McMullin, *Buddhism and the State in Sixteenth-Century Japan* (Princeton University Press, 1984).
37 William M. Bodiford, *Sōtō Zen in Medieval Japan* (Honolulu: University of Hawaii Press, 1993).

왕생 기도에 주력하는 정토종은 일본에서 가장 대중적인 불교 종파가 되었다. 정토종의 확산에는 운수행각 비구와 비구니의 노력이 컸다. 정토종의 일파인 시종(時宗)은 운수행각승의 승단이었다. 그들은 끊임없이 염불을 하며, 지방의 하급 무사들과 밀접한 관계를 맺었다. 정토종의 다른 분파에 속한 남녀 운수행각승은 문자를 아는 사람과 모르는 사람이 두루 섞인 참석자들에게 설교하기 위해 두루마리 그림을 가지고 다녔다.³⁸ 《법화경》을 소의경전으로 하는 또 다른 불교 종파 일련불교(日蓮佛敎)는 지방의 시골뿐만 아니라 도시에도 뿌리를 내리고 있었다. 15세기 중엽 교토와 사카이(堺市, 오사카) 같은 도시의 상인들은 대부분 일련불교 신도였다(그림 16-4).

오닌(應仁)의 난(1467~1477년)으로 무로마치 막부의 권위는 더욱 약화되었고, 각지의 다이묘들은 더욱 과감하게 토지를 강탈했으며, 전통적 엘리트 계층은 더욱 빈곤해졌다. 가장 강력한 사찰만이 자체 군사력을 보유하고 다이묘와 경쟁하며 사찰 영지를 지켜낼 수 있었다. 같은 시기 정토종의 일파인 본원사(本願寺, 혼간지)의 지도자들은 영지 내의 모든 추종자에게 나와서 싸우라고 독려했다. 본원사의 신도들은 워낙 막강해서 1488년 가가국(加賀国, 가가노쿠니) 지방을 장악하고 거의 한 세기 동안 그대로 유지했다.³⁹ 독립적 경제력과 군사력을 갖춘 16세기의

---

38 Sybil Thornton, *Charisma and Community Formation in Medieval Japan: The Case of the Yugyō-ha (1300-1700)* (Ithaca, NY: East Asia Program Cornell University, 1999); Ikumi Kaminishi, *Explaining Pictures: Buddhist Propaganda and Etoki Storytelling in Japan* (Honolulu: University of Hawaii Press, 2006).
39 Carol Richmond Tsang, *War and Faith: Ikkō Ikki in Muromachi Japan* (Cambridge, MA: Harvard University Asia Center, 2007).

〔그림 16-4〕 정토종의 본존불 아미타불상, 17세기 일본

불교 사찰은 당시 전국을 통일하려는 다이묘에게 첨예한 적대 세력으로 인식되었다. 군벌인 오다 노부나가(織田信長)는 1570년부터 1580년까지 10년간 본원사(혼간지)를 정복하기 위해 싸웠고, 1571년에는 한때 일본 최강의 사찰이었던 연력사(엔랴쿠지)를 쓸어버렸다. 그보다 아래 등급의 사찰들은 16세기 후기에 형편이 좀 나았는데, 오다 노부나가는 왕실과 관련 있는 두 개의 사찰을 포함하여 많은 불교 사찰의 토지재산권을 복원시켰다.[40]

도쿠가와 이에야스(德川家康)가 일본을 재통일한 뒤 그의 후계자들은 한반도에서 조선 왕조 초기 통치자들이 겪은 것과 비슷한 문제에 직면했다. 다시 말해 어떻게 왕국의 우주적 안녕을 보장하고, 또한 어떻게 종교의 후원과 정책에 자신의 업적을 남겨야 할 것인가 하는 문제였다. 초기의 쇼군들은 불교 사찰을 새로운 국가기관으로 흡수하여 이전 시대의 경쟁 관계를 넘어서 후원자가 되기로 했다. 그렇게 함으로써 불교의 율법과 최고 주권자의 법령이 별개로 유지된 지난 수 세기 동안의 관행을 혁파하고, 불교를 쇼군의 아래로 흡수하여 그들에게 쇼군의 정책을 집행하는 역할을 맡겼다.

초기 쇼군들은 기독교 박멸을 확인하기 위해 기존 불교 사찰 네트워크를 활용하여 민중을 감시하고자 했다. 그래서 단가제도(檀家制度)라고 하는 교구(敎區) 체제를 개발했다. 각 가정은 어떤 불교 사찰에 등록되어야 했고, 사찰은 등록 시스템을 통해 그 가정의 사람들이 기독교인이 아니라는 보증을 서도록 했다. 평민 가정이 불교 사찰에 등록되면 사

---

40 McMullin, *Buddhism and the State*.

찰은 그 가정의 장례식을 거행할 권리를 독점했다. 이러한 관계로 사찰은 마을 생활의 중심이 되었고, 승려는 주민과 밀접한 관계를 맺게 되었다.[41] 초기 근대에 얼마나 많은 비구니 사찰이 있었는지는 확실하지 않지만, 쇼군이 후원한 두 곳의 비구니 사찰이 있었고, 그곳에서 부유한 평민 여성의 이혼을 중개한 사실이 문학작품에 남아 있다. 잘못된 결혼의 굴레에서 벗어나지 못하던 여성이 그들의 도움으로 가정에서 탈출할 수 있었다. 왕실의 여성과 관련된 비구니 사찰 또한 영향력이 있었다. 부엌에서 일하는 하층민 여성이 그곳에서 불교 수행을 배운 뒤 수행자가 되어 가정으로 돌아갔다. 이러한 사찰에서는 여성에게 금욕적인 독신 수행의 모델을 제시했는데, 이는 가정에서의 역할을 버리지 않고 세속에서 종교적 성향을 실현하기를 바란 당시 사회의 기대와 달랐다. 구마노(熊野) 신사에 소속된 운수행각승 비구니는 두루마리 그림을 가지고 다니며 설교하고 시주를 모았는데, 이는 과거 정토종의 운수행각승과 비슷한 방식이었다.[42]

---

41 Nam-Lin Hur, *Death and Social Order in Tokugawa Japan: Buddhism, Anti-Christianity and the Danka System* (Cambridge, MA: Harvard University Asia Center, 2007); Kiri Paramore, *Ideology and Christianity in Japan* (London: Routledge, 2009); Alexander Marshall Vesey, "The Buddhist Clergy and Village Society in Early Modern Japan," PhD diss., Princeton University, 2003; Duncan Ryūken Williams, *The Other Side of Zen: A Social History of Sōtō Zen Buddhism in Tokugawa Japan* (Princeton University Press, 2005).

42 Sachiko Kaneko Morrell and Robert E. Morrell, *Zen Sanctuary of Purple Robes: Japan's Tōkeiji Convent Since 1285* (Albany, NY: State University of New York Press, 2006); Gina Cogan, *The Princess Nun: Bunchi, Buddhist Reform, and Gender in Early Edo Japan* (Cambridge, MA: Harvard University Asia Center, 2014); Kaminishi, *Explaining Pictures*; Barbara Ruch, "Woman to Woman: Kumano bikuni Proselytizers in Medieval and Early Modern Japan," in Barbara

기독교

　기독교는 불교 이후 두 번째로 일본에 뿌리를 내린 주요 종교로서, 16세기 중엽에서 17세기 중엽 사이에는 일본에서도 기독교가 자유롭게 활동했다. 또한 기독교는 에도 막부의 종교 정책에 많은 영향을 미쳤다. 포르투갈의 무역상이 머스킷총과 기타 무역 상품을 가지고 일본에 처음 도착한 때는 1543년이었다. 그로부터 6년 뒤 예수회 선교사 프란시스코 하비에르(Francisco Javier, 1506~1552년)가 혼슈 서부와 그보다 작은 섬인 규슈에서 선교 활동을 시작했다. 그는 유력 다이묘를 끌어들이는 데 성공했다. 많은 다이묘는 개종에 대해 포르투갈이나 스페인과의 무역 관계를 강화할 수단으로 생각했다. 그러나 실용적 고려 없이 새로운 종교에 대한 믿음으로 개종한 다이묘와 그 수하들도 있었다. 결국 당시 일본 추정 인구 1500만~2000만 명 중에서 기독교 인구는 1559년에서 1601년 사이 5배로 불어나 30만 명에 달했다.[43]

　일본에서 기독교의 위상은 도쿠가와 이에야스가 권력을 잡은 이후 급격히 바뀌었다. 영국과 네덜란드 상인이 도착한 뒤 도쿠가와 이에야스는 기독교를 금지함으로써 스페인과 포르투갈 사람들을 소외시켰다. 그가 보기에 기독교는 백성에게 이롭지 않고 전복 세력이 될 위험도 있을 것 같았다. 1614년 도쿠가와 이에야스는 지방의 영주들에게 외국인

Ruch (ed.), *Engendering Faith: Women and Buddhism in Premodern Japan* (Ann Arbor, MI: Center for Japanese Studies the University of Michigan, 2002), pp. 537-86.

43　Kentaro Miyazaki, "Roman Catholic Mission in Pre-Modern Japan," in Mark R. Mullins (ed.), *Handbook of Christianity in Japan* (Leiden: Brill, 2003), pp. 1-18.

성직자를 추방하고 기독교를 금지하라는 명령을 내렸다. 에도 막부는 반-기독교 조치를 일반 백성 전체를 상대로 신속히 실시했다. 1639년 시마바라(島原)의 난 이후 막부의 조치는 더욱 가혹해졌다. 시마바라의 난은 가혹한 세금에 대한 반발과 천년왕국의 도래에 대한 믿음을 기반으로 하여 일어난 농민 반란이었다. 1640년대에 이르면 기독교는 완전히 사라졌거나, 혹은 지하로 숨어들었다. 이와 같은 탄압의 과정에서 기독교 성직자들과 평신도들이 처형, 고문, 살해되었고, 후미에(踏み絵, 그림 밟기) 같은 시험 방식이 탄생했다. 검문에 걸린 사람들은 십자가나 기독교 성상을 발로 밟아서 본인이 기독교인이 아님을 증명해야 했다. 적발되지 않고 비밀리에 신앙을 지킨 사람들을 가쿠레 기리시단(隠れキリシタン)이라 했는데, 이들은 에도 시대 내내 숨어서 전통을 유지했다.[44]

신토

중세 시대에는 오늘날과 같은 독립적인 종교로서 신토(神道)가 존재하지 않았다. 부처나 보살은 우주적 영향력을 가진 존재인 반면, 일본 현지의 신을 뜻하는 가미(kami, 神)는 부처나 보살이 그 지방에서 현현(顯現)한 존재로 인식되었다. 가미의 사당은 대부분 불교 사찰의 일부로 자리 잡고 있었고, 불교 승려들이 대부분 가미의 제사를 담당했다. 이러한 상황은 15세기부터 변화하기 시작했다. 사당의 성직자인 요시다 가네토

---

44 Hur, *Death and Social Order*; Ikuo Higashibaba, *Christianity in Early Modern Japan: Kirishitan Belief and Practice* (Leiden: Brill, 2001); Christal Whelan, *The Beginning of Heaven and Earth: The Sacred Book of Japan's Hidden Christians* (Honolulu: University of Hawaii Press, 1996).

모(吉田兼俱, 1434~1511년)는 부처나 보살보다 가미가 우선한다고 주장하면서, 부처보다 기원이 오래된 순수 일본 신의 계보를 만들었다.[45]

이와 같은 가미의 이해는 일부 전문가들에게 국한되어 있었다. 에도 시대 초기부터 가미 제사를 "신토(神道)"라는 이름으로 일컫기 시작하면서, 가미 제사와 불교의 필연적 관계가 끊어졌다. 이러한 경향은 에도 막부에서 1665년 요시다 가네토모의 가문에 신사의 성직사를 임명할 권한을 부여하면서 더욱 가속화되었다. 이때부터 요시다 신토의 영향력이 급속도로 두드러졌다. 또한 에도 막부는 신토에서 차용한 이미지로 막부의 창설자인 도쿠가와 이에야스를 신격화했다. 요시다 신토는 가미의 도상과 순결, 정직, 연민을 호소하는 구절을 결합한 두루마리 그림의 유행에 큰 영향을 미쳤다.[46] 그럼에도 불구하고 대중적 신앙생활에서는 가미와 부처의 숭배가 결합되어 있었고, 대부분의 사찰에서는 기본적으로 하나 이상의 가미 사당을 보유했다. 그 뒤 1868년 메이지(明治) 왕정복고와 더불어 신토의 국가주의적 면모가 더욱 강화되어 불교로부터 독립

---

45 Alan G. Grapard, "The Shinto of Yoshida Kanetomo," *Monumenta Nipponica* 47, no. 1 (1992): 27-58.
46 Bernhard Scheid, "'Both Parts' or 'Only One'? Challenges to the *Honji Suijaku* Paradigm in the Edo Period," in Fabio Rambelli and Mark Teeuwen (eds.), *Buddhas and Kami in Japan: Honji Suijaku as a Combinatory Paradigm* (London: Routledge, 2003), pp. 204-21; W. J. Boot, "The Death of a Shogun: Deification in Early Modern Japan," in John Breen and Mark Teeuwen (eds.), *Shinto in History: Ways of the Kami* (Honolulu: University of Hawaii Press, 2000), pp. 144-66; Herman Ooms, *Tokugawa Ideology: Early Constructs, 1570-1680* (Ann Arbor, MI: Center for Japanese Studies the University of Michigan, 1985); Brian Bocking, "Changing Images of Shinto: *Sanja Takusen* or the Three Oracles," in John Breen and Mark Teeuwen (eds.), *Shinto in History: Ways of the Kami* (Honolulu: University of Hawaii Press, 2000), pp. 167-85.

하게 되었다.

신유교와 국학

중세 후기 임제종의 승려들은 학술 활동의 일환으로 신유교의 가르침을 연구하고 주석을 달았지만, 그것이 윤리나 자기 수양 혹은 개인과 국가 및 우주의 관계 같은 더 큰 논쟁을 불러일으키지는 않았다. 그러나에도 시대의 신유교 학자들은 불교와 특별한 연관이 없었고, 정치철학적 영향력을 확대하며 쇼군의 중요한 조언자로 활동했다. 신유교의 가르침은 또한 석문심학(石門心學)을 창시한 이시다 바이간(石田梅岩) 같은 인물에 의해 많은 지지자를 확보했다. 이시다 바이간과 그의 후계자들은 신유교의 가르침만 배타적으로 추종한 것이 아니라, 불교와 새롭게 부상하는 신토를 이용해서 자기 수양 프로그램을 운영했다.[47]

국수주의(nativism)는 일본 고대의 역사서《고사기》와《일본서기》등 — 옮긴이)를 다시 잘 읽어보면 머나먼 일본의 과거를 파악할 수 있고 후대에 중국에서 건너온 것과 일본 고유의 역사를 구분할 수 있다는 관점에서 출발하여 17세기에 발전을 거듭했으며, 신유교와 공존할 수 있다는 입장이었다. 그러나 18세기의 국학파(國學派)는 신유교가 너무 중국적이며, 그들이 믿는 일본 고유의 사상과는 양립하기 어렵다는 이유로 신유교를 거부했다. 국수주의나 국학파는 모두 새롭게 부상하는 신토를 일본 고유의 종교로 간주했으며, 외국에서 수입된 의심스러운 불교에 의해

---

47 Ooms, *Tokugawa Ideology*; Janine Anderson Sawada, *Confucian Values and Popular Zen: Sekimon Shingaku in Eighteenth-Century Japan* (Honolulu: University of Hawaii Press, 1993).

변질되었을 뿐이라고 믿었다.⁴⁸ 그들의 반불교적 입장은 에도 시대에 별다른 영향력이 없었다. 그러나 불교와 신토를 구분하려는 움직임의 씨앗이 그때 심어졌고, 마침내 메이지 시대(1868~1912년)에 꽃을 피웠다.

민속 종교

1400년에서 1800년 사이의 커다란 변화에도 불구하고, 중세 후기에서 초기 근대까지는 대중 종교의 절충적·초종파적 성격이 그대로 유지되었다. 에도 시대 후기에 이르러 신토가 독립했지만 사람들은 여전히 가미와 부처가 관련이 있다고 믿었으며, 기도하는 사람들의 마음속에는 가미와 부처가 공존했다. 특히 불교 신앙 가운데 인과응보에 대한 믿음, 불교 수행을 위해서는 속세의 삶을 포기해야 한다는 관념이 널리 확산되어 있었다. 운수행각승의 설교와 입소문을 타고 번진 대중적 설화를 통해 사람들은 이와 같은 심각한 교훈을 더욱 굳건히 받아들였다. 에도 시대에는 평민과 농민도 정교한 장례 의식을 치렀지만, 사후 세계에 대한 믿음은 꾸준히 이어졌다. 장례는 교구 체제의 주축인 사찰의 업무였고, 사찰의 경제적 지원이 대부분 여기서 나왔다.⁴⁹

순례는 초기 근대 일본에서 가장 대중적인 풍습 중 하나였다. 농민에

---

48 Peter Nosco, *Remembering Paradise: Nostalgia and Nativism in Eighteenth-Century Japan* (Cambridge, MA: Council on East Asian Studies Harvard University, 1990).
49 Margaret Helen Childs, *Rethinking Sorrow: Revelatory Tales of Late Medieval Japan* (Ann Arbor, MI: Center for Japanese Studies University of Michigan, 1991); Kaminishi, *Explaining Pictures*; Hur, *Death and Social Order*; Vesey, "The Buddhist Clergy and Village Society"; Williams, *The Other Side of Zen*.

서부터 궁정의 고위 인사까지 모두가 순례에 참여했다. 가장 유명한 순례지는 왕실과 관련되는 이세신궁(伊勢神宮)이었다. 직장과 가족을 떠나 이세신궁을 향하는 대대적인 이동이 1705년, 1771년, 1830년 등 초기 근대에 수 차례에 걸쳐 일어나 사회질서에 혼란을 초래할 정도였다. 이외에도 수많은 성산(聖山), 사찰, 사당 등으로도 신과 부처에게 기도하거나 응답에 감사를 드리기 위해 꾸준히 사람들이 몰려들었다. 이런 관습은 지위 고하를 막론하고 스스로를 세속적인 영역뿐만 아니라 신성한 영역의 구성원이라 여기게 만들었고, 공동체 의식을 불어넣었다. 이는 국가적 이익과는 차원을 달리했으므로, 때로는 양자가 충돌하기도 했다.[50] 마찬가지로 종교적 이유로 여행을 하고 성지를 순례하는 과정에서도 시대의 사회적 신분 개념이 흔들리기 시작했다. 서로 다른 사회적 지위의 사람들이 여가 활동이나 종교적 수련의 과정에서 서로 뒤섞이는 경험을 하게 되었기 때문이다.

50 Winston Davis, "Pilgrimage and World Renewal: A Study of Religion and Social Values in Tokugawa Japan, Part One," *History of Religions* 23, no. 2 (1983): 97-116; Laura Nenzi, "To Ise at All Costs: Religious and Economic Implications of Early Modern Nukemairi," *Japanese Journal of Religious Studies* 33, no. 1 (2006): 75-114; Marcia Yonemoto, *Mapping Early Modern Japan: Space, Place, and Culture in the Tokugawa Period, 1603-1868* (Berkeley, CA: University of California Press, 2003); Barbara Ambros, *Emplacing a Pilgrimage: The Ōyama Cult and Regional Religion in Early Modern Japan* (Cambridge, MA: Harvard University Asia Center, 2008); Sarah Thal, *Rearranging the Landscape of the Gods: The Politics of a Pilgrimage Site in Japan, 1573-1912* (The University of Chicago Press, 2005).

결론

초기 근대의 중국, 한국, 일본에서는 정치적 리더십의 변화와 함께 거대한 종교적 변화가 일어났다. 명 태조의 종교개혁, 조선의 신유교 장려, 에도 시대의 반기독교 정책 등이 그 사례였다. 그러나 정책의 변화가 사회의 낮은 계층까지 확산되어 실질적 효과를 나타내기까지는 수십 년, 심지어 수백 년의 세월이 필요했다. 오랜 변화의 과정은 대개 정권이 바뀌는 시기부터 시작되었다. 사회가 혼란하고 기존의 믿음이 흔들리면서 새로운 관습을 받아들이고 새로운 신앙에 동화되는 계기가 마련되었다. 예컨대 명나라의 불교 사찰 구조 조정은 새로운 승려 네트워크와 평신도의 수행 형태를 만들었고, 이는 17세기 이후로도 계속되었다. 에도 시대 일본의 교구 체제는, 부분적으로는 기독교에 대한 반작용으로 시작되었지만, 제도가 확립되기까지 수십 년이 걸렸다. 여기서 비롯된 새로운 장례 풍습은 가족 구조와 조상과의 관계에도 영향을 미쳤다. 한국에서는 불교가 국교로서의 지위를 상실했고, 이후 도성에서 밀려난 비구와 비구니는 시골에서 번성했으며, 평민의 종교적 요구에 부응하기 위해 새로운 수행 방식을 발달시켰다.

그러나 종교적 변화는 언제나 위에서 아래로만 나타난 것이 아니었다. 예컨대 중국이나 한국의 국가 제례 같은 정부 정책에 의한 종교적 변화뿐만 아니라 평민과 농민 사이에서 시작된 풍습, 예를 들면 중국의 지방 신 마조(媽祖) 숭배, 한국의 평신도 불교 단체(사찰계) 결성, 일본의 대규모 순례의 풍습 등에서 초래된 종교적 변화도 있었다. 중국과 일본의 경우, 대중적 풍습을 정부 차원에서 채택하려 한 노력도 그러한 변화의 일환이었다. 일부 대중적 종교 운동은, 예컨대 숭국의 태평천국처럼 국가와 현 상황에 대한 명확한 비판의 요소를 포함하기도 했다. 그렇게 공개적으로 전복의 의지를 드러내지는 않았더라도, 순례와 여행 혹은 샤머니즘 의례 등은 암암리에 국가 종교와 긴장 관계를 형성하기도 했다.

종교적 변화는 중국, 한국, 일본과 세계의 다른 지역, 특히 유럽, 중앙아시아, 인도양 지역 간 접촉으로부터 영향을 받았다. 이슬람과 기독교는 초기 중세에 중국에 전파되었지만, 대중적으로 많은 신도를 모은 시기는 1400~1800년이었다. 무슬림과 기독교도는 소수자 집단으로 중국 내에서 적응해갔지만, 기존 중국의 사회-종교적 틀에 도전하기도 했는데, 태평천국의 난이 가장 파국적인 사례였을 것이다. 이베리아반도 지역의 기독교는 일본에 중요한 영향을 미쳤다. 그들의 영향으로 일본에서는 엄격한 쇄국 정책과 에도 막부의 종교 정책이 만들어졌다. 한국의 초기 개종자들은 외국인 선교사와 상관없이 자발적으로 나타났다. 한국에서 기독교는 이단이자 사회불안 요인으로 간주되었지만 많은 지식인을 끌어들였다. 이는 근대 한국에서 성공을 거둔 프로테스탄트의 기반이 되어주었다.

요컨대 정부의 간섭에도 불구하고 우리가 검토한 시대 동아시아의 종교는 활기차고 역동적이었다. 종교 기관과 종교인은 언제나 전통에 적응했고, 또한 전통을 바꾸어갔다. 초기 근대의 종교적 경험과 실험은, 19세기 후기 이래의 엄청난 종교적 변화에도 불구하고, 오늘날의 동아시아 종교 현실에 지속적으로 영향을 미치고 있다. 그러므로 종교의 과거를 이해하는 일은 오늘날 동아시아의 정부 정책과 사회적 반응을 이해할 때 매우 중요한 요인이 된다.

더 읽어보기

China

Ben-Dor Benite, Zvi, *The Dao of Muhammad: A Cultural History of Muslims in Late Imperial China* (Cambridge, MA: Harvard University Asia Center and Harvard University Press, 2005).

Berling, Judith, "Taoism in Ming Culture," in Denis C. Twitchett and Frederick W. Mote (eds.), *The Cambridge History of China, The Ming Dynasty, 1368-1644*, vol. viii, Part 2 (Cambridge University Press, 1998), pp. 953-86.

Brook, Timothy, "The Politics of Religion: Late-Imperial Origins of the Regulatory State," in Yoshiko, Ashiwa and David L. Wank (eds.), *Making Religion, Making the State: The Politics of Religion in Modern China* (Stanford University Press, 2009), pp. 22-42.

De Bruyn, Pierre-Henry, "Daoism in the Ming, 1368-1644," in Livia Kohn (ed.), *Daoism Handbook* (Leiden: Brill, 2000), pp. 594-622.

Esposito, Monica, "Daoism in the Qing, 1644-1911," in Livia Kohn (ed.), *Daoism Handbook* (Leiden: Brill, 2000), pp. 623-58.

Frankel, James D., "Chinese Islam," in Randall Laird Nadeau (ed.), *The Wiley-Blackwell Companion to Chinese Religions* (Chichester, West Sussex; Malden, MA: Wiley-Blackwell, 2012), pp. 237-60.

Goossaert, Vincent, "Taoism, 1644-1850," in *The Cambridge History of China, Vol. IX, Part 2. The Ch'ing Empire to 1800*, forthcoming.

Goossaert, Vincent, and David Palmer, *The Religious Question in Modern China* (University of Chicago Press, 2011).

Menegon, Eugenio, *Ancestors, Virgins, & Friars: Christianity as a Local Religion in Late Imperial China* (Cambridge, MA: Harvard University Asia Center and Harvard University Press, 2009).

Meulenbeld, Mark, "Chinese Religion in the Ming and Qing Dynasties," in Randall Laird Nadeau (ed.), *The Wiley-Blackwell Companion to Chinese Religions* (Chichester, West Sussex; Malden, MA: Wiley-Blackwell, 2012), pp. 125-44.

Overmyer, Daniel, *Folk Buddhist Religion: Dissenting Sects in Late Traditional China* (Cambridge, MA: Harvard University Press, 1976).

Peterson, Willard, "Learning from Heaven: The Introduction of Christianity and Other Western Ideas into Late Ming China," in Denis C. Twitchett and Frederick W. Mote (eds.), *The Cambridge History of China, The Ming Dynasty, 1368-1644*, vol. viii, Part 2 (Cambridge University Press, 1998), pp. 789-839.

Seiwert, Hubert (in collaboration with Ma Xisha), *Popular Religious Movements and Heterodox Sects in Chinese History* (Leiden: Brill, 2003).
Standaert, Nicolas (ed.), *Handbook of Christianity in China. Volume One: 635-1800* (Leiden: Brill, 2001).
Taylor, Romeyn, "Official Religion in the Ming," in Denis C. Twitchett and Frederick W. Mote (eds.), *The Cambridge History of China, The Ming Dynasty, 1368-1644*, vol. viii, Part 2 (Cambridge University Press, 1998), pp. 840-92.
Yü, Chün-fang, "Ming Buddhism," in Denis C. Twitchett and Frederick W. Mote (eds.), *The Cambridge History of China, The Ming Dynasty, 1368-1644*, vol. viii, Part 2 (Cambridge University Press, 1998), pp. 899-952.

Korea

Buswell, Robert E. Jr., and Timothy S. Lee (eds.), *Christianity in Korea* (Honolulu: University of Hawaii Press, 2006).
Debary, William Theodore, and JaHyun Kim Haboush (eds.), *The Rise of Neo-Confucianism in Korea* (New York: Columbia University Press, 1985).
Deuchler, Martina, *The Confucian Transformation of Korea: A Study of Society and Ideology* (Cambridge, MA: Council on East Asian Studies Harvard University, 1992).
Haboush, JaHyun Kim, and Martina Deuchler (eds.), *Culture and the State in Late Chosŏn Korea* (Cambridge, MA: Harvard University Asia Center, 1999).
Jung, Ji-Young, "Buddhist Nuns and Alternative Space in Confucian Chosŏn Society," in Eun-Su Cho and Robert Buswell (eds.), *Korean Buddhist Nuns and Laywomen: Hidden Histories, Enduring Vitality* (Albany, NY: State University of New York Press, 2011), pp. 147-64.
Lancaster, Lewis R., and Chai-shin Yu (eds.), *Buddhism in the Early Chŏson: Suppression and Transformation*, Korea Research Monograph 23 (Berkeley, CA: Institute of East Asian Studies University of California at Berkeley, 1996).
Nam, Hee-sook, "Publication of Buddhist Literary Texts: The Publication and Popularization of Mantra Collections and Buddhist Ritual Texts in the Late Chosŏn Dynasty," trans. Inga Diederich, *Journal of Korean Religions* 3.1 (2012): 9-27.
Walraven, Boudewijn, "Religion and the City: Seoul in the Nineteenth Century," *The Review of Korean Studies* 3 (2000): 178-206.

Japan

Ambros, Barbara, *Emplacing a Pilgrimage: The Ōyama Cult and Regional Religion in Early Modern Japan* (Cambridge, MA: Harvard University Asia Center, 2008).

Bodiford, William M., *Sōtō Zen in Medieval Japan* (Honolulu: University of Hawaii Press, 1993).

Cogan, Gina, *The Princess Nun: Bunchi, Buddhist Reform, and Gender in Early Edo Japan* (Cambridge, MA: Harvard University Asia Center, 2014).

Grapard, Alan G., "The Shinto of Yoshida Kanetomo," *Monumenta Nipponica* 47.1 (1992): 27-58.

Hur, Nam-Lin, *Death and Social Order in Tokugawa Japan: Buddhism, Anti-Christianity and the Danka System* (Cambridge, MA: Harvard University Asia Center, 2007).

Nosco, Peter, *Remembering Paradise: Nostalgia and Nativism in Eighteenth-Century Japan* (Cambridge, MA: Council on East Asian Studies Harvard University, 1990).

Ooms, Herman, *Tokugawa Ideology: Early Constructs, 1570-1680* (Ann Arbor, MI: Center for Japanese Studies, the University of Michigan, 1985).

Paramore, Kiri, *Ideology and Christianity in Japan* (London: Routledge, 2009).

Sawada, Janine Anderson, *Confucian Values and Popular Zen: Sekimon Shingaku in Eighteenth-Century Japan* (Honolulu: University of Hawaii Press, 1993).

Tsang, Carol Richmond, *War and Faith: Ikkō Ikki in Muromachi Japan* (Cambridge, MA: Harvard University Asia Center, 2007).

PART 4

역사학 이론

CHAPTER 17

초기 근대의 역사학에 관하여

산자이 수브라마니암
Sanjay Subrahmanyam

I.

 19세기 초만 하더라도 유럽에는 편견을 가진 유명한 사상가가 많았다. 그러나 그들의 생각과 달리, 분명한 형태를 지닌 역사(즉 글로 서술된 역사서)가 유럽이나 지중해 혹은 중국에만 존재하는 것은 아니었다. 이외에도 매우 다양한 사회에서 매우 오랫동안 역사 서술의 전통이 이어져왔다. 그들의 역사 서술 또한 장기지속적 과정에서 상당한 변화를 거쳤으며, 이 또한 주목할 가치가 충분한 주제가 아닐 수 없다. 이번 장에서는 초기 근대, 즉 1400년에서 1800년 사이 새로운 형태의 거시적 역사 서술이 등장한 과정을 설명하고 분석해보려 한다. 이번 장에서 주장하고자 하는 바의 핵심은, 15세기 이후 나타나기 시작한 역사 서술의 혁신은 분명 이전의 "보편사(universal history)" 전통으로부터 부분적으로 영향을 받았으나, 고대까지 거슬러 올라가는 과거의 보편사와는 뚜렷이 구분되는 어떤 새로운 특성이 나타났다는 것이다. 초기 근대 역사 서술의 변화는 새로운 물질 환경, 특히 장거리 여행과 제국 정복 패턴의 변화뿐만 아니라, 기존에 서로 고립되어 있던 인류 사회들 사이의 접촉과도 관련이 있을 수 있다. 물론 모든 문자 문명 사회가 이와 같은 변화에 동등하게 참여했던 것은 아니고, 근대의 과정에서 독특하게 새로운 역사 서술의 형태가 출현한 곳도 일부 있었다. 더욱이 역사 서술의 변화는 특히 지도학이나 민족학 등 지식을 생산하는 다른 인접 분야와도 관련이 있었다. 또한 역사 서술의 기획은 무엇보다 문자 영역의 문제지만, 그것과 구술의 영역 사이에는 중요한 교집합이 있었다.

1780년대 중엽 독일의 철학자 헤겔이 아직 10대였을 때, 인도 남부 아르코트(Arcot) 왕국에서 중년의 한 역사가가《투자키 왈라자히(Tuzak-i Walajahi)》라는 페르시아 역사서를 완성했다(제목은 왈라자의 회고록이라는 의미 - 옮긴이). 문제의 저자는 오래도록 요새 도시 티루치라팔리(Tiruchirappalli)에서 거주한 사이이드 부르한 칸 이븐 하산 한디(Sayyid Burhan Khan ibn Hasan Handi, 이하 부르한 칸)라는 인물이다. 표면적으로 그의 저술은 18세기 중엽 아르코트 왕국의 통치를 이어받은 왈라자(Walajah) 가문의 행적과 상황에 관한 것이었다.[1] 아르코트로 진출했던 가문의 선조는 안와르 웃딘(Anwar-ud-Din) 칸으로, 북인도의 작은 도시 고파마우(Gopamau) 출신이었다. 그는 무굴 제국의 여러 곳을 옮겨다니며 행정관을 역임하는 등 성공 가도를 달리다가, 마침내 1740년대에 인도의 작은 왕국을 손에 넣었다. 안와르 웃딘 칸은 1749년 전투에서 전사했고, 그의 아들 무함마드 알리 칸 왈라자(Muhammad 'Ali Khan Walajah)가 장기간의 투쟁 끝에 왕위를 계승했다. 그리고 그의 오랜 통치 기간에 문제의 저술이 완성되었다. 무함마드 알리의 궁정은 수많은 유럽 세력뿐만 아니라 스코틀랜드의 의사이자 모험가인 조지 패터슨(George Paterson) 같은 개인들과도 밀접한 관계를 맺고 있었다. 이들 개

---

1 이 텍스트와 그 맥락에 관한 논의는 다음을 참조. Sanjay Subrahmanyam, "Reflections on State-Making and History-Making in South India, 1500-1800", *Journal of the Economic and Social History of the Orient*, vol. xiv, No. 3, 1998: 382-416.

인과 함께 동인도회사(East India Company)는 수십 년 동안 무함마드 앙리의 궁정을 효과적으로 관리했고, 군사 및 금융의 수단을 동원하여 그의 왕국을 정치·문화적 종속 국가로 축소하는 데 성공했다. 그러나 아르코트의 궁정은 1780년대에도 문화적 자부심과 자율성을 어느 정도 유지했으며,《투자키 왈라자히》같은 저술은 그와 같은 사실의 구체적 표현이었다.

그렇다면 식민 통치의 긴 그림자가 서서히 인도아대륙을 집어삼키기 시작한 시기, 지극히 평범한 인도-페르시아(이슬람) 지식인이 저술한 그 책은 어떤 모습이었을까?《투자키 왈라자히》는 물론 가문의 역사이자 왕조의 역사였고, 따라서 머나먼 중앙아시아의 도시 부하라에 있다가 13세기 몽골의 침략으로 쫓겨난 가문의 시조부터 이야기를 시작해야 했다. 그 가문은 이후 북인도로 피신하여 작은 지방에서 유력 가문이 되었는데, 마침내 17세기 중엽 무굴의 황제 샤 자한(Shah Jahan) 시기에 가문에서 인재가 출현하여 제국의 요직에 오르게 되었다. 18세기 초엽 안와르 웃딘 칸이 데칸 지역을 개척할 때 그의 가문이 시아파였던 것은 분명하며, 그래서《투자키 왈라자히》또한 광범위한 종파 편향성을 띠고 있기도 하다. 수많은 페이지에 걸쳐 저자는 18세기의 아르코트에 왕국이 성립한 과정을 묘사했으며, 그곳을 통치한 이전 무굴 제국 유력 인사들의 역사를 설명한 다음, 마침내 1730년대에 왕국 내에서, 또한 가문 내에서 오랜 투쟁 끝에 왕위에 오른 안와르 웃딘 칸의 이야기가 등장한다. 이 책에서 저자는 (예컨대 Mir Isma'il Khan Abjadi가 쓴 서사시《Anwar Nama》같은) 페르시아 문헌과, 군대와 궁정에 전해지던 구술 전통을 함께 인용했다.

그러나 《투자키 왈라자히》의 저자 부르한 칸 또한 잘 알았듯이, 이와 같은 투쟁의 역사에는 주변 지역 사람들이나 북쪽의 무굴 제국 사람들만 관련된 것이 아니었다. 중요한 이방인 집단인 유럽인도 관여가 되어 있었다. 그들은 영국인과 프랑스인을 포함하는 광범위한 의미의 프랑크인(Franks, firangiyan)으로, 또한 때로는 "모자 쓴 사람(kulah-poshan)"으로 거론되었다. 그래서 저자는 독자들에게 유럽의 동인도회사가 무엇인지, "본국의 파드샤(padshah, 황제)와 언약을 맺고" 무역을 하러 온 하찮은 상인 집단이 어떻게 그토록 강력한 정치 세력으로 부상했는지 간략하게나마 설명을 제공해야 했다. 저자는 남인도 해안에 프랑크인 집단(ahl-i Firang)이 5개 있었고, 그들이 약 300년 전에 그곳의 무역 노선을 장악했던 아랍 상인들을 대체했다는 사실에 주목했다. 저자가 언급한 최고의 혁신가는 콜럼버스라는 인물이었다. 그는 "천문학과 지리학에 밝은 전문가로 (…) 자석의 성질을 처음으로 이해하여 항해용 나침반을 만들었으며, 그것을 이용하여 바다에서 사방 어디로나 가고자 하는 길을 잘 찾았다." 그 천재적인 사나이는 스페인 통치자의 아내로부터 지원을 받아 발견한 모든 내용을 기록했는데, 수많은 섬과 아메리카 대륙에 관한 내용도 포함되었다. 경쟁자들의 비난에도 불구하고 그는 탐험을 시작했으며, 포르투갈인이 그 뒤를 따랐고, 다른 유럽인도 차례로 그의 행적을 모방했다. 그랬던 유럽의 국가들 중에서 부르한 칸은 영국을 가장 중요한 국가로 보았고, 그래서 조지(George) 3세 시대의 영국 역사를 간략히 소개했다. 여기에는 대략적인 정치적 계보뿐만 아니라 주요 행정 기관(intizam-i saltanat)에 대한 설명도 포함되었다. 또한 그는 유럽의 국제 관계도 서술했는데, "고대 도시 룸(Rum)"에 있는 교황이라고 하는 특이한 존재에 대해서도 언급했다.

　앞에서도 언급했듯이, 부르한 칸은 시대를 대표할 만한 위대한 학자가 아니었다. 심지어 그는 1780년대 후반 벵골에 거주하며 뉴턴(Newton)의 《자연철학의 수학적 원리》를 아랍어로 번역한, 이국적 학문을 좋아했던 같은 시대의 또 다른 시아파 학자 타파줄 후세인 칸(Tafazzul Husain Khan, 1727~1800년)에도 비할 바가 못 되었다. 그러나 문제의 핵심은 바로 그의 평범함이다. 다시 말해 그것은 《투자키 왈라자히》 같은 저술이 당시 남아시아에서 평범한 지식인들이 도달할 만한 범위 내에 있는 작품이었음을 의미한다. 그러나 이와 같은 폭넓은 지리적 범위를 포괄하는 저술이 역사 서술의 범위에 존재했다는 것 또한 염두에 두어야 한다. 역사 서술 분야에서 무굴 제국의 오랜 전통을 물려받은 부르한 칸은 분명 이전 시대의 수많은 주요 저작을 접할 기회가 있었을 것이다. 16세기 2사분기에 서서히 시작된 무굴 제국의 역사서들은 특히 1570년경 이후에 꽃을 피웠다. 18세기 중엽에는 궁중의 장서와 수장고에 보관된 그와 같은 저술의 목록이 등장했으며, 심지어 필사본 시장에서 거래 가능했던 서적도 파악할 수 있다(페르시아에서 인쇄가 시작된 시기는 18세기 말엽이었다). 1730~1740년대 인도 서부의 항구 수라트(Surat)에서 활동한 영국 동인도회사의 제임스 프레이저(James Fraser)는 20여 년 동안 개인적 관심사에 따라 모을 수 있는 최대한 폭넓은 범위에서 역사서를 수집했다.[2] 그가 수집한 역사서는 아크바르, 자한기르,

---

2　James Fraser, *The History of Nadir Shah, Formerly Called Thamas Kuli Khan, the Present Emperor of Persia: To which is prefix'd a Short History of the Moghol*

샤 자한 황제 시기의 연대기뿐만이 아니었다. 책에 대한 그의 야망은 더 멀리 뻗어나갔다. 당시 수집가들이 특히 선호한 책은《굴샤니 이브라히미(Gulshan-i Ibrahimi)》였다(아브라함의 정원이라는 의미 — 옮긴이). 인도-이란계 연대기 작가 무함마드 카심 피리슈타(Muhammad Qasim Firishta)가 쓴 17세기 초엽의 저작물이었다. 이 책은 수 세기에 걸친 수많은 지역 왕국의 역사를 광범위하게 포괄하는, 사실상 이전 시대 저술들의 종합판이었다. 무굴 황제 아크바르의 공식 연대기 작가이자 참모인 샤이크 아불 파즐(Shaikh Abu'l Fazl)이 저술한《아크바르 나마(Akbar Nama)》또한 못지않게 뛰어난 책이다. 이외에도 상당히 기이한 책들이 있었다. 예를 들면 무굴 제국 중기의 어느 관리였던 인물이 쓴《라우자트 알-타히린(Rauzat al-Tahirin)》같은 책이다. 그의 연대기에는 동남아시아와 심지어 유럽에 관련된 자료들이 포함되어 있었다. 이 책의 저자인 타히르 무함마드 사브즈와리(Tahir Muhammad Sabzwari)는 무굴 제국의 여러 지역에서 근무했으며, 16세기 말엽에 포르투갈령 고아에 무굴 제국의 사신으로 파견된 적도 있었다. 그러므로 그는 같은 시기 무굴 제국 궁정에서 근무한 동료들보다 더 폭넓은 문헌과 구술 자료를 얻을 수 있었을 것이다.

    그러나 이와 같은 제국과 왕조의 위대한 업적들도 당시 인도-페르시아 역사학의 일부에 불과하다. 왕조에 소속된 어느 인물에 초점을 맞춘 책들도 있었다. 예를 들면 17세기 초기의 위대한 후원자이자 장군이

Emperors, at the End is inserted a Catalogue of about Two Hundred Manuscripts in the Persic and other Oriental Languages, collected in the East, 2nd edn. (London: A. Millar, 1742).

었던 압두르 라힘 카니 카난('Abdur Rahim Khan-i Khanan)의 전기다. 또한 자서전과 역사서의 경계를 쉽게 넘나드는 책들도 있었다. 예를 들면 아사드 베그 카즈위니(Asad Beg Qazwini)와 브힘센 사크세나(Bhimsen Saksena)의 자서전이 그랬다. 일부 저자들은 애향심에서 출발해서, 제국 혹은 왕국의 규모가 아니라 단일 도시나 마을에 초점을 맞춘 지리지를 저술했다. 더욱이 역사서에 국한되어 하나의 장르만 저술하지 않고, 경력의 여러 과정마다, 혹은 후원의 패턴 변화에 따라 여러 장르를 넘나들며 글을 쓰는 사람들도 있었다. 그러므로 어떤 텍스트든지 다른 텍스트와의 관계를 끊임없이 생각해보고, 각각의 저자를 동시대나 이전 시대의 저자들과 대화하는 존재로 보는 것이 중요하다. 또한 무굴 제국 역사가들이 외부 세계의 역사서를 전혀 몰랐다고 전제하는 것도 잘못일 것이다. 분명 이들은 교육 과정에서 고전 아랍 역사서를 접했을 테고, 그들 중 일부는 (앞에서 언급한 부르한 칸과 타히르 무함마드가 그랬듯이) 동시대의 중앙아시아, 이란, 오스만 제국, 심지어 유럽의 역사 관련 저술들을 알고 있었다.

 18세기 후기에 어떻게 그와 같은 시대가 도래했는지를 이해하려면, 오랜 지성사의 내력을 살펴보지 않을 수 없다. 이 글에서는 최초의 "보편사(universal history)"로 일컬어지는 몇몇 텍스트로부터 시작해서 다소 도식적인 오랜 진화의 과정을 설명해보고자 한다. 기존에는 보편사의 역사를 단일한 출발점, 즉 헤로도토스(Herodotos)와 그의 후계자 투키디데스(Thucydides) 등이 만들어낸 이른바 고전 그리스 역사학으로부터 시작했지만, 우리는 그보다 조금 후대의 인물들, 즉 거의 같은 시대를 살아간 지중해 지역의 폴리비오스(Polybios)와 중국의 사마천(司馬遷)을 비교하는 이야기로 논의를 시작해보려 한다. 폴리비오스는 헤로도토스와 투키디데스의 전통을 이어받았으며, 기원전 2세기 로마 지배하의 그리스에서 이름처럼 장수했던 인물이다(Polýbios는 그리스어로 오래 산다는 의미 — 옮긴이). 문인이자 무인이었던 그는 카르타고를 비롯한 로마의 지중해 정벌에 적극 참여한 것으로 알려져 있다. 피지배 민족의 일원으로서 폴리비오스는 특히 그토록 짧은 시간에 그토록 광대한 영역을 장악한 로마의 헤게모니가 어떻게 성립했는지를 이해하고자 했다. 그래서 대개 그리스의 지적 전통에 입각해 활동하면서도 스스로를 승자나 패자 어느 쪽에 속하게 하기보다 양쪽을 모두 살펴볼 수 있는 유리한 지점에 위치시키고자 했다. 그는 일찍이 자신의 저서 《역사(Historiai)》에서 다음과 같이 말했다.

> 내가 말하는 역사는 독특한 성격을 가지고 있다. 그것은 특별한 우리 시대만의 정신과 관련되는데, 말하자면 다음과 같다. 마치 운명(tychê)이 세상의 거의 모든 일을 하나의 방향으로 이끌어가서 동일한 하나의 목표에 수렴하도록 만드는 것처럼, 역사가의 임무는 전체적인 설계가 완성되는 과정을 독자들이 한눈에 볼 수 있도록 제시하는 것이다. 처음부터 나의 관심을 끈 것은 다른 무엇보다도 바로 그것이었다.[3]

폴리비오스에게는 흔히 "보편사(universal history)"를 최초로 구현했

---

3 Cited in John Burrow, *A History of Histories: Epics, Chronicles, Romances and Inquiries from Herodotus and Thucydides to the Twentieth Century* (London: Allen Lane, 2007), p. 69.

다는 특권이 부여된다. "우리 시대의 아무도 전체적인 역사를 쓰려 하지 않아서" 자신이 그 임무를 자처했다는 그의 말을 들어보면, 폴리비오스 스스로도 암묵적으로 그렇게 주장하고 싶었던 것이 분명해 보인다. 그러나 여기서 말하는 "보편적(universal)"이라는 형용사는 어떤 의미일까? 분명 폴리비오스는 로마인에게 알려진 모든 세계를 다루지 않았다. 실제로 그랬다면 그의 책은 저술된 내용보다 훨씬 더 동쪽으로, 최소한 인도까지는 나아갔어야 한다. 당시 로마인은 인도와 광범위한 무역을 하고 있었기 때문이다. 여기서 말하는 "보편적"은 그런 의미가 아니라 적어도 두 가지 전통, 말하자면 자신의 전통과 더불어 그와 상호 보완적 관계에 있는 다른 전통을 모두 포용한다는 뜻이었던 것 같다. 다른 말로 하자면, 보편사란 한편으로 자기중심적이고 다른 한편으로는 이국적인 상호 대칭의 개념이었다. 줄거리는 자아와 타자 사이에서 만들어지는 어떤 것이며, 문자 그대로의 의미로서 "전체"를 포괄하는 역사라는 뜻이 전혀 아니었다. 이것이 사마천(司馬遷)을 검토할 때 출발점으로서 도움이 될 텐데, 그는 폴리비오스가 60세일 무렵 태어난 인물이다.

폴리비오스처럼 사마천 또한 문무를 겸비한 인물로, 한 무제(漢武帝)가 중앙아시아의 흉노(匈奴)를 정벌하러 갈 때 참여했다. 사마천의 아버지가 그랬듯이 사마천 또한 정부에서 점술가, 사서, 참모 등 여러 직위를 맡았다(中書舍人, 郎中, 太史令 등 – 옮긴이). 또한 그는 수많은 지역을 여행했으며, 여행의 결과가 그의 저서 《사기(史記)》에 남아 있다. 《사기》는 약 2000년에 달하는 중국의 역사를 저술한 책이다. 폴리비오스의 저서가 (나단 박텔Nathan Wachtel의 유명한 표현을 빌리자면) "피정복자의 관점(la vision des vaincus)"에 따른 호기심을 내포한다면, 사마천의 저서 또한 공식 역사서로 보아서는 안 된다. 주지하듯이 모두가 사마천을 좋아하지는 않았으며, 결국 충성심을 의심받아 투옥되었고 매우 가혹한 형벌을 받았다. 그럼에도 불구하고 그는 놀라울 정도로 균형감을 유지했으며, 어쨌거나 한(漢) 제국의 질서가 최고 권위로 유지되도록 만들어야 한다는 사상을 가지고 있었다.[4] 같은 시기 "야만인"으로 보인 흉노 또한 스스로의 권위를 주장했던 것 같은데, 이는 곧 그들이 살아가는 환경에서는 그들의 삶의 방식이 매우 적합하다는 의미를 내포했다. 매우 다른 전통에 놓인 두 명의 역사학자를 비교해보면, 고대로부터 전해진 "보편사"라는 개념에 있어서 양쪽의 공통점과 가능한 차이가 모두 드러난다.

확인된 바와 같이 두 명의 저자는 이후 역사 서술에 매우 다른 영향을 미쳤다. 중국에서 사마천은 머지않아 명예의 전당에 이름을 올렸고, 12세기 한국의 예에서 보듯이 중국뿐 아니라 한자 문화권 전체에서 지속적으로 인용되며 학자의 모범으로 추앙되었다(12세기 고려에서 편찬된 《삼국사기》는 제목뿐만 아니라 구조적으로도 사마천의 《사기》를 따랐다. - 옮긴이). 한편 폴리비오스는 키케로(Cicero)나 리비우스(Livius) 등의 저술가들이 읽고 인용하기도 했지만, 이후 오랜 세월 동안 상대적으로 잊혔다가 15세기에 이르러 이탈리아 르네상스와 함께 작가로서의 명성을 되찾았다. 개인 작가로서의 운명이 어찌 되었든, 보편사라는 개념은 지중해 문화권에서 주기적으로 부활하며 지속되었다. 6세기 세비야

---

4 Siep Stuurman, "Common Humanity and Cultural Difference on the Sedentary-Nomadic Frontier: Herodotus, Sima Qian and Ibn Khaldun", in Samuel Moyn and Andrew Sartori (eds.), *Global Intellectual History* (New York: Columbia University Press, 2013), pp. 33-58.

(Sevilla)의 대주교 이시도루스 히스팔렌시스(Isidorus Hispalensis)의 백과사전적 저술도 보편사의 범주에 포함시킬 수 있다. 대개 기존의 자료를 집성하는 방식이었지만, 그의 분류 체계는 이후 그를 따른 기독교 저술가들 사이에서 하나의 전통이 되었다. 우연히도 이시도루스의 시대는, 지중해 반대편에서 살았던 예언자 무함마드의 생애와 시기적으로 거의 겹친다. 이후로는 사실상 역사학의 개념적 바통이 넘어간 것으로 보아야 한다. 이후 수 세기 동안 무슬림 저술가들, 특히 아랍인이 보편사의 전통과 표준을 유지했기 때문이다. 무슬림 저술가들은 그리스와 시리아의 역사학 전통을 이용하여 상당한 수준의 업적을 이루어냈다.[5] 무슬림 전통에서 첫 번째로 이름을 올린 위대한 저술가는 9세기 말에서 10세기 초 바그다드에 거주한 아부 자파르 알-타바리(Abu Ja'far al-Tabari)일 것이다. 알-타바리는 이후 타리크(tarikh)라는 이름으로 알려지게 될 전통을 확립하는 데 기여했으며, 저서《예언자들과 왕들의 역사》의 제목이 말해주듯이 종교적 전통과 세속적 전통에 모두 관여했다. 그의 기여 가운데 구전(oral transmission)의 신뢰성에 대한 천착이라는 문제가 있다. 이는 예언자의 말씀에 해당하는 하디스(hadith)에서 중요한 문제가 되며, 다른 분야의 지식 전수에서도 못지않게 중요성이 있다. 이후 수 세기 동안 알-타바리의 업적은 아랍어권 전역에서 역사를 서술하고자 하는 모든 사람에게 결정적인 참고 자료로 인정되었다.

---

5 See Chase F. Robinson, *Islamic Historiography* (Cambridge University Press, 2002).

II.

이후 이슬람 역사학 전통은 아랍어권에서 서서히 페르시아어권으로 넘어갔다. 전통이 동쪽으로 더 멀리 전파 및 확립될 당시 중요했던 중심지는, 오늘날 흔히 간과되고 있지만 바로 10세기와 11세기의 아프가니스탄 가즈나(Ghazna)다. 화레즘(Kharizm) 출신의 위대한 지식인 아부 라이한 알-비루니(Abu Raihan al-Biruni)는 《인도에 관한 책(Kitab al-Hind)》을 저술했는데, 북인도 지역의 브라만 지식인들과 주고받은 대화와 교류를 기초로 한 책이었다. 피르다우시(Firdausi)의 위대한 서사시 《샤 나마(Shah Nama)》도 같은 맥락으로 볼 수 있다. 이 책은 오늘날 이슬람 도래 이전의 이란어권 문화를 재구성할 때 강력한 뒷받침이 되는 작품이다. 같은 지적 맥락에서 등장한 세 번째 주요 작품은 아불 파즐 바이하키(Abu'l Fazl Baihaqi)의 저서 《마수드를 위한 역사(Tarikh-i Mas'udi)》(가즈나 왕조의 마수드 1세에게 헌정된 책 — 옮긴이)다. 이 책은 진정한 의미에서 페르시아-이슬람 역사학 최초의 기념비적 업적으로 평가된다.[6] 이와 같은 저술의 지속적 생산은 이슬람 문화권의 중심이 시리아나 동부 지중해로부터 동쪽의 이라크나 바그다드로, 그리고 마침내 호라산(Khorasan)으로 이동했음을 의미한다. 초기에는 아랍어가 주도했지만, 이제 변화된 상황에서는 페르시아어에도 적당한 지분을 인정해주지 않을 수 없게 되었다. 물론 아랍어 저술가들은 이와 같은 현실에 종종 불평을 늘어놓곤 했다. 그들이 보기에 페르시아어는 본질적

---

6 Julie Scott Meisami, *Persian Historiography to the End of the Twelfth Century* (Edinburgh University Press, 1999).

으로 열등하며, 페르시아어권 저자들은 조작과 환상에 빠져 있었다. 그러나 1200년경 델리(Delhi) 술탄국이 성립하면서, 이슬람 문화권의 동부 지역에서 페르시아어의 지위가 확고해졌다. 민하지 시라즈 주즈자니(Minhaj-i Siraj Juzjani)의 저서 《타바카트-이 나시리(Tabaqat-i Nasiri)》(델리 술탄국의 군주 나시르 웃딘 마흐무드에게 헌정된 역사 – 옮긴이), 하산 니자미(Hasan Nizami)의 《타즈 알-마아시르(Taj al-Ma'asir)》(왕들의 업적 – 옮긴이)가 그 대표적인 저작들이다.

13세기에는 이슬람 문화권의 상당 부분이 몽골의 지배하에 놓였고, 회복 한계점을 넘어서버렸다. 아바스 칼리프국은 1258년 붕괴되었지만, 이는 팽창하는 몽골과 바그다드의 세계가 긴밀히 접촉하기 시작했을 때 이미 예견된 일이었다. 근대 역사학자들이 주목한 바에 따르면, 1230년대와 1240년대에 이미 호라산의 유력 인사들은 새로운 거대 세력과 어울리기 시작했다. 그중 일부는 몽골 왕자들의 스승이 되었으며, 또 다른 사람들은 몽골어뿐만 아니라 위구르 문자도 배웠다. 1258년 이후, 몽골 회랑을 거쳐 이란과 중국 사이에 꾸준한 왕래가 이루어졌다.[7] 교류의 결과는 도자기나 직물뿐만 아니라 당시 출간된 가장 중요한 보편사에 수록된 풍부한 삽화에서도 드러났다. 바로 라시드 앗딘(Rashīd al-Dīn Faḍlullāh Hamadānī)의 《집사(Jami' al-Tawarikh)》였다. 이 책의 저자는 의학 지식뿐만 아니라 재상으로서의 능력을 겸비했으며, 일생토록 위대한 정치가로 알려진 인물이자 당대의 중요한 위인이었다. 라시

---

[7] Jean Aubin, *Émirs mongols et vizirs persans dans les remous de l'acculturation* (Paris: Association pour l'avancement des études iraniennes, 1995).

드 앗딘은 결국 능력을 지나치게 과시했고, 1318년 사형대에 올라 생을 마감했다. 그러나 그 무렵의 라시드 앗딘은 거대한 역작을 생산해냈다. 1290년대 일 칸국의 통치자 가잔(Ghazan) 칸 시기에 시작된《집사》는 1310년대에 이르러 완성되었다. 가잔 칸의 후계자 울제이투(Öljeitü) 칸 시기에 완성된 후반부에는 유럽의 핵심부 혹은 프랑크인(Franks)의 세계가 수록되었다. 이 부분에서 정치·지리적 배경과 함께 유럽의 제도가 매우 자세히 서술되었고, 유럽 연대기를 폭넓게 서술하기 위해 도미니코회 성직자 마르티누스 폴로누스(Martinus Polonus, 혹은 Martin of Troppau) 주교의 글을 인용했다. 뿐만 아니라 라시드 앗딘은 인도와 중국, 그리고 이슬람 개종 이전의 몽골에 관해서도 상당히 수준 높은 자료들을 수록해두었다. 인도-페르시아 연대기 작가들과, 몽골 제국 서부 지역에서 그의 직전 선배라 할 수 있는 아타 말릭 주와이니('Ata Malik Juwaini) 같은 인물들의 자료도 여기에 포함되었다.

14세기 초엽 페르시아 역사학이 꽃을 피우면서 이후의 거대한 도약, 이른바 티무르 시대 역사학 혁명의 발판이 마련되었다.[8] 혁명의 첫 단계는 야즈디(Sharif al-Din 'Ali Yazdi)가 쓴《자파르 나마(Zafar Nama)》가 장식했다. 유명한 정복자 아미르 티무르(Timur, 사망 1405년)의 위대한 승리의 과정에 관한 내용이었다. 이후 그의 후계자들의 시대에도 이와 같은 전통이 계승되어, 15세기 말엽 술탄 후세인 바이카라(Husain Baiqara) 시기의 도시 헤라트에서 혁명은 절정에 이르렀다. 이 전통의 중심인물

---

8 John E. Woods, "The Rise of Timurid Historiography", *Journal of Near Eastern Studies*, vol. xxxvi, No. 2, 1987: 81-108.

중 하피지 아브루(Hafiz-i Abru, 사망 1430년)가 있는데, 미르자 샤흐루흐(Mirza Shahrukh)의 궁정에서 일한 그는 다양한 분야에 걸쳐 수많은 인상적인 작품을 남겼다. 그중에서 특히 주목을 끄는 《지리학(Jughrafiya)》은 역사, 지리, 지도학의 내용을 합쳐놓은 책이다. 이 책은 이전의 아랍어 문헌들을 참고하되 내용을 상당히 확장시켜, 자신이 잘 알고 직접 여행도 많이 다닌 이슬람 권역의 동부 지역에 관한 상세하고도 다양한 정보를 수록했다. 그러나 헤라트에서 쓰인 책 가운데 우리의 목적에 부합하는 가장 본질적인 저작은 두 세대 뒤에 등장했다. 바로 미르 크완드(Mir Khwand, 사망 1498년)의 저서 《순수의 정원(Rauzat al-Safa)》이었다. 보편사를 담은 이 책은 이슬람 이전 시대의 이란에서부터, 아브라함 전통에 따른 예언자들의 상세한 역사, 무슬림 칼리프들의 행적, 저자의 시대에 이르기까지의 여러 왕조를 모두 포괄하고자 한 야심작이었다. 이 특별한 저서는 매우 광범위한 영향을 미쳐 오스만 제국의 궁정(라시드 앗 딘과 미르 크완디를 비롯해 중앙아시아 학자들의 페르시아어 저술이 많이 읽혔다)과 북인도 무굴 제국에까지 전파되었으며, 심지어 이슬람 권역 경계 바깥에까지 알려졌다. 16세기 유럽의 수집가들은 처음 페르시아 문헌 수집을 시도하면서 비교적 일관되고 포괄적인 연대기를 제공하는 자료로 미르 크완드의 책을 참고하곤 했다.

이는 의외의 텍스트, 즉 16세기 포르투갈의 연대기 작가 주앙 드 바후스(João de Barros, 1496~1570년경)라는 사람이 쓴 책을 면밀히 해석하는 과정에서 알게 된 사실이었다.[9] 알려진 바로 주앙 드 바후스는 단지

---

9 António Alberto Banha de Andrade, *João de Barros: Historiador do pensamento*

역사서뿐만 아니라 다양한 분야 여러 장르의 책을 쓴 작가였다. 예찬문(panegyrics)과 문법서에서부터 논쟁적이고 우화적인 작품도 남겼고, 비교적 젊은 나이였던 1520년경에는 《클라리문두 황제의 연대기(Crónica do emperador Clarimundo)》라는 기이한 기사도 소설을 쓴 적도 있다(동시대의 인물로, 기사도 로망스로 유명한 카스티야의 작가 페르난데스 데 오비에도Fernández de Oviedo가 있다). 우리가 논의할 역사 분야에서 그의 주요 저작은 《아시아에 대하여(Da Ásia)》라는 책이다. 이 책의 부제처럼 "동방의 바다와 땅을 발견하고 정복한 포르투갈의 공적(dos feitos)"을 서술한 내용이었다. 유명한 고전인 리비우스의 작품을 따라 10권으로 구성했고, 그래서 책 제목을 흔히 10을 뜻하는 포르투갈어 데카다(década)를 더해 "데카다스 다 아시아(Décadas da Ásia)"라고도 한다. 처음 세 권은 주앙 드 바후스의 생전인 1552년, 1553년, 1563년에 나왔고, 제4권은 그의 사후에 편집자들이 원고 조각을 모아 마침내 1615년 출간했다. 제1권 제1장의 제목을 "무어인은 어떻게 스페인을 점령하게 되었는지, 그 후 포르투갈 왕국이 성립한 뒤 포르투갈의 왕들이 어떻게 해외 출정을 시작하여 아프리카와 아시아의 일부를 정복하게 되었는지, 그리고 이 책의 제목에 대하여"라고 했으며, 본문은 다음과 같이 시작된다.

우리의 구원(기원) 후 593년을 전후로 아라비아의 땅에서 거대한 적그리스도 마파메드(Mafamede, 즉 무함마드)가 일어났다. 그는 철의 분노

humanista português de quinhentos (Lisbon: Academia Portuguesa da História, 1980).

를 휘둘렀으며, 그를 따르는 무리의 수령과 칼리프를 동원하여 불을 일으켰다. 그리하여 100여 년 만에 아시아에서는 아라비아 전체와 시리아 일부와 페르시아를, 아프리카에서는 나일강 안팎의 이집트 전부를 정복했다. 그들의 칼리프가 이러한 동방의 지역들을 정복한 공적을 기록한 책을 타리그(Tarigh)라고 하는데, 아랍의 저술가들이 그들의 타리그에 기록해둔 것처럼, 같은 시기 그들이 정복한 지역에서 그들 중 수많은 사람이 일어나, 그들의 말로 알가르브(Algarb)라고 하고 우리말로도 와전되어 알가르브(Algarve)라고 하는 서쪽의 [땅]에 거주하기 위해 나아갔다. 그리고 그들은 무력으로 그 땅을 황폐화하고 파괴했으며, 페스(Fez)와 모로코(Morocco) 왕국을 비롯한 마우레타니아 팅기타나(Mauretania Tingitana, 오늘날 모로코 북부 지역으로 과거 로마의 속주 – 옮긴이) 대부분의 주인이 되었다. 다만 당시 유럽에는 그와 같은 병균이 전염되지 않아 느끼지 못했을 뿐이다.[10]

주앙 드 바후스는 자신의 저서 여러 대목에서 타리그를 반복적으로 언급했다. 어느 대목에서는 자신이 "페르시아인과 아랍인이 쓴 타리그를 따른다. (…) 페르시아어 능력으로 우리도 그것을 가지고 있다"라고 했다. 또 다른 대목에서는 "서두에서 언급한 타리그라고 하는 것이 종합적인 연대기로, 여러 권의 역사책들, 페르시아의 우주론과 함께 우리는 그 책도 소장하고 있다"라고 말했다. 체스의 기원과 오랜 역사를 간략히

---

10 João de Barros, *Da Ásia, Década* i (Lisbon: Livraria Sam Carlos, 1973), Book i, ch. 1, pp. 1–3.

말하는 대목에서 그는 또다시 타리그를 언급했다. "타리그라고 하는 페르시아어 책은, 우리가 가진 것은 우리말(포르투갈어) 번역본인데, 마파메드(무함마드) 종파의 아랍인이 페르시아를 병합하기 전까지, 페르시아에 있었던 모든 왕의 이야기를 요약해둔 책이다." 이 모든 언급은 미르크완드의 책 《순수의 정원》을 직접적으로 가리키는 내용들이다. 주앙 드 바후스는 틀림없이 그 책을 페르시아어 원서로 읽을 만큼 명석하지 못했을 것이다. 그가 본 책은 번역본, 그것도 요약본이었을 가능성이 크다. 비슷한 맥락으로, 주앙 드 바후스는 포르투갈의 카사 다 인디아(Casa da Índia)와의 인연으로 스와힐리 해안의 무역항 킬와(Kilwa), 페르시아만의 호르무즈(Hormuz), 남인도의 비자야나가라(Vijayanagara), 심지어 중국에서도 방대한 자료를 입수할 수 있는 유리한 위치에 있었다. 각각의 경우 그는 요약본을 만들게 하거나, 중국어 자료의 경우 텍스트를 관리할 노예를 고용했다. 안타깝게도 주앙 드 바후스의 사후에 그의 장서는 흩어져버렸고, 간단한 장서 목록조차 남은 것이 없다.

주앙 드 바후스는 문헌을 통해 역사에 접근하려 했다는 점에서 당시 이베리아반도의 연대기 작가들 사이에서는 특이한 경우였다. 그러나 그의 방식이 사실에 더 가까이 다가갈 수 있는 길이었다. 같은 시대 인물인 포르투갈의 유명한 역사가 페르낭 로페스 드 카스타녜다(Fernão Lopes de Castanheda)는 역사서를 저술할 때 포르투갈의 공식 문서고를 이용했을 뿐, 그 이상 넘어가는 모험은 하지 않았다. 또한 공식 연대기 작가로 주앙 드 바후스의 후계자인 디오구 두 코투(Diogo do Couto)는 일반적으로 알고 있는 것보다 훨씬 더 방대한 구술 자료를 이용했다. 포르투갈과는 정치적으로 분리되어 있던 스페인(카스티야) 왕국의 경우,

다른 측면에서 문제가 제기되었다. 이유는 단순했다. 아메리카에서 그들의 제국을 건설하는 동안 스페인 사람들은, 포르투갈인이 인도양에서 경험했던 바와 달리 방대한 문헌을 만난 적이 없었다. 정복 시대의 가장 유명한 연대기 작가들, 예컨대 베르날 디아스 델 카스티요(Bernal Díaz del Castillo), 페르난데스 데 오비에도(Fernández de Oviedo), 로페스 데 고마라(López de Gómara) 등은 스페인어로 기록된 개인의 증언에 의존하거나, 혹은 원주민 자료를 구하고자 할 때는 구전의 영역으로 넘어가야 했다. 그러나 (베르나르디노 데 사아군Bernardino de Sahagún의 감독 아래 제작된 나우아틀어 필사본처럼) 메소아메리카의 언어가 점차 로마자로 표기되면서, 일부 자료들은 마침내 스페인의 아메리카 역사서에 편입되었다. 그렇다 하더라도, 주앙 드 바후스에 비견할 만한 스페인의 공식 연대기 작가를 꼽는다면, 안토니오 데 에레라 이 토르데시야스(Antonio de Herrera y Tordesillas)를 들 수 있는데, 그의 저서 《신중한 왕 펠리페 2세 시대의 세계사(Historia general del mundo del tiempo del Rey Felipe ii, el prudente)》는 2권으로, 각각 1600년과 1606년에 출간되었다. 바후스와 에레라, 두 사람 사이에서는 뚜렷한 방법론의 차이가 확인된다. 바후스에 비해 에레라는 문헌에 대한 관심이 훨씬 적었고, 방법론이나 관심사에서 훨씬 더 전통적이었다.[11]

---

11 Herrera의 저술과 그 맥락에 관한 논의는 다음을 참조. Richard L. Kagan, *Clio & the Crown: The Politics of History in Medieval and Early Modern Spain* (Baltimore, MD: Johns Hopkins University Press, 2009); 텍스트 자체에 대해서는 Antonio de Herrera y Tordesillas, *Historia general de los hechos de los castellanos en las islas y tierra firme del mar océano, o, "Décadas"*, ed. Mariano Cuesta Domingo, 4 vols. (Madrid: Universidad Complutense, 1991)을 보라.

1550년대 후기에 이르러 포르투갈어와 스페인어 역사서들이 출간되자, 공식 자료나 문서에 접근할 권한이 없는 일반인도 거대사 집필을 시도했다. 그중 안토니우 갈방(António Galvão)이라는 사람이 있었다. 그는 아시아 식민지 관리를 역임한 인물로,《발견에 관한 논고(Tratado dos Descobrimentos)》라는 제목의 다소 특이한 책을 발간했다. 안토니우 갈방은 두 가지 중요한 측면에서 같은 시대 사람들과 다른 길을 가리라고 결심했다. 첫째, 그는 "1550년까지 이루어진 고대와 현대의 발견"을 직접 검토하고, 저서를 크게 두 부분으로 나누어, 하나는 고대로부터 15세기 말엽까지, 하나는 15세기 말엽부터 16세기 중엽까지를 다루었다. 둘째, 그의 저서에서 1400~1500년을 (포르투갈뿐만 아니라) 여러 나라의 연대기 형식으로 구성했다. 그래서 1496~1497년 연대기를 서술한 대목을 보면, 세바스티아노 카보토(Sebastiano Caboto), 크리스토퍼 콜럼버스(Christopher Columbus), 바스쿠 다 가마(Vasco da Gama) 등의 풍부한 업적이 기록되어 있다. 1510년대를 설명한 대목에서는 믈라카와 몰루카 제도에서 포르투갈인의 활동과, 멕시코-테노치티틀란에 도착한 에르난 코르테스(Hernán Cortés)가 비교되었다. 1530년대를 설명한 대목에서는 피사로(Pizarro) 가문 형제들의 지휘 아래 안데스에 도착한 스페인인과, 몰루카 제도의 트르나테(Ternate) 요새에 근무했던 저자 본인이 같은 흐름 속에서 논의되었다. 요컨대 안토니우 갈방의 관점에서 탐험의 역사는 태평양 반경선(anti-meridian)을 향해 나아가는 과정이었다. 1490년대에 포르투갈(Lusitania)과 스페인(Castilla)의 협정(토르데시야스 조약)으로 대서양에 설정되었던 가상 분할선을 태평양까지 연장한 선이 태평양 반경선이었다. 스페인은 서쪽으로, 포르투갈은 동쪽으로 지구를 돌아서 그곳까지 접근하는 과정, 그것이 바로 갈방이 보는 대항해 시대의 역사였다. 다소 기이한 부분은, 저자가 4년 동안 머문 몰루카 제도를 사실상 상상 속 세계의 중심지로 설정했다는 점이다. 저자는 결론을 다음과 같이 맺었다.

이 모든 것을 통해 내가 도달한 결론은, 지구(redondeza)는 360도라는 사실이다. 고대인의 거리 측정 단위에 따르면, 1도의 거리는 17.5리그(league)이고, 전체의 둘레는 6300리그다(1리그는 3마일, 약 5킬로미터 — 옮긴이). 오늘날의 사람들은 1도가 16과 3분의 2리그이며, 전체는 6000리그라고 한다. 그러나 내가 보기에 1도는 17리그이며, 지구 전체의 둘레는 6200리그다. 사실이 어떠하든, 지금으로서는 대략 태양의 이동 경로(황도)를 따라 동서 방향으로 움직이는 길은 모두 발견되었다. 그러나 남북 방향은 사정이 전혀 다르다. 북쪽으로 북위 77도 내지 78도 이상은 발견되지 않아서 확인된 범위는 약 1300리그 정도다. 남쪽으로는 마갈량이스(Magalhães, 마젤란)가 지나간 해협을 중심으로 남위 52도 내지 53도까지 약 900리그가 발견되었다. 남북을 합쳐 2200리그가 된다. 전체 6200리그에서 2200리그를 빼면, 아직 발견해야 할 4000리그가 남아 있는 셈이다.[12]

안토니우 갈방의 관점은 이처럼 지리-역사적 관점에 입각해 있으

---

12 António Galvão, *Tratado dos Descobrimentos*, Visconde de Lagoa and Elaine Sanceau (eds.), 4th edn. (Oporto: Livraria Civilização, 1987), p. 299.

며, 저변에는 개인적인 동남아시아 체류의 경험과 다소 무분별한 독서의 경험이 깔려 있다. 이베리아반도를 벗어나면, 같은 시기의 다른 저술가들은 오직 16세기 중엽부터 출간되기 시작한 스페인어, 포르투갈어, 이탈리아어 인쇄본만을 근거로 삼았다. 여러 권으로 구성된 잠바티스타 라무시오(Giambattista Ramusio)의 총서《항해와 여행(Navigazioni e viaggi)》은 1550년대에 출간되어 큰 반향을 일으켰고, 심지어 동부 및 중부 유럽까지 확산되었다. 이와 관련해서 또 다른 예를 들자면, 다작에다 논란의 여지가 많은 폴란드의 역사가 마르친 비엘스키(Marcin Bielski, 1495~1575년)가 있다. 그는《전 세계의 연대기(Kronika tho iesth Historya swiátá)》라는 책을 저술했는데, 최초의 시기부터 세계사 전체를 6개의 시대로 구분했다.[13] 제2판(1554년)과 제3판(1564년)이 인쇄될 때는 다른 여러 인쇄본에 의거해 아시아와 아메리카에 관한 정보를 포함시킬 수 있었다. 또한 그는 제4권에서 세계의 구조와 섬에 관한 내용을 하나의 장(章)으로 구성했다.[14] 다소 특이한 성격에도 불구하고 안토니우 갈방의 책과 이 책의 공통점은, 16세기 후반에 대단한 대중적 인기를 누렸다는 사실이다. 그러나 당시의 독자들은 아마도, 비엘스키가 참고한 자료의 일부를 과감히 삭제했다든지, 스페인의 아메리카 활동보다 포르투갈의 아시아 활동을 선호했다는 사실은 미처 몰랐을 것이다.[15]

13 Marcin Bielski, *Kronika: tho iesth Historya swiátá* (Warsaw: Wydawnictwa Artystyczne i Filmowe, 1976).
14 Jan Kieniewicz, "Nouvelles et merchandises: La perspective polonaise des découvertes portugaises au xvie siècle", in Jean Aubin (ed.), *La Découverte, le Portugal, et l'Europe* (Paris: Centre Calouste Gulbenkian, 1990), pp. 331-45.

이베리아와 이탈리아에서 출간된 자료들이 기독교 문화권과 이슬람의 세계 사이에 단절되어 있었다고 생각해서는 안 된다. 16세기 후반기(일부 사례는 그 이전) 오스만 제국의 일부 엘리트 및 지식인 계층은 그러한 출판물의 열렬한 소비자였다. 저자의 정체는 아직 미스터리로 남아 있지만, 16세기 말엽의 《서인도의 역사(Tarikh-i Hind-i Gharbi)》는 틀림없이 로페스 데 고마라(López de Gómara)의 연대기와 피에트로 마르티레 단기에라(Pietro Martire d'Anghiera)의 저작들을 참고한 저술이었다. 그 책이 오스만 제국의 독자들에게 스페인 왕국이 서쪽으로 가서 새로 발견한 땅에 대한 이야기를 전해주었다면, 거의 동시대 인물인 세이피 첼레비(Seyfi Çelebi)가 쓴 연대기는 인도양에 관해, 특히 무굴 제국과 수마트라의 아체 술탄국에 대한 이야기를 상세히 보고했다.16 마침내 17세기에 이르러, 카팁 첼레비(Katib Çelebi, 1609~1657년)는 세계를 종합하는 더욱 거대한 작품을 저술했다. 《세계의 거울(Cihan Numa)》이라는 그의 야심작은 중국, 일본, 필리핀의 지도와 흥미로운 이야기로 가득 차 있다. 이 책은 1729년 오스만 제국 최초로 인쇄된 서적들 중 하나였다.17

---

15 이 문제에 관한 보다 폭넓은 관점은 다음을 참조. Endre Iglói, "Die ersten polnischen, ungarischen und russischen Berichte über die Entdeckung Amerikas", *Slavica: Annales Instituti Philologicæ Slavicæ Universitatis Debrecinensis*, vol. iv, 1964: 121-30.
16 Joseph Matuz (ed. and trans.), *L'ouvrage de Seyfi Çelebi, historien ottoman du xvie siècle* (Paris: Adrien Maisonneuve, 1968).
17 See Gottfried Hagen, "Überzeitlichkeit und Geschichte in Katib Celebis Gihannüma", *Archivum Ottomanicum*, vol. xiv, 1995-6: 133-59.

Ⅲ.

1600년경 세계 곳곳에서 거대사의 형태가, 기존의 "보편사(universal history)" 전통에 의존하면서도 그와 구별되는 새로운 방향으로 흘러가는 장면이 목격되었다. 그러한 작품들 중 일부는 제국 체제의 건설과 직접적으로 연결되어 있었다. 주앙 드 바후스와 에레라가 그랬던 것처럼, 16세기 잉글랜드의 리처드 해클리트(Richard Hakluyt)를 비롯한 저자들도 거의 마찬가지였다. 시간이 지나면서 피정복민 중에서도 이 프로젝트에 참여하는 인물들이 나타났다. 예컨대 멕시코 중부 찰코(Chalco) 출신의 치말파인(Domingo Francisco de San Antón Muñón Chimalpáhin Quauhtlehuanitzin, 1579~1650년경)으로부터 대단히 주목할 만한 사례를 확인할 수 있다.[18] 치말파인은 스페인어에 능통했으나 굳이 나우아틀어로 집필했고, 수많은 텍스트의 저자, 편집자, 필경사, 번역가로 활동했다. 그의 책들 중 어느 대목에 "세계의 땅은 어떻게 나누어졌는가"라는 소제목의 글이 있는데, 처음부터 저자는 "지금까지 발견된 세계의 모든 땅은 네 부분으로 나뉜다"라는 사실과, 그 이름은 유럽, 아시아, 아프리카, 그리고 "신세계"라는 것을 알려준다(신세계는 나우아틀어 신조어로 Yancuic Cemanahuac이라 했다). 분명 치말파인은 여기서 스페인 사람들과의 교류로 얻은 자료를 보고 알게 된 지식을 활용했다. 그가 아시아에 관해 짧게 설명했던 대목은 다음과 같다. "아시아에 관해서는 언제나 많은 논의가 이루어졌다. 아시리아, 페르시아, 메디아 등 세상에 존재했던

---

18 Domingo Chimalpáhin, *Las ocho relaciones y el memorial de Colhuacan*, ed. and trans. Rafael Tena (Mexico City: Consejo Nacional para la Cultura y las Artes, 1998), pp. 64-70.

최초의 위대한 왕국과 군주 들이 그곳에 있었고, 그들의 기원지가 그곳이었고, 그들이 통치했던 곳이 그곳이기 때문이다. 또한 성경에서 자주 언급되듯이, 최초의 인간인 아담이 우리 주 하나님에 의해 창조된 곳이 그곳이었다. 마찬가지로 우리의 구세주 그리스도께서 태어나신 곳도, 우리를 구원하기 위해 고통을 받으신 곳도 그곳이었다." 이어서 첫 번째로 모스크바 대공이 다스리는 아시아의 일부 지역, 두 번째로 타르타르의 황제인 위대한 칸이 다스리는 지역, 세 번째로 튀르크가 통치하는 지역(성스러운 도시 예루살렘이 있는 곳), 네 번째로 "소피(Sofi)라는 이름의 위대한 페르시아의 왕"이 다스리는 지역, 그리고 "마지막 다섯 번째로 포르투갈령 인도와 거대한 중국"이 언급되었다. 치말파인의 방대한 작품은 다른 아메리카 원주민 작가들의 저작과 같은 반열에 놓일 수 있을 것이다. 예를 들면 모국어인 케추아어보다 스페인어를 선호한 안데스의 귀족 구아만 포마(Felipe de Guámán Poma de Ayala, 1535~1616년경) 같은 저술가가 있었다. 구아만 포마는 올바르고 선한 정부에 대한 자신의 생각을 바탕으로 스페인 통치의 실패를 도덕적으로 비판하는 데 관심을 두었던 반면, 치말파인의 저술은 프랑스에서 일본에 이르기까지 다양한 사건이 일어났던 장소를 비롯하여, 폭넓은 호기심과 주제의 범위가 특징적이다.

이와 같은 역사가들과 그들의 저술은, 제국의 지배라는 상황에서 제작된 것이기 때문에 강요된 문화동화라는 범주에 포함해야 할 것이다. 그러나 다른 지역에서 타문화 소개서나 번역서의 경우는 단순히 제국 간 경쟁의 산물이었다. 인도의 무굴 제국에서 일본에 이르기까지 유럽의 위협에 직면했던 아시아의 모든 지역에서, 적어도 17세기 세계의 일부 지식인들은 스스로의 역사와 기원을 이해하고자 노력했다. 무굴 궁정에서 탄생한 뛰어난 사례로 마울라나 압두스 사타르(Maulana 'Abdus Sattar)의 저술(Ahwal-i Firangistan 혹은 Samrat ul-Falasifa)을 들 수 있는데, 아크바르 황제 재위 후기인 1603년 후반기에 완성된 책들이었다. 압두스 사타르는 황제로부터 직접 저술을 명령받았다는 사실을 명백히 밝혀 두었다.

> 황제께서 프랑크인(zaban-i Firangi)의 언어를 배우라고 명하셨고, 그들의 책을 보고 그 나라와 통치자에 대한 비밀과 유난(Yunan, 즉 그리스) 및 라틴(Latin, 즉 로마)의 철학적 지식을 획득하고 그것을 페르시아어로 번역하라는 명을 내리셨다. 언어가 낯설고 거리가 멀어 우리 눈에 보이지 않던 것들을 봄날의 햇살처럼 우리 눈앞에 드러내야 한다. (…) 나는 신의 그림자(Shadow of God, 무굴 제국 황제의 호칭 중 하나. Zill-i-Ilahi — 옮긴이)의 명령을 신성한 명령으로 받아들였다. 나는 두려움을 걷어내고 전적으로 헌신하기로 했으며, 헤로니모 하비에르(Jerónimo Javier)라는 이름의 신부님을 자주 방문했다. 그는 최근에 우리나라로 와서 문지방에 입을 맞춘 프랑크인 지식인 가운데 선택된 사람이다. 나는 그 언어를 배워 익히기로 결심했다. 온 힘을 바쳐 정성을 다하고 황제로부터 매일 영감을 얻은 덕분에, 나는 6개월 만에 그 언어의 실용적 주제와 학문적('ilmi) 주제를 모두 이해할 수 있는 능력을 얻었다. 대부분의 시간을 번역에 쏟았기 때문에 말을 할 기회가 별로 없어 아직도 대화는 능숙하지 못하다.[19]

---

19 Citation in Muzaffar Alam and Sanjay Subrahmanyam, *Writing the Mughal World: Studies on Culture and Politics* (New York: Columbia University Press, 2012), pp. 270-1.

이렇게 해서 압두스 사타르는 무굴 제국 궁정의 예수회 선교사들이 제공하는 모든 자료를 모아 스스로 영국 고대사를 완성했다. 주요 참고 자료는 피렌체의 대주교를 지낸 유명한 도미니코회 수도사 안토니오 피에로치(Antonio Pierozzi), 즉 성 안토니누스(St. Antoninus, 1389~1459년)의 저서였던 것 같다. 안토니누스의 저술은 신학 관련 책이 가장 유명하지만, 압두스 사타르가 참고한 책은 세 권으로 구성되고 1474~1479년 출간되었다가 15세기 말에서 16세기 초까지 여러 차례에 걸쳐 재인쇄된 역사서(Summa Historialis 혹은 Chronicon partibus tribus distincta ab initio mundi ad 1360)였다. 그와 더불어 몇몇 다른 책들까지 참조하여 무굴 궁정의 지식인은 고대 그리스와 로마의 역사 파편들을 모아 줄거리를 완성할 수 있었고, 그만큼 고르지는 못하지만 중세 유럽의 역사까지 정리할 수 있었다.

압두스 사타르의 기획은 같은 시대 중부 유럽의 저술가들과 비교된다. 예를 들면 독일의 역사학자 한스 뢰벤클라우(Hans Löwenklau, 혹은 Johannes Leunclavius)다. 그는 먼저 《오스만 술탄 연대기(Annales Sultanorum Othmanidarum)》, 그다음에 《무슬림 튀르크의 역사(Historiae Musulmanae Turcorum, de monumentis ipsonum exscriptae)》를 출간했다.[20] 한스 뢰벤클라우는 오스만 제국에서 외교관으로 근무하며 무라드(Murad)라는 인물과 긴밀한 관계를 맺었다. 헝가리인인 무라드는 (그리스정교회에서) 무슬림으로 개종하여 궁정에서 통역(Tarjuman)으로 일

---

20 Pál Ács, "Pro Turcis and contra Turcos: Curiosity, Scholarship and Spiritualism in Turkish Histories by Johannes Löwenklau (1541-1594)", Acta Comeniana, No. 25, 2011: 25-45.

하고 있었다. 무라드의 도움으로 한스 뢰벤클라우는, 오스만의 역사가 네슈리(Maulana Mehmed Neşri)가 쓴《세계를 보여주는 책(Kitab-i Cihannuma)》을 비롯해 오스만의 핵심 저술들을 입수할 수 있었다. 한스 뢰벤클라우의 책은 이후로도 오랫동안 영향을 미쳤다. 17세기 유럽에서 제작된 오스만 제국 관련 연구 업적 가운데 가장 유명한 것은 1603년 출간된 리처드 놀리스(Richard Knolles)의《튀르크의 역사(Generall Historie of the Turkes)》로 일컬어지는데, 이 책의 주요 참고 서적 중 하나가 한스 뢰벤클라우의 책이었다. 직접적인 영향 관계의 증거는 없지만, 아마도 한스 뢰벤클라우의 업적은 포르투갈의 주앙 드 바후스가 시작한 역사문헌학의 연장선상에 놓여 있었던 것 같다. 하지만 그들의 작업은 뚜렷한 차이가 있었다. 주앙 드 바후스는 관심사의 폭이 아주 넓었고, 다양한 자료를 입수할 능력이 있었다. 그러나 한스 뢰벤클라우는 문헌학적 입장에서 더욱 심도 있고 엄격한 노력을 기울였다. 특히 이슬람 세계에 관한 한스 뢰벤클라우의 업적은 17세기를 거치는 동안 중부 유럽과 저지대 국가(네덜란드), 프랑스, 영국의 많은 사람에게 전해졌다. 상당량의 오스만어, 아랍어, 페르시아어 자료가 수집되고, 분석되고, 때로 라틴어나 기타 유럽 언어로 번역되었다. 이렇게 해서 유럽인이 유럽의 범위를 훨씬 넘어서는 지역의 역사를, 구체적인 자료에 입각해서 쓸 수 있는 환경이 서서히 조성되었다.

그러나 이와 같은 거대사가 어디서나 환영받은 것은 아니었고, 초기 근대의 주류도 아니었다. 예컨대 16세기 러시아 이반 4세의 궁정에서는 역사서가 대폭적으로 확대되었다. 대표적 저술로는 1570년대에 편집된 삽화 연대기 형식의《리체보이 스보드(Litsevoi svod, 개인 문집)》가 있다.

열 권으로 구성된 그 책의 처음 세 권은 보편사(universal history)를 다루었는데, 이전 연대기(Khronograf)의 업적에 크게 의존했다. 이후 여섯 권은 러시아의 1114~1569년 역사를 서술했고, 마지막 권에서는 이반 4세의 치세를 기록했다. 그러나 이 역사 편찬 사업은 대단히 제한적인 범위에서 이루어졌다. 기존 비잔티움의 자료 이용 측면에서뿐만 아니라, (당시 폴란드 혹은 헝가리의 저술가들과 달리) 러시아의 역사가들은 잠바티스타 라무시오나 페르난데스 데 오비에도 혹은 주앙 드 바후스의 업적 같은 거대 총서를 활용하는 데 거의 무관심했다. 다시 한 번 강조하지만, 그렇다고 해서 지식인의 세계 전반이 무관심했다고 볼 수는 없다. 예컨대 지도학의 업적에서 보듯이, 심지어 연대기에서조차 모스크바 공국은 언제나 유럽과 아시아와 아메리카의 사이, 혹은 유럽과 중국의 사이에 위치한다고 설명되었다. 다시 말해 역사는 세계 전반에 대한 지식을 축적하고 취사선택하는 여러 학문 중 하나일 뿐이다.

중국에서도 비슷한 일이 벌어졌다. 여기서도 지리학적 지식의 변화는 의심의 여지 없이 같은 성격이었다. 예수회 선교사 마테오 리치(Matteo Ricci)가 제작한 〈곤여만국전도(坤輿萬國全圖, 세계 모든 나라의 지도)〉(1602년)를 수용한 저술들이 중국과 일본에 많이 남아 있다. 일본의 경우 관련 학자가 이런 글을 남기기도 했다. "쇄국(1640년) 이후 일본에서 출간된 지도의 거의 절반 이상이 마테오 리치의 자손이라고 해도 결코 과장이 아니다."[21] 명나라에서 외국에 대한 성찰을 기록한 글을 보면,

---

21 Shintaro Ayusawa, "Geography and Japanese Knowledge of World Geography", *Monumenta Nipponica*, vol. xix, Nos. 3-4, 1964: 275-94. 보다 일반적인 논의

지식인들이 머나먼 세계와 그 과거에 대한 지식을 접할 수는 있었지만, 새로운 지식에 적응하기 위해 기존의 왕조사나 보편사의 용어를 바꾸는 일은 하지 않았음을 알 수 있다. 예수회 선교사 줄리오 알레니오(Giulio Alenio)의 지도(1620년대 초엽)는 중국 지식인들에게 분명 이상화된 유럽의 그림을 소개했을 테고, 인도양과 아프리카, 심지어 페루와 멕시코까지 포함했을 것이다. 그러나 지리학에 관한 줄리오 알레니오의 영향이 어떠했든, 중국의 역사가들은 대개 그의 업적을 경멸과 의심의 눈초리로 바라보았고, 명나라의 공식 역사서에는 그런 지식의 흔적이 별로 남아 있지 않다. 한편 15세기 명나라 정화 함대의 원정과 관련해서 입수된 문헌은 1520년대 혹은 1530년대의 문집에 편입되었으며, 심지어 17세기 말에서 18세기 초에도 인쇄되었다. 그래서 인도, 스리랑카, 심지어 메카와 관련된 초기 명나라의 직접적 지식은 잊히지 않고 끊임없이 재생산되었으며, 중국의 서부 혹은 남서부 변경에 관련된 자료의 수집이 계속되었다. 중국의 역사가들은 유럽의 역사, 더욱이 아메리카의 역사에는 무관심했다. 이는 중국의 지리학자들 혹은 지도학자들의 경우와는 전혀 다른 태도였다.

결론적으로 초기 근대 세계에서는 역사 서술의 분야에서 범위와 수준의 면에서 상당히 큰 변화가 있었다. 우리의 논의에서는 그중에서 주로 단일 왕국 혹은 정치 단위보다 더 큰 범위의 역사 서술과 관련되는 문제를 다루었다. 분명 1600년경 프랑스에서 확산된 일종의 "완벽한 역

는 다음을 참조. Marcia Yonemoto, *Mapping Early Modern Japan: Space, Place, and Culture in the Tokugawa Period (1603-1868)* (Berkeley, CA: University of California Press, 2003).

사"를 옹호한 사람들은 이와 같은 거대사를 경멸의 눈초리로 바라보았고, 자신이 물려받은 편안한 틀 속에 안주했다. 그러나 그들조차도 그들의 주변에서, 그 시대의 새로운 지리적 발견에 호응하여 새로운 경향의 역사서들이 등장하고 있다는 사실을 알고 있었다. 한편 최근 수십 년 간 "세계사(world history)" 또는 "글로벌 히스토리(global history)"의 기원에 관한 논쟁이 있었지만, 대개는 20세기 초반까지 거슬러 올라가는 정도에 그쳤으며, 아놀드 토인비(Arnold Toynbee)나 오스발트 슈펭글러(Oswald Spengler) 같은 근대 역사가들의 저술을 출발점으로 삼는 경향을 보였다. 몇몇 야심 찬 저자들은 18세기 말엽 계몽주의에 기여한 독일 혹은 스칸디나비아의 전통까지 거슬러 올라갔다. 문헌학에 많은 관심을 기울인 아우구스트 루트비히 슐뢰처(August Ludwig Schlözer)는 이른바 세계사(Weltgeschichte)라는 형식에 많은 기여를 한 인물이었다.[22] 그러나 놀라운 역설로, 슐뢰처로부터 불과 한 세대가 지난 뒤 헤겔(Hegel)은 그의 《역사철학강의(Vorlesungen über die Philosophie der Geschichte)》(저술 1830~1831년, 출간 1837년)에서 다음과 같은 유명한 글을 남겼다. "비록 최근에 인도의 귀중한 문헌들이 발견되어, 인도인이 기하학, 천문학, 수학 등에 관한 명성이 높았다는 사실을 우리에게 알려주었지만 (…) 역사 분야의 지식은 그들이 등한시했거나 아예 존재하지 않았음을 알게 되었다. 역사학이란 오성(悟性, Verstand), 즉 대상을 독립적으로 바라보고 다른 대상과 합리적인 연결 속에서 이해하는 힘을 필요로 한다.

---

22 Peter Hanns Reill, *The German Enlightenment and the Rise of Historicism* (Berkeley, CA: University of California Press, 1975), pp. 85–8.

따라서 발전 단계에서 개인을 독립적 존재 자체로 이해하는 단계, 즉 자기의식(self-consciousness)의 단계에 도달한 민족만이 역사학과 (서사시나 신화가 아닌) 일반 산문을 가질 수 있다." 이런 엉터리 같은 생각 때문에, 더욱이 이를 비유럽 세계의 전체로 일반화하는 바람에, 헤겔과 그의 족적을 따른 추종자들은 그 이전 3세기 동안의 복잡다단한 역사학 경험을 깨끗이 지워버렸고, 19~20세기 유럽 제국주의의 문화적 편견에 아주 잘 들어맞는 일종의 기억상실증을 새롭게 등장시켰다.[23] 기억상실증의 안개는 아직도 완전히 사라지지 않았다.

---

23 See, for example, Ranajit Guha, *History at the Limit of World-History* (New York: Columbia University Press, 2002).

더 읽어보기

Adorno, Rolena, *Guaman Poma: Writing and Resistance in Colonial Peru* (Austin, TX: University of Texas Press, 1986).
Alam, Muzaffar, and Sanjay Subrahmanyam, *Writing the Mughal World: Studies on Culture and Politics* (New York: Columbia University Press, 2012).
Brownlee, John S., *Japanese Historians and the National Myths, 1600-1945: The Age of the Gods and Emperor Jinmu* (University of Tokyo Press, 1997).
Elman, Benjamin, *From Philosophy to Philology: Intellectual and Social Aspects of Change in Late Imperial China* (Cambridge, MA: Harvard University Press, 1984).
Fleischer, Cornell H., *Bureaucrat and Intellectual in the Ottoman Empire: The Historian Mustafa Âli (1541-1600)* (Princeton University Press, 1986).
Grafton, Anthony, *What Was History?: The Art of History in Early Modern Europe* (Cambridge University Press, 2007).
Guha, Ranajit, *History at the Limit of World-History* (New York: Columbia University Press, 2002).
Kagan, Richard L., *Clio & the Crown: The Politics of History in Medieval and Early Modern Spain* (Baltimore, MD: Johns Hopkins University Press, 2009).
Moyn, Samuel, and Andrew Sartori (eds.), *Global Intellectual History* (New York: Columbia University Press, 2013).
Ng, On-cho, and Edward Q. Wang, *Mirroring the Past: The Writing and Use of History in Imperial China* (Honolulu: University of Hawaii Press, 2005).
Popper, Nicholas S., *Walter Ralegh's "History of the World" and the Historical Culture of the Late Renaissance* (University of Chicago Press, 2012).
Quinn, Sholeh A., *Historical Writing during the Reign of Shah 'Abbas: Ideology, Imitation and Legitimacy in Safavid Chronicles* (Salt Lake City, UT: University of Utah Press, 2000).
Rao, Velcheru Narayana, David Shulman and Sanjay Subrahmanyam, *Textures of Time: Writing History in South India, 1600-1800* (New York: Other Books, 2003).
Reill, Peter Hanns, *The German Enlightenment and the Rise of Historicism* (Berkeley, CA: University of California Press, 1975).
Şahin, Kaya, *Empire and Power in the Reign of Süleyman: Narrating the Sixteenth-Century Ottoman World* (Cambridge University Press, 2013).
Subrahmanyam, Sanjay, "Intertwined Histories: Crónica and Tārīkh in the Sixteenth-

Century Indian Ocean World", *History and Theory*, vol. xlix, No. 4 (Theme Issue), 2010: 118-45.

_____, "On World Historians in the Sixteenth Century", *Representations*, No. 91, Fall 2005: 26-57.

Woods, John E., "The Rise of Timurid Historiography", *Journal of Near Eastern Studies*, vol. xlvi, No. 2, 1987: 81-108.

Woolf, Daniel R., *A Global History of History* (Cambridge University Press, 2001).

CHAPTER 18

미시사와 세계사

카를로 긴츠부르그
Carlo Ginzburg

미시사(microhistory)는 역사의 분석적 접근 방식으로, 세계사의 대립 개념이 아니라 세계사를 위한 필수 불가결한 도구로 이해되어야 한다.¹ 이 글에서는 사례 연구를 통해서 이 논점을 발전시켜보도록 하겠다. 그러기에 앞서 "세계사(world history)"와 "미시사(microhistory)"라고 하는 두 가지 개념에 대해서 확인해둘 필요가 있겠다.

미시사의 잠재력

1) 오늘날 우리의 세계사 연구 방향을 결정하는 두 가지 현상이 있다. 서로 연관된 이들 두 가지 현상은 "인류라는 생물학적 종의 팽창"과 "자연환경의 점진적 악화"다. 위협받는 세계 속에서 세계사는, 우리가 "위기의 순간"에 놓여 있다고 써야 할 것이다.² 그러나 문제는 "역사"라는 개념 그 자체가 약화되고 있다는 사실이다. 그 이유는 두 가지 측

Maria Luisa Catoni의 조언에 깊이 감사드린다.

1 L. Putnam, "To Study the Fragments/whole: Microhistory and the Atlantic World", *Journal of Social History* 39 (2006): 615-30; F. de Vivo, "Prospect or Refuge? Microhistory, History on the Large Scale", *Cultural and Social History* 7 (2010): 387-97; F. Trivellato, "Is there a Future for Italian Microhistory in the Age of Global History?", *California Italian Studies* 2 (2011).

2 W. Benjamin, "Ueber den Begriff der Geschichte, vi", in G. Bonola and M. Ranchetti (eds.), *Sul Concetto di Storia* (Turin: Einaudi, 1997), p. 26.

면에서 살펴볼 수 있다. 먼저 역사적 사실(res gestae)의 측면에서 보자면, 생명공학의 잠재력이 상상하기도 어려운 미래를 열어주고 있다. 아마도 멀지 않은 장래에 그것이 인류라는 생물학적 종과 그들이 만들어내는 사건뿐만 아니라 그들의 삶의 구조에도 상당한 영향을 미칠 것이다. 또한 역사학자의 연구(historia rerum gestarum)의 측면에서 보자면, 세계화가 진행되면서 역사의 줄거리는 여러 차원에서 도전을 받게 되었다. 대개 민족주의로 포장된 줄거리도 받아들이기 어렵겠지만, 1차 자료에 집중하는 분석적 접근 또한 요구되는 연구의 폭과 범위에 부응하지 못할 것이다. 그러나 해결책은 있다고 주장하는 사람도 있을 것이다. 그게 바로 비교학이다. 그러나 비교사(comparative history) 방법론을 촉구한 마르크 블로크(Marc Bloch)의 1928년 논문은, 이제 와서 돌이켜보면 지키지 못할 약속이었다.[3] 마르크 블로크는 명석한 체하며 점점 더 작은 것을 파고드는 학자들을 날카롭게 비판했지만, 그렇다고 그 대안이 점점 더 큰 것을 대충 연구하자는 것은 아니었다. 에반스-프리차드(Evans-Pritchard)는 언젠가 "사회인류학에서 방법론은 비교 연구 하나밖에 없다. 그러나 그것은 불가능하다"라는 유명한 말을 남겼다. 그러므로 비교사든 미시사든, 그것을 당연한 개념적 도구로 받아들여서는 안 된다.

2) 스코틀랜드의 철학자 데이비드 흄(David Hume)은 《인간 본성에 관한 논고(A Treatise of Human Nature)》(1739년)에서, 약속(promise)이

---

3 M. Bloch, "Pour une histoire comparée des sociétés européennes", in Ch.-E. Perrin (ed.), *Mélanges historiques* (Paris: SEVPEN, 1963), vol. i, pp. 16-40.

만들어내는 도덕적 의무(moral obligation)를 분석했다. 그의 말에 따르면, 그것은 "가장 미스터리하며 상상 가능한 어떤 작용에 비하더라도 이해하기 어려운 일이다. 심지어 성사(聖事) 가운데 신의 의지를 담은 어떤 말 한마디가 대상의 본성을, 심지어 인간의 본성을 완전히 바꿔놓을 수 있다고 하는 성변화(聖變化)에 비하더라도 마찬가지다."(가톨릭 미사 시간에 성직자는 신도에게 빵과 포도주를 나누어주며, 이것은 그리스도의 몸이요 피라고 선언한다. 그 선언으로 빵과 포도주의 본성이 완전히 바뀌고, 그것을 먹음으로써 인간의 본성이 완전히 바뀐다는 기독교의 이론을 성변화라 한다. ―옮긴이) 얼핏 억지스러워 보이는 이와 같은 비유를 흄은 이렇게 정당화했다. "다른 괴물 같은 교리들은 성직자가 만들어낸 것일 뿐이지만, 대중이 거기에 전혀 관심을 두지 않았기 때문에 장애물이 없어서 이론의 발전에 오히려 혼란이 적었다. 그러므로 처음에는 부조리했지만 나중에는 직접적으로 이성(reason)과 선의(good sense)의 흐름을 따르게 되었다는 사실은 인정되어야 할 것이다."[4] 흄은 신학을 현실 세계와 접촉이 없어야 일관성이 유지되는 인지 모델로 간주했다. 어쩌면 그는 갈릴레오가 《우주의 두 가지 구조에 대한 대화(Dialogo dei massimi sistemi)》에서 주장했던바, 수학적 학문을 하는 과학자(filosofo geometra)가 일상생활에서 이론의 정합성을 검증하려면 물질적 장애물(마찰이나 저항 혹

---

4 D. Hume, *A Treatise of Human Nature*, E. C. Mossner (ed.) (Middlesex: Harmondsworth, 1969), iii, v, pp. 576-7. J. L. Austin은 언어의 수행적 차원에 대한 강의 서두에서 "나는 그 점에 특별히 주목한 경우를 찾지 못했다"라고 말했다. J. L. Austin, "How to do things with words", in J. O. Urmson and M. Sbisà (eds.), 2nd edn. (Cambridge, MA. Harvard University Press, 1975), p. 1. 오스틴은 물론 흄의 사정에 정통했다. p. 29 참조.

은 재료의 결함 등 - 옮긴이)을 제거해야 한다고 말했던 것을 거꾸로 흉내 낸 것인지도 모르겠다.[5] 흄은 "괴물 같은 교리"를 현실적 제약에서 자유로운 형식 모델로 보고, 약속이 만들어낸 "사회적 이익"이 낳은 모순된 효과들을 현실적 장애물로 간주하여, 이를 배제함으로써 약속의 가장 순수한 형태를 파악하고자 했다.

흄이 갈릴레오를 모델로 삼았다면, 현대의 역사가들은 (특히 미시사 연구자들은) 흄을 모델로 삼았는지도 모르겠다. 그러나 신학적 측면보다는, 세속의 관점에서 신학을 재조명한 철학적 전통의 측면에서 그랬다고 봐야 할 것이다.[6]

3) 이탈리아의 철학자 잠바티스타 비코(Giambattista Vico)는 초기 저작 《고대 이탈리아의 지혜(De antiquissima Italorum sapientia)》에서, 수학과 기하학은 인간이 만들어낸 것으로, 이 지식은 신의 지식과 비교할 수 있다고 말했다(수학과 기하학은 인간이 만들어낸 것이므로 인간이 충분히 이해할 수 있다. 이는 곧 신이 세상을 만들었으므로 신이 세상을 이해할 수 있다는 명제와 같은 원리다. - 옮긴이). 비코는 진리와 만들어진 것은 치환이 가능하다(verum et factum convertuntur)는 원리, 즉 "진리란 곧 만들어진

---

5 G. Galilei, *Dialogue Concerning the Two Chief World Systems - Ptolemaic and Copernican*, S. Drake (trans.), A. Einstein (intr.), (Berkeley and Los Angeles, CA: University of California Press, 1953), p. 207; G. Galilei, *Dialogo dei massimi sistemi*, L. Sosio (ed.) (Turin: Einaudi, 1970), p. 252; L. Congiunti, "Il metodo di Galileo", *Verifiche* 23 (1994): 97-124.
6 E. De Negri, *La teologia di Lutero: Rivelazione e dialettica* (Florence: La Nuova Italia, 1967).

것(verum ipsum factum)이라는 법칙"을 기본 원리로 생각했다. 그러므로 물리학은 그 탐구 대상이 인간이 만들어낸 것이 아니기 때문에 진정한 인식에 도달할 수 없고, 그래서 진정한 지식이 될 수 없다고 보았다.[7]

비코의 사상은 영국의 철학자 토머스 홉스(Thomas Hobbes)의 사상을 이어받았다. 홉스의 라틴어 저서를 읽으며 비코는 틀림없이 미묘한 기분을 느꼈을 것이다.[8] 홉스의 주장에 따르면, 수학과 기하학은 인간이 만들어낸 것이기 때문에 엄격한 증명의 대상이 될 수 있다. 마찬가지로 정치와 윤리의 대상인 정의와 선은 인간이 만든 것이기 때문에 지식의 대상이 될 수 있다.[9] 애초에 비코가 어떤 부분을 지식의 대상으로 인정하기를 꺼린 것은 홉스 같은 기계론적 철학을 거부하려는 의도에서였다. 비코는 《리바이어던》 라틴어본을 읽었는데, 홉스가 직접 영어본에서 번역한 책이었다. 우리는 그 첫 페이지를 읽으며 고뇌하는 비코의 모습을 상상해볼 수 있다.

---

[7] G. Vico, *De antiquissima Italorum sapientia*, M. Sanna (ed.) (Rome: Ed. di Storia e Litteratura, 2005), p. 26; see I. Berlin, "A Note on Vico's Concept of Knowledge", in G. G. Tagliacozzo and H. V. White (eds.), *Giambattista Vico: an International Symposium* (Baltimore, MD: Johns Hopkins University Press, 1969), p. 371.

[8] G. Vico에 관한 평론서 M. H. Fisch, *The Autobiography of Giambattista Vico*, M. H. Fisch and T. G. Bergin (trans.) (Ithaca, NY: Cornell University Press, 2nd edn. 1963), p. 211, n. 39에서 저자는 F. Nicolini에 반박하며, Vico가 "Hobbes의 라틴어 저작들을 분명히 알았을 것"이라고 주장했다. 이는 N. Abbagnano에 의해 증명된 바 있다. N. Abbagnano의 서문은 G. Vico, *La scienza nuova e opere scelte*, N. Abbagnano (ed.) (Turin: Classici UTET, 1952), pp. 14-15 참조; 또한 E. Garin, *Dal Rinascimento all'Illuminismo: studi e ricerche*, 2nd revised edn. (Florence: Le Lettere, 1993), pp. 137-55, 141-4 참조.

[9] T. Hobbes, *De Homine* (Amsterdam: Apud Ioannem Blaeu, 1668), i, 62. Extra info: x (*Opera philosophica*).

(신이 세상을 만든 기술이자, 신이 세상을 다스리는 기술은 자연이다.) 다른 많은 것을 그리하듯이, 인간은 자연도 모방한다. 그러면 인공 동물도 만들어낼 수 있다. (…) 그 기술로 만들어진 거대한 리바이어던(LEVIATHAN)을 커먼웰스(COMMON-WEALTH) 혹은 국가(STATE, 라틴어로는 CIVITAS)라 한다. 그것은 인조인간(Artificiall Man)과 다름이 없다.[10]

인공적으로 만들어진 대상으로서의 사회는 마찬가지로 비코의 저서 《새로운 과학(Scienza nuova)》에서도 핵심을 차지하는 개념이지만, 여기에 신의 섭리(Providence)가 개입된다는 점에서 중요한 차이가 있다. "야생을 살아가는 들짐승(bestioni)처럼 각자의 이익에 집착하는 인간의 열정으로부터 비롯되는 것이 사회제도지만, 신의 섭리가 그것을 조작하여 인간은 (야생이 아니라) 인간다운 세상에서 살아가게 된다."[11] 신의 섭리에 대한 강조는 《새로운 과학》 초판(1725년)부터 분명하게 나타나는데, 이는 비코가 프랑스의 신학자 보쉬에(Bossuet)가 쓴 《세계의 역사에 대하여(Discours sur l'histoire universelle)》라는 책의 이탈리아어 번역본에서 크게 영감을 얻은 데 기인한다(자서전에서 밝혔듯이 비코는 프랑스어를 할

---

10 T. Hobbes, *Leviathan*, C. B. Macpherson (ed.) (London, Harmondsworth: Penguin, 1968), p. 81. (= *Opera philosophica*, iii, 21).
11 G. Vico, *The New Science: Unabridged Translation of the Third Edition (1744) with the Addition of "Practic of New Science"*, T. Goddard Bergin and M. H. Fisch (trans.) (Ithaca, NY, and London: Cornell University Press, 1984), p. 62 (= G. Vico, *Principi di scienza nuova*, A. Battistini (ed.) (Milan: Oscar Mondadori, 2011), paragraph 131; henceforth *Scienza*).

줄 몰랐다).[12] 보쉬에의 연대기는 비코의 연대기에도 지울 수 없는 흔적(지문)을 남겼는데, 둘 다 천지창조 이후 2737년을 아시리아의 왕 니누스(Ninus)가 도시 니네베(Nineveh)를 건설한 해로 보았다.[13] 그러나 비코의 섭리에는 기독교적 뉘앙스가 없다. 《새로운 과학》에서 예수는 아무런 역할도 하지 않았다.

비코의 "들짐승"은 홉스와 같은 의미로 반복해서 강조되었다. 비코가 들짐승, 즉 초기 인류의 야만성이 문명화되는 과정을 설명할 때는, 결정적인 전환점에서 홉스가 간접적으로 소환되기도 한다.

그렇게 해서 처음 이방인의 나라를 만든 사람들, 초기 인류의 자손들은 자신의 생각대로 사물을 창조했다. 그러나 신의 창조와는 완전히 다른 창조였다. 신은 순수한 지성으로 사물을 인식하고, 그 지식으로 사물을 만들었다. 그러나 건강하며 무지했던 인간은 오로지 육체적(corporeal, 감

12 J. B. Bossuet, *Discours sur l'histoire universelle* (Amsterdam: E. Roger, 1710), p. 17; (*Discorso sopra la storia universale...*, trasportato dalla lingua francese all' italiana da Selvaggio Canturani [i.e. Arcangelo Agostini, a Carmelite friar] [Venice, 1712]); Vico의 "Provvidenza"와 Bossuet의 "Providence"에 대해서는 다음을 참조하라. B. Croce, *La filosofia di Giambattista Vico* (Bari: Laterza, 1933), p. 120.
13 Bossuet, Discorso, p. 21; G. Vico, Scienza, pp. 84-5 참조. 이 개념은 이보다 앞서 다음 저서에도 등장한다. Vico, *De universi iuris uno principio...* 1720, in G. Vico, *Opere giuridiche*, P. Cristofolini (ed.) (Florence: Sansoni, 1974), p. 389; (함축적 의미까지는 아니지만) 여러 학자의 의견 일치에 관해서는 다음 책에서도 지적한 바 있다. P. Rossi, *Le sterminate antichità* (Florence: La Nuova Italia, 1999), pp. 464-5; J. Usher, *Annales Veteris et Novi Testamenti, a prima mundi origine deducti* (Lutetiae Parisiorum, 1673), p. 24에서도 같은 시간 계산(세계 창조 후 2737년)이 제시되었으며, 아마도 Bossuet의 연대기 출처는 이 책일 것이다(이 지적은 Carmine Ampolo에게 빚지고 있다); 인간 행동의 의도치 않은 결과를 강조했던 Vico의 과정 또한 Bossuet의 영향을 받았던 것으로 보인다. *Discorso*, pp. 459-60 참조.

각적, 물질적) 상상력으로 사물을 창조했다. 그것은 매우 육체적(감각적, 물질적)이었음에도 불구하고 놀라울 정도로 멋있었다(sublimity). 결과물이 워낙 멋있었기 때문에 상상력(imagining)으로 그것을 만든 사람들(che fingendo le si criavano)조차 혼란스러워했다. 사람들은 그들을 "시인(poets)"이라 일컬었는데, 그리스어로는 "창조자(creators)"라는 의미였다. (…) 인간이 행한 창조의 이와 같은 본성 때문에 영원한 속성이 남게 되었다. 즉 두려움에 떠는 인간들은, 타키투스(Tacitus)가 고귀한 문장으로 표현했듯이, "상상하는(창조하는) 동시에 믿는다(fingunt simul creduntque)."[14] (비코는 고대인이 주변을 이해하기 위해 신화를 만들고는 스스로 그것을 믿게 된 상황을 이와 같이 설명했다. – 옮긴이)

"상상을 통해 만든다(Fingendo le si criavano)"라는 비코의 개념에서, 타키투스의 강렬한 구절을 떠올리게 하는 라틴어 동사 "핑게레(fingere)"는 "형태를 만든다"는 의미와 "꾸며낸다"는 의미가 있다. 따라서 위 문구는 인위적 조작을 강조하는 표현이다.[15] 위에서 말한 원시인 "시인(poeti)"의 경우(어원으로는 "창조자"를 의미), 창조의 행위는 자기기만과 뒤얽혀 있다. 들짐승(bestioni)은 가짜 신 주피터(Jupiter)가 자신들을 감시하며 겸손과 경외심을 가르친다고 상상하며(이야기를 꾸며서 만들며) 인간이 되었고, 그 뒤 짐승처럼 야외에서 교접하는 것을 삼갔다고 한다.[16] 비코는 사회를 경외심에서 기원한 인위적인 산물로 보았다는 점에

---

14 Vico, *The New Science*, p. 117 (= Vico, *Scienza*, pp. 204-5 [par. 376]).
15 Vico relies upon Varro, *On the Latin Language*, viii, R. G. Kent (trans.) (London: W. Heinemann; Cambridge, MA: Harvard University Press, 1958), pp. 77-8.

서는 홉스와 생각이 다르지 않았다.[17]

4) "그러나 고대의, 그중에서도 가장 오래된 시대를 휘감고 있는 두꺼운 어둠의 밤은 우리와는 너무나 멀리 떨어져 있지만, 그곳에는 모든 질문을 뛰어넘는, 결코 사그라들지 않는 진리의 빛이 비친다. 그 빛이란, 시민사회의 세계는 분명 인간이 만들어낸 것이며, 그러므로 우리 인간의 생각의 변화 속에서 그 사회의 원리를 발견할 수 있다는 사실이다." 비장한 비코의 말은 인간의 역사에 접근하는 새로운 길을 열어주었다.[18] 비록 그는 홉스와 달랐지만, 여전히 그에게는 홉스의 영감이 미치고 있다. 너 자신을 알라(Nosce te ipsum)라는 격언은 《새로운 과학》 초판부터 확인되는데, 이는 아테네 주민들에게 "인간의 이성은 모든 사람에게 공통이므로, 자신의 마음을 들여다보라"는 가르침이었다.[19] 《리바이어던》

---

16 Vico, *Scienza*, pp. 206-7, par. 379; see also Vico, *Scienza*, pp. 312, par. 554.
17 A. Funkenstein, *Theology and the Scientific Imagination from the Middle Ages to the Seventeenth Century* (Princeton University Press, 1986), p. 280 (이는 N. Abbagnano가 인용한 바 있지만, Funkenstein은 그를 참조하지 않고 독립적으로 De homine, x를 암시했다. 앞의 주석 8 참조); 다른 해석에 대해서는 S. Landucci, *I filosofi e i selvaggi* (Bari: Laterza, 1972), p. 294 and n. 66 참조; Vico와 Hobbes의 관계를 이해하는 열쇠로서 타키투스 구절에 대해서는 C. Ginzburg, "Fear Reverence Terror: Reading Hobbes Today", Max Weber Lecture Series, European University Institute, S. Domenico di Fiesole, 2008, p. 8, n. 22 참조(P. Alarcón이 발전시킨 논의로는 "El temor reverencial: un principio político en Hobbes y Vico", *Cuadernos sobre Vico* 23 (2009), 24 (2010): 91-111 참조).
18 Vico, *The New Science*, p. 96-7 (= Vico, *Scienza*, p. 541-2); see Berlin, "A Note", pp. 370, 373.
19 G. Vico, *The First New Science*, L. Pompa (Cambridge University Press, 2002); G. Vico, "La scienza nuova prima" (ii, lxvi) in *Opere filosofiche*, P. Cristofolini (ed.) (Florence: Sansoni, 1971), pp. 255-6; on "Nosce te ipsum", see already Vico's

서두에서 홉스는 같은 격언에 대해 이렇게 말했다.

> 너 자신을 읽어라(Nosce te ipsum). (…) 인간의 마음에 쓰여 있는 문자(욕망, 동기, 도덕적 경향 등 — 옮긴이)은, 비록 흐트러지고 혼란스러우며, 거짓과 위조와 잘못된 교리로 얼룩져 있더라도, 마음을 찾고자 하는 사람들만이 그것을 읽을 수 있다. 인간의 행동을 보고 우리는 가끔 마음의 설계도를 엿보기도 한다. 그러나 그것을 우리 자신의 마음과 비교하지 않는다면 (…) 열쇠 없이 암호를 해독하는 것과 같다.[20]

마음 읽기: 전통적으로 자연을 책에 비유하여, 자연을 이해하는 것을 자연을 "읽는다"라고 했는데, 홉스는 이 비유를 마음의 문제로 가져와 사용하고 있다. 그리고 여기다가 "흐트러지고 혼란스러운 문자"라거나 암호해독에 필요한 "열쇠"라는 개념을 덧붙였다. 비코는 "읽는다"라는 홉스의 비유를 문자 그대로 받아들임으로써 한 걸음 더 나아갔다. 즉 시공간적으로 멀리 떨어진, 간략한 메모 정도(scribillati)로 남아 있을 뿐인 역사의 세계("questo mondo civile")를 해독하려면, 고고학을 포함하는 폭넓은 의미의 "문헌학"에 의존하여 그 언어를 배워야 한다는 입장이었다.[21] 홉스는 "역사(histories)"를 단지 사실의 집합으로 간주했지만, 비코의 "새로운 과학"은 돌이켜보면 역사인류학을 의미했다.[22] 둘 다 "읽기"

"orazione inaugurale" in *Opere filosofiche*, p. 709.
20 Hobbes, *Leviathan*, pp. 82-3.
21 Vico, *De universi iuris*, in *Opere giuridiche*, p. 387. 고대 그리스어에서 (Maria Luisa Catoni가 상기시켜준 바에 따르면) stoicheia는 '첫 번째 요소들'뿐만 아니라 '알파벳 문자들'도 의미했다.

의 최종적 검증 방식은 내면을 들여다보는 것, 즉 정신적 실험(검증)이었다. 그러나 각자의 목적은, 대립까지는 아니지만 서로 달랐다.[23] 홉스의 목적은 다른 사람의 마음속에서 읽은 열정을 자신의 마음속에서도 발견하고자 하는 것이었다. "그러나 내가 스스로의 내면 읽기를 질서정연하게, 또한 명료하게 기록해둔다면, 다른 사람에게 남겨진 수고로움은 단지, 그가 자신의 마음속에서 발견한 것이 나와 같지 않다면, 내가 남긴 것을 고려해보는 정도에 불과할 것이다. 이런 종류의 이론에서는 이외에 달리 검증할 방법이 없다."[24] 비코의 목적은 정신적 승인이다("여기서 판단하는 대상이 우리 영혼의 내면적 실체와 일치하는지를 검토해본다면, 그것이 진정한 검증이 될 것이다"). 다시 말해 그것은 시대착오, 즉 "우리가 고대의 맥락에서 그 대상을 생각하지 않고 우리가 처한 현재에 의존해서 판단하는 경향"을 제거하는 것이다.[25] 비코가 말한 새로운 과학의 원칙은 "우리 인간의 정신 그 자체의 변화 속에서" 발견되어야 한다.[26]

---

22 홉스와 "역사"에 대해서는 다음을 참조. S. Shapin and S. Schaffer, *Leviathan and the Air-Pump: Hobbes, Boyle and the Experimental Life* (Princeton University Press, 1985), pp. 102, 108; Berlin speaks of "anthropological historicism" in "A Note", p. 372.
23 A. Funkenstein, "Natural Science and Social Theory: Hobbes, Spinoza, and Vico", in G. Tagliacozzo (ed.), *Giambattista Vico's Science of Humanity* (Baltimore, MD: Johns Hopkins University Press, 1976), pp. 187-214.
24 Hobbes, *Leviathan*, p. 83; see D. W. Hanson, "The Meaning of 'Demonstration' in Hobbes's Science", *History of Political Thought*, xi (1990), pp. 578-626.
25 Vico, *The First New Science*, p. 202.
26 Vico, *The First New Science*, p. 96; K. Löwith는 "modificazioni"가 다양성을 의미하지 않는나고 주장한다("Verum et factum convertuntur'...", in A. Corsano (ed.), *Omaggio a Vico* (Naples: Morano, 1968), pp. 75-6). 하지만 Vico가 강조한 문헌학은 필연적으로 다양성을 함축한다.

5) 실험(experiment, 검증)이라는 측면에서 홉스와 비코의 입장이 통일되었던 것은 쉽게 설명이 가능하다. 비코는 홉스의 《물리학에 대한 대화(Dialogus physicus, sive de natura aëris)》(1661년)를 읽었다. 이 책은 보일(Boyle)의 공기펌프 실험이 잘못되었을 뿐만 아니라 철학적으로 무의미하다고 공격하는 내용이었다. 비코의 자서전을 보면, 비코가 보일은 물론이거니와 "철학에 아무런 기여도 하지 못하는 그의 실험물리학"을 반대하여 홉스의 발자취를 따랐던 것으로 보인다.[27]

그러나 여기서 또 다른 차이가 나타난다.《물리학에 대한 대화》헌사에서 홉스는 "재능(ingenium)"에 비해 "방법(ars)"이 우월한 것으로 간주했다. 즉 보일의 실험은 재능(ingenium)에 따른 것이며, 운동(motion) 연구에 기초한 자신의 철학적 접근법은 방법(ars)에 대한 것이었다.[28] 이 책의 다른 대목에서도 비슷한 의견을 표명했는데, 공기펌프를 만든 사람은 "기계공일 뿐 철학자가 아니"라고 말했다.[29] 그와 달리 비코는《고대 이탈리아의 지혜(De antiquissima Italorum sapientia)》라는 책에서 라틴어 "인게니움(ingenium, 재능)"과 "나투라(natura, 자연)"가 같은 뜻이라고 지적하며, 이어서 반어법으로 문제를 제기했다. "자연이 사물을 만들어 내듯이, 인간의 재능(ingenium)은 기계적 장치를 만들어낸다. 자연을 만드신 분이 자연의 신인 것처럼, 인간은 인공적인 장치의 신이 아닐까?"

여기서 비코의 원리, 즉 "진리는 만들어진 것과 치환 가능하다(verum

---

27 Vico, *Vita di Giambattista Vico scritta de se medesimo,* in *Opere filosofiche,* p. 14 (*The Autobiography,* p. 128).
28 Shapin and Schaffer, *Leviathan,* p. 347; see Hobbes, *Dialogus.*
29 Hobbes, *Dialogus,* p. 31.

et factum convertuntur)"라는 원리는 "진실(truth)과 사실(fact)은 치환 가능하다(verum et fictum convertuntur)"라는 원리로 다시 수정된다. 이론과 실천은 따로 존재하지 않는다. "그러므로 이 모든 것을 가르쳐주는 기하학과 대수학은 가장 많이 연구되는 학문이며, 그것을 가장 잘 수행하는 사람이 이탈리아의 엔지니어(ingegnieri)라고 일컬어진다."30

6) 비코는 사후에 유럽에서 명성을 얻었다. 그 시작은 프랑스의 역사가 쥘 미슐레(Jules Michelet)가 《새로운 과학》 제3판의 요약본을 프랑스어로 출간하면서부터였다(1827년). 그로부터 몇 년 뒤(1835년) 비코의 자서전과 《고대 이탈리아의 지혜》 등 여러 텍스트를 포함하는 선집이 출간되었다.31 미슐레의 말에 따르면, 비코는 "시민사회는 분명 인간의 작품"이라고 선언한 인물이었다.32 1843~1845년 프랑스 파리에서 망명 생활을 하던 젊은 독일인 청년, 헤겔주의와 신헤겔주의에 심취해 있던 카를 마르크스가, 조제프 드 메스트르(Joseph de Maistre)의 책 《역사철학의 원리(Principes de la philosophie de l'histoire)》(1827년)를, 비록 그 기획 의도는 마음에 들지 않았겠지만, 그래도 책 자체를 접하지 않았을

---

30 Vico, *De antiquissima Italorum sapientia*, in *Opere filosofiche*, p. 83.
31 J. Michelet (trans.), *Principes de la Philosophie de l'Histoire, traduits de la Scienza Nuova de J. B. Vico, et précédés d'un discours sur le système et la vie de l'auteur* (Paris: J. Renouard, 1827); J. Michelet (trans.), *Mémoires de Vico, écrits par lui même, suivis de quelques opuscules, lettres, etc.: précédés d'une introduction sur sa vie et ses ouvrages* (Brussels: Société belge de librairie, 1837); 두 작품 모두 J. Michelet, *Oeuvres*, I (Brussels: Melines, Cans et Campagnie, 1840)에 재술간되었다. 그 서문 삽화는 *Scienza nuova*의 것을 반영하여 저자가 나폴리 철학자와 자신을 동일시했음을 암시한다
32 Michelet, *Principes*, p. 76.

것 같지는 않다(메스트르는 보수적이며 반혁명적인 인물로, 마르크스의 사상에 비추어 보면 마르크스가 그를 좋아했을 리 없다. – 옮긴이). 마르크스는 크리스티나 트리불치오(Cristina Trivulzio, Princess of Belgioioso)가 번역하여 익명으로 출간한 《새로운 과학(La Science nouvelle)》(1844년)이라는 제목의 완전한 번역본을 틀림없이 읽었을 (혹은 다시 읽었을) 것이다.[33] 마르크스는 페르디난트 라살레(Ferdinand Lassalle)에게 보낸 편지(1862년)에서, 새로운 번역서의 표지와 추천할 만한 몇몇 단락을 옮겨 적어두었다. 그러므로 편지를 쓰는 그 순간 마르크스의 책상에는 틀림없이 새로운 번역본이 놓여 있었을 것이다.[34]

그러나 과연 마르크스가 1844년 새로운 번역서가 출간되자마자 바로, 그러니까 〈포이에르바흐에 관한 테제(Thesen über Feuerbach)〉(1845년)를 발표하기 전에 읽었을까? 이런 의문이 제기되었고, 대답은 부정적이었다.[35] 〈테제〉에서 전개된 포이에르바흐 철학에 대한 비판 내용으로 보건대 비코의 책을 읽었던 것 같지 않다. 그러나 이 문제는 마르크스의 《자본론(Das Kapital)》(1867년) 제1권의 유명한 주석에 비추어 재검토해

---

33 Vico, *La Science nouvelle: traduite par l'auteur de l'essai sur la formation du dogme catholique* (Paris: J. Renouard, 1844); see G. Mastroianni, "Marx e la Belgioioso", *Giornale Critico della Filosofia Italiana* 2 (2012): 406-26.
34 F. Lassalle and K. Marx, *Der Briefwechsel zwischen Lassalle und Marx: nebst Briefen von Friedrich Engels und Jenny Marx an Lassalle und von Karl Marx an Gräfin Sophie Hatzfeldt*, G. Mayer (ed.) (Stuttgart: Dt. Verl.-Anst., 1922), pp. 386-7; A. Pipa, "Marx's Relationship to Vico: A Philological Approach", in G. Tagliacozzo (ed.), *Vico and Marx: Affinities and Contrasts* (Atlantic Highlands, NJ: Humanities Press, 1983), pp. 290-325에서는 Marx가 Lassalle에게 보낸 편지에서 Vico를 칭찬한 것이 아이러니하다고 주장했지만, 이는 설득력이 없다.
35 E. Kamenka, "Vico and Marxism", in G. Tagliacozzo (ed.), *Vico and Marx: Affinities and Contrasts*, pp. 137-43.

봐야 한다.[36] 문제의 주석에서 존 와이엇(John Wyatt)의 방적기(1735년)가 다급하고 압축적이며 거의 광적인 추론의 연쇄에 불을 붙였다.

1. 방적기는 이탈리아에 이미 존재했을 것이다.
2. "기술의 비판적 역사"는, 아직은 존재하지 않지만, 18세기의 발명품이 개인의 업적이 아님을 보여줄 것이다.
3. 다윈(Darwin)은 "자연 기술의 역사"와 "생명 유지를 가능케 하는 도구로서 동식물의 신체 기관"에 관심을 보였다. 그렇다면 다음과 같은 수사학적 질문이 제기된다. "사회적 존재로서 인간의 생산기관의 역사, 모든 사회조직의 물적 기반이 되는 기관의 역사도 그만큼 주목할 가치가 있지 않을까?"
4. "그러한 역사는, 비코가 말했듯 자연의 역사와 다른 인간의 역사는 편찬하기가 더 쉬울지도 모른다. 왜냐하면 우리 인간이 만든 것은 인간의 역사이며 자연의 역사가 아니기 때문이다."
5. 기술은 "자연을 대하는 인간의 방식을 드러낸다. (…) 그리고 이로써 [인간의] 사회적 관계와, 그로부터 흘러나오는 정신적 개념의 형성 방식도 그대로 드러낸다."
6. "이와 같은 물질의 기본을 설명하지 못하는 모든 종교의 역사는 그러므로 비판적이지 못하다." 진정한 "유물론적 방법론"은 "실질적 삶의 관계"로부터 종교의 형성을 파악하며, "자연과학의 추상적 유물론"에 반

---

36 K. Marx and K. Korsch, *Das Kapital: Kritik der politischen Oekonomie* (Berlin: G. Kiepenheuer, 1932), p. 355, note 4; Korsch의 서문(pp. 7-8)의 논평 참조.

대한다.[37]

젊은 시절의 마르크스와 엥겔스는 미출간 원고였던 《독일 이데올로기(Deutsche Ideologie)》(1845년)에서 동물과 인간의 차이를, "삶을 유지하는 수단을 생산하는" 인간의 능력에서 찾았다.[38] 이제 다윈의 《종의 기원(On the Origin of Species)》(1859년)의 영향 아래 마르크스는 이 능력을 동물과 식물에까지 확장해서, 그들의 기관을 "생산수단"과 비교했다. 그런데 기술의 역사가 어떻게 "인간이 역사를 만든다"라는 비코의 사상으로 이어지는가? 마르크스는 앞에서 언급한 페르디난트 라살레에게 보내는 편지에서, 크리스티나 트리불치오가 익명으로 출간한 번역본에서 고대 로마의 법이 "매우 시적이었다(très poétique). 왜냐하면 그것은 사실이 아닌 것을 사실로 간주하고, 그 반대의 경우도 마찬가지였기 때문이다"라는 구절을 인용했다.[39] 여기서 시적(詩的, poétique)이라는 단어의 의미는, 그리고 사실(factum)과 허구(fictum)의 인접성(라틴어 fingere, 즉 '만들다'와 '위조하다'의 두 가지 의미)은 비코의 《새로운 과학》에 등장하는 구절로, 앞의 인용문에서 언급한 바와 같다(프랑스어 번역은 다음과 같다. "les premiers hommes des nations des Gentils ... appellés poètes, mot qui signifie en grec créateurs ... effrayés en vain fingunt simul creduntque.").[40] 제

---

37 S. Moore's and E. Aveling의 번역본 참조: www.marxists.org/archive/marx/works/1867-c1/ (약간의 수정이 있음).
38 K. Marx and F. Engels, *Die deutsche Ideologie*, p. 8.
39 G. Vico, *Scienza*, p. 559, par. 1036.
40 G. Vico, *La Science nouvelle*, pp. 102-3 (= *Scienza*, pp. 204-5, par. 376).

작과 위조(혹은 자기기만) 모두 문명의 형성 과정에서 전환점이 되었다.

또한 마르크스는 비코의 《고대 이탈리아의 지혜》에서 기술에 관한 찬사를, 미슐레의 프랑스어 번역(1835년)으로 읽어보았을 것이다. "자연이 물리적인 사물을 만들어내는 것과 같은 방식으로 인간의 잉게니움(ingenium, 재능)이 기계적인 사물을 만들어내는 것일까? 그래서 자연의 창조자가 신인 것처럼, 기계장치의 신이 인간인 것일까?(Est-ce parce que de même que la nature engendre les choses physiques, de même l'ingenium humain engendre les choses mécaniques? En sorte que Dieu est l'artisan de la nature, et l'homme le dieu de l'artificiel?)"[41] 마르크스가 비코의 《고대 이탈리아의 지혜》를 읽었다고 보는 것이 다소 억지스러울 수도 있다. 그러나 마르크스의 사위였던 폴 라파르그(Paul Lafargue)의 회고록에서, 어쩌면 마르크스가 탐독했을 수도 있는 그 텍스트에 대한 내용이 등장한다. "비코가 말하길, '모든 것을 아시는 신이 보기에는 사물이 육체적(corporeal, 감각적, 물리적)이다. 그러나 오직 겉모습만 아는 인간이 보기에 사물은 2차원적(two-dimensional)이다.' 마르크스는 신의 관점에서 사물을 인식했다."[42] 이 대목은 미슐레의 번역에서 다음과 같이 되어 있다. "비하자면 전지적인 신에게 사물은 구체적이지만, 외부만 아는 인간에게 사물은 표면일 뿐이다(l'objet est un solide relativement à Dieu qui comprend toutes choses, une surface pour l'homme qui ne comprend que le dehors)."[43]

41 Michelet (trans.), *Mémoires de Vico*, p. 292.
42 P. Lafargue, "Persönliche Erinnerungen an Karl Marx", in *Mohr und General: Erinnerungen an Marx und Engels* (Berlin: Dietz, 1965), p. 331; Fisch는 Lafargue의 글을 인용하며 "Vico의 인식론"을 언급했다(Vico, *Autobiography*, p. 107).

그래서 마르크스는 언제 처음 비코의 책을 접했다는 말인가? 다윈과 비코를 언급한 《자본론》의 주석 말미에 갑자기 〈포이에르바흐에 관한 테제〉의 네 번째 항목이 등장한다. "물질의 기본을 설명하지 못하는 모든 종교의 역사는 (…) 비판적이지 못하다."[44] 출간되지도 않았던 젊은 시절의 메모가 20년 뒤에 전혀 다른 맥락에서 다시 등장한 이유는 무엇일까? 비코의 이름에서 마르크스는, 자신의 지적 성장의 단계상 초기에 속했던 성찰의 어떤 단편을 떠올렸던 것일까?

7) 이런 의문은 아마 답변이 불가능할 것이다. 그럼에도 불구하고 문제를 제기하는 이유는, 마르크스의 주석이 19세기 후반과 20세기 초반의 비코 해석에서 근본적 역할을 했기 때문이다. (앞에서 보았듯이 이 문제와 관련해서 비코에게 영감을 준) 영국의 철학자 홉스에 대한 언급은 전혀 없지만, 마르크스에 의해 전면에 대두된 것은 인공물(artefact)로서의 사회였다. 폴 라파르그는 1884년 사회주의자들을 대상으로 마르크스의 물질주의 경제학을 강의하면서 두 가지 차원을 대비시켰다. 우주 혹은 자연의 차원과, "인간의 기술"이 만든 인공의 차원이다. 전자는 다윈, 후자는 마르크스에 의해 분석되었는데, 마르크스는 암묵적으로 비코의 영향을 받았다고 했다.[45] 10여 년 뒤 장 조레스(Jean Jaurès)와의 대담에서,

---

43 Michelet (trans.), *De l'antique sagesse de l'Italie*, in *Mémoires de Vico*, p. 237; Vico, *Opere filosofiche*, p. 63.
44 See www.marxists.org/archive/marx/works/1845/theses/theses.htm (W. Lough, trans.).
45 P. Lafargue, *Le matérialisme économique de Karl Marx:* i. *L'idéalisme et le matérialisme dans l'histoire;* ii. *Le milieu naturel: théorie darwinienne;* iii. *Le*

폴 라파르그는 비코와 마르크스 사이의 연속성을 강조했다.[46] 마르크스주의가 휩쓴 세기말의 환경에서 비코의 저작은 열띤 대화의 중심에 놓였다. 프랑스의 저널 〈사회의 미래(Le Devenir social)〉에서 폴 라파르그와 함께 편집위원으로 활동한 조르주 소렐(Georges Sorel)은, 미슐레의 요약 번역본에 근거하여 비코에 관한 에세이를 출간했다.[47] 여기서 다시 한 번 목격할 수 있듯이, 소렐은 마르크스의 《자본론》의 주석뿐만 아니라 폴 라파르그의 자연과 인공의 차원 대립으로부터 논의를 시작했다.[48]

그로부터 한 해 전(1895년), 안토니오 라브리올라(Antonio Labriola)도 비코에 관한 훨씬 더 심도 있는 접근을 마찬가지로 저널 〈사회의 미래〉에 실었고, 이 글이 오데사(Odessa)의 감옥에 수감되어 있는 젊은 트로츠키(Trotsky)를 매혹시켰다.[49] 안토니오 라브리올라는 그 에세이에서 "인간은 탁월한 실험의 동물이다. 그래서 인간에게는 역사가 있다. 오

---

milieu artificiel: théorie de la lutte des classes (Paris: Henry Oriol, 1884). 제1부 p. 5에서는 Vico를 Bossuet와 비교하며 긍정적으로 언급하고 있다.

46 A.-M.-J.-J. Jaurès and P. Lafargue, *Idéalisme & Matérialisme dans la conception de l'histoire: conférence de Jean Jaurès et réponse de Paul Lafargue* (Paris: S.I., 1895), p. 18.

47 G. Sorel, *Étude sur Vico et autres textes*, A.-S. Menasseyre (ed.) (Paris: H. Champion, 2007); G. Pagliano Ungari, "Vico et Sorel", *Archives de Philosophie* 40 (1977): 267-81.

48 Menasseyre가 쓴 서문(Sorel, *Etude sur Vico*, p. 48, 주석 73)에서는 Lafargue의 글에 담긴 Vico의 함의를 간과했다.

49 A. Labriola, "En mémoire du Manifeste du parti communiste"(1895)는 이후 A. Labriola and G. Sorel, *Essais sur la conception matérialiste de l'histoire* (Paris: V. Giard and E. Brière, 1897)에 수록되었다. Trotsky도 이 책을 읽은 바 있다(Ma vie [Paris: Gallimard, 1953], pp. 148, 152). 또한 A. Labriola, *Scritti filosofici e politici*, F. Sbarberi (ed.) (Turin: G. Einaudi, 1973); A. Pons, "Da Vico a Labriola", *Bollettino del Centro di Studi Vichiani* 17 (1987): 181-93 참조.

히려 그렇기 때문에 스스로의 역사를 만든다고 해야 할 것이다"라고 썼다.[50] 몇 페이지 뒤에서 그는 반어법으로 그 난해한 문장의 의미를 풀어 놓았다. "미국의 인류학자 루이스 모건(Lewis H. Morgan)보다 한 세기 전에 이미 비코는 언어, 종교, 관습, 법률을 발견해가는 지속적 실험을 통해, 역사 전체를 인간이 스스로 만들어가는 하나의 과정으로 보지 않았던가?"[51]

안토니오 라브리올라의 주장에 따르면, 과정으로서의 역사(history)는 넓은 의미에서 실험적 과정(experimentation)을 통한 발견을 포함하지만, 역사적 지식(historical knowledge)은 좁은 의미에서 개별적 실험(experiment)을 포함한다. 과정으로서의 역사(historia)든 만들어진 사실로서의 역사(historia rerum gestarum)든, 어느 쪽이든 인간은 스스로가 만들어낸 인공적인 환경에서 움직이며, 실험도 그 환경에서 이루어진다. 이런 관점에서 역사적 유물론(historical materialism)과 경험과학(empirical sciences)은 하나로 수렴된다. "역사적 유물론은 (…) 실천으로부터 출발한다. 그것은 노동자로서의 인간에 관한 이론이며, 과학 자체를 노동의 일종으로 간주한다. 이렇게 해서 역사적 유물론은 경험과학에 내재된 의미를 실현한다. 즉 실험을 통해 우리는 사물을 만드는 과정에 더 가까이 다가가게 되고, 사물 그 자체가 일종의 만들어진 것, 생산품이라는 사실을 깨닫게 된다."[52]

---

50 Labriola, *Scritti,* vol. ii, p. 511; id., A. Labriola, *Essays on the Materialistic Conception of History,* C. H. Kerr, (trans.) (Chicago: C. H. Kerr and Co., 1904), p. 64, modified.
51 Labriola, *Scritti,* vol. ii, p. 519; (Labriola, *Essays,* p. 76, modified).

그러나 안토니오 라브리올라의 마르크스 강독은 그의 비코 강독과 뒤섞여 있다. 과거에 살았던 사람들의 태도를 이해하는 것은 어려운 일이다. 과거의 현실을 가능하게 했던 조건을 "우리 안에서 재현"해야 하기 때문이다. 이는 곧 "언어학자, 문헌학자, 비평가, 선사시대 연구자" 등, 오랜 학습을 통해 일종의 "인공적인 인식 능력"을 개발한 학자들의 해석 능력을 습득하는 것을 의미한다.[53] 느리고 고통스러운 이와 같은 접근 방식은, 과거에 대한 감정적 동일시나 부활과는 가능한 한 먼 거리에 위치한다. 유물론적 관점에서의 역사 해석은 "수 세기에 걸쳐 발전해온 인간 삶의 기원과 복잡한 과정을, 구체적 방법론을 통해 우리 마음속에서 재구성하는 것"을 의미한다.[54]

8) 비코를 통한 마르크스 읽기, 마르크스를 통한 비코 읽기. 이탈리아 철학자 조반니 젠틸레(Giovanni Gentile)는 젊은 시절에 쓴 책《마르크스의 철학(La filosofia di Marx)》(1899년)에서, 이와 같은 마르크스와 비코에 대한 불가분의 이중적 접근 방식에 뚜렷한 기여를 했다. 조반니 젠틸레는 마르크스의 〈포이에르바흐에 관한 테제〉를 최초로 번역하면서, "인간은 인간이 만든 것을 인식할 수 있다(verum ipsum factum)"라는 비코의 원리를 통해 "실천(praxis)" 개념을 해석하는 관점을 소개했다.[55] 조

---

52 Labriola, *Scritti*, vol. ii, p. 720; (Labriola, "Discorrendo di socialismo e filosofia", May 28, 1897).
53 Labriola, *Scritti*, vol. ii, p. 756; (Labriola, "Discorrendo di socialismo e filosofia", July 2, 1897).
54 Labriola, *Scritti*, vol. ii, p. 535; (Labriola, *Essays*, p. 99, slightly modified).

반니 젠틸레는 안토니오 라브리올라를 인용하면서 정신적 실험을 언급했다. 그러나 젠틸레는 라브리올라의 입장과 거리를 두며, 마르크스의 "실천" 개념을 정신적 활동으로 보고 관념론적 용어로 해석했다. 원숙한 단계의 젠틸레는 사유를 순수한 행위로 상정하는 뿌리 깊은 관념론자였는데, 돌이켜보면 그 맹아를 여기서 발견할 수도 있겠다.[56]

조반니 젠틸레의 저서가 미친 영향에 대해서는 많은 논의가 거듭되었다(레닌은 마르크스주의를 지지하지 않는 학자의 마르크스 해석 중에서 이 책을 가장 주목할 만한 저서로 꼽았다).[57] 젠틸레는 《마르크스의 철학》을 가까운 친구이자 오래도록 함께 일한 동료인 베네데토 크로체(Benedetto Croce)에게 헌정했다. 크로체는 여기에 특히 관계가 깊었다.

9) 베네데토 크로체는 《역사학의 이론과 역사(Teoria e storia della storiografia)》 시작 부분에서 "모든 역사는 현대사"라고 주장했다. 이후 많은 사람이 그의 테제를 받아들였다. 그 의미는 분명해 보인다. 즉 역사가들은 현재로부터 출발해서 과거에 접근하며, 자신의 시대와 관련된 문제를 제기한다는 의미일 것이다.[58] 그러나 이것은 크로체의 논의에서

---

55 G. Gentile, *La filosofia di Marx* (1899) (Florence: Le Lettere, 2003), pp. 71-4.
56 See G. Gentile, "L'atto del pensare come atto puro", *Annuario della Biblioteca Filosofica di Palermo* (1912): 27-42, 42.
57 Gentile는 자신의 저서 1937년 재판본(*La filosofia*, p. 9)에서 레닌의 찬사를 언급했다. Gentile 사상이 Gramsci에 끼친 영향은 다음을 참조하라. C. Riechers, *Antonio Gramsci: il marxismo in Italia* (Naples: Thélème, 1975); G. Bergami, *Il giovane Gramsci e il marxismo (1911-1918)* (Milan: Feltrinelli economica, 1977); S. Natoli, *Giovanni Gentile filosofo europeo* (Milan: Bollati Boringhieri, 1992), pp. 94-109.

한쪽 면에 지나지 않는다. 더욱 비밀스러운 면모를 지닌 다른 한쪽은 다음과 같이 서술되었다.

> 그러나 만약 엄격히 생각하고 말한다면, "현재"라는 용어는, 지금 행해지고 있는 바로 그 행위에 대한 인식으로서, 즉각적으로 생겨나는 역사에 한해서만 적용할 수 있다. (…) 다른 모든 정신 작용과 마찬가지로 그러한 인식은 (이전에서 이후로 흐르는) 시간의 바깥에 존재하며, 인식과 연결된 행위에 대해서만 "동시성"이 성립하기 때문이다.[59]

과연 관념론의 분위기가 물씬 풍기는 글이다(1912년 초판 발행). 과거를 생각하는 행위는 과거를 현재로 만든다. 그러나 그렇게 만들어진 현재에서 연대기적 의미는 없다. 생각하는 행위 자체가 정의상 시간을 벗어나 있기 때문이다. 여기서 베네데토 크로체는 조반니 젠틸레의 발자취를 따르고 있다. 1913년 두 사상가의 이론이 갈라졌고, 이후 젠틸레의 파시즘 지지 때문에 두 사람은 극심한 정치적 불화를 겪으며 우정도 끝이 났다. 그들의 논쟁 초기 단계에서 젠틸레는 크로체의 테제 "현대사로서의 역사"에서 본인의 영향을 엿보았다. 그러나 자신의 친구가 "역사

---

58 E. H. Carr, *What is History?* (New York: Vintage Books, 1961)는 궁극적으로 헤겔에게서 영감을 받은 이 사상의 수용에 기여했다.

59 B. Croce, *Teoria e storia della storiografia*, 2nd revised edn. (Bari: G. Laterza, 1920), p. 3 (= D. Ainslie [trans.], *Theory and History of Historiography* [London: G. C. Harrap, 1921], p. 11, 약간 수정된 번역): 이 장의 초기 버전은 다음에 실려 있다. "Storia, cronaca e false storie", *Atti della Accademia Pontaniana* 42, ser. 2, 17 (1912): 1-32.

와 역사학, 알려진 것과 알아가는 것, 현실과 지식, 실천과 이론"을 생각했던 부분에 주목하면서, 크로체가 결정적 단계로 나아가지 못했다고 평가했다.[60] 젠틸레의 조바심은 이해할 만하다. 그는 크로체보다 훨씬 근본주의적인 사상가였다. 젠틸레는 철학을 "순수한 행위(pure act)"라고 일컬었는데, 그러한 젠틸레 철학의 최종적인 (또한 궁극적으로는 신학적인) 결론은 자기창조(autoctisis)였다.[61]

이 모든 이야기가 매우 난해하고, 역사가의 일상적 작업과는 완전히 동떨어진 것처럼 보일 것이다. 그러나 이 이야기에는 이어지는 속편이 있다. 영국의 철학자이자 고고학자인 콜링우드(R. G. Collingwood)가 초점을 맞춘, 또한 그의 사상에서 결정적인 역할을 담당한 개념은 "재현(再現, re-enactment)"이었다. 이 개념은 최근 수십 년 동안 폭넓게 논의되었다. 논의에 참여했던 어느 책에서는 "그[콜링우드]가 이탈리아 사상을 대중화한 그저 평범한 지혜"를 가졌을 뿐이라고 일축하기도 했다.[62] 그러나 이를 거부한다면 콜링우드와 이탈리아 관념철학의 방대한 대화를 이해하기 어려운 경우가 많을 것이다.[63] 콜링우드의 개념 "재현(re-

---

60 Croce와 Gentile의 논쟁은 다음에서 확인할 수 있다. A. Romanò (ed.), *La cultura italiana del '900 attraverso le riviste* (Turin: Einaudi, 1960), vol. iii, pp. 595-605 (see also p. 616).
61 G. Gentile, *The Theory of Mind as Pure Act*, W.W. Carr (trans.) (London: Macmillan and Co., 1922).
62 See for instance W. H. Dray, *History as Re-enactment: R. G. Collingwood's Idea of History* (Oxford: Clarendon Press, 1995), pp. 26-7; H. Saari, "Re-enactment: a study in R. G. Collingwood's Philosophy of History" (Åbo: Åbo Akademi, 1984); see W. J. van der Dussen, *History as Science: the Philosophy of R.G. Collingwood* (The Hague: Nijhoff, 1981).
63 Collingwood, *Autobiography* (1939)에서는 이 문제를 언급하지 않았다. A.

enactment)"은, 역사가 "지금 행해지고 있는 바로 그 행위에 대한 인식으로서, 즉각적으로 생겨나는" 것이라고 했던 크로체의 사상에서 깊은 영향을 받았다. 그런데 이 사상은 과연 크로체의 사상이었을까, 아니면 젠틸레의 사상이었을까? 앞에서 언급했던 것처럼, 이 문제와 그 의미를 두고 두 철학자의 이론은 확연히 갈라졌다. 콜링우드의 지적 여정을 자세히 들여다보면, 끊임없이 두 사람 사이를 오가는 파도를 목격하게 될 것이다.[64]

1921년 콜링우드는 크로체의 사상에서 이원론적 태도와 관념론적 태도 사이의 긴장이 존재한다는 사실을 발견했다. 아마도 크로체가 "일종의 철학적 자살"을 시도했더라면(이원론을 버리고 관념론만 선택했더라면 – 옮긴이) "크로체의 후계자들인 젠틸레나 구이도 데 루지에로(Guido De Ruggiero)의 해석처럼, 완전한 관념론(absolute idealism)에 도달할" 수도 있었을 것이다.[65] 미공개 강의(1928년)에서 콜링우드는 크로체에 경

Momigliano, "La storia antica in Inghilterra" [1945], in *Sesto contributo* (Rome: Edizioni di storia e letteratura, 1980), vol. ii, p. 761 참조. H. S. Harris의 G. Gentile, *Genesis and Structure of Society* (Urbana, IL: University of Illinois Press, 1966), pp. 14-20 서문 참조. 또한 B. Croce, "In commemorazione di un amico inglese, compagno di pensiero e di fede" [1946], in B. Croce, *Nuove pagine sparse* (Naples: R. Ricciardi, 1948), vol. i, pp. 25-39, 32 참조.

64 Gentile의 영향에 대해서는 H. S. Harris, "Croce and Gentile in Collingwood's New Leviathan", in D. Boucher et al. (eds.), *Philosophy, History, and Civilization: Interdisciplinary Perspectives on R. G. Collingwood* (Cardiff: University of Wales Press, 1995), pp. 115-29 참조; de Ruggiero의 (과대평가된) 영향에 대해서는 J. Connelly, "Art Thou the Man: Croce, Gentile, or de Ruggiero?", in D. Boucher et al. (eds.), *Philosophy, History, and Civilization*, pp. 92-114 참조.

65 R. G. Collingwood, "Croce's Philosophy of History" (1921) (= R. G. Collingwood, *Essays in the Philosophy of History* [Austin, TX: University

의를 표했지만, 그의 재현(re-enactment) 개념을 젠틸레 철학의 방향으로 밀고 나갔다. "지나간 과거는 그 무엇이든 실체로서 존재하지 않는다. 종료된 사건은 더 이상 발생하지(occurring) 않는 결과(occurrences)로 구성되어 있을 뿐이다." 그러므로 과거의 사건을 알 수 있는 유일한 방법은 "역사가의 머릿속에서 재현(re-enactment)하는 것이다."[66]

10여 년 후(1937년), 콜링우드는 젠틸레의 에세이 〈역사에서 시간의 초월(Il superamento del tempo nella storia)〉에 전적으로 동의하며 이를 다음과 같이 요약했다. "역사에서 시간은 초월적이다. 왜냐하면 역사가는 과거 행위자의 생각을 발견하면 스스로가 그것을 다시 생각하기(rethink) 때문이다. 그러므로 그것은 과거의 생각이 아니며, 후대의 사람들이 역사가의 시대를 거쳐 있는 그대로의 과거를 볼 수도 없다. 오히려 그것은 역사가의 생각 속에서 살아가고 있는 현재다. (…) 이것은 중요한 아이디어이며, 나는 그것이 진실이라고 믿는다."[67]

젠틸레와의 지적 동일시는 오래가지 못했다. 콜링우드는 자서전(1939년)을 통해 재현(re-enactment)이라는 개념으로 자신이 의도했던

of Texas Press, 1965], pp. 3-22); see A. Greppi Olivetti, *Due saggi su R. G. Collingwood* (Padua: Liviana, 1977).

66 R. G. Collingwood and J. van der Dussen (eds.), *The Idea of History* (Oxford University Press, 1993), pp. 429, 444; Collingwood는 1928년이 자신의 지적 인생에서 분수령이었다고 회고했다: R. G. Collingwood, *An Autobiography* (Oxford University Press, 1970 (1939)), pp. 99, 107, 115.

67 R. G. Collingwood, "Philosophy and History: Essays Presented to Ernst Cassirer"에 대한 서평, *English Historical Review* 52 (1937): 141-6, 특히 p. 143. 이는 R. Klibansky and H. J. Paton (eds.), *Philosophy and History: Essays Presented to Ernst Cassirer* (Oxford: Clarendon Press, 1936)에 대한 서평이다. Gentile의 에세이는 Croce에 대한 암묵적 비판이었다. C. Ginzburg, *Thread and Traces: True, False, Fictive* (Berkeley, CA: University of California Press, 2012), pp. 171, 296, note 23 참조.

바를 설명했다. 자서전에서 그는 "나는 명예롭게 훈장을 받았으며, 명예롭게 훈장을 달고 죽을 것"이라는 영국의 제독 허레이쇼 넬슨(Horatio Nelson)의 말을 언급하면서, 이렇게 주장했다. "넬슨의 생각을 재현(re-enactment)한 것은 원래의 생각과는 다른 것이다. (…) 어떤 면에서 보면 하나의 생각이 아니라 두 개의 생각이 존재하는 것이다. 그렇다면 차이는 무엇인가? 나의 역사 연구에서 이토록 곤란한 문제는 없었다. (…) 차이는 맥락의 문제다."68 수수께끼에 대한 콜링우드의 해답은 이것이었다. "역사 지식은 현재의 생각에 따른 맥락에 포장된 과거의 재현이다. 모순적이지만 그렇게 함으로써 원래의 맥락과는 다른 맥락에 가두는 것이다."69

맥락도 두 가지, 생각도 두 가지다. 콜링우드는 암묵적으로, "모든 생각은 생각을 부정하는 행위다. 현재의 생각 속에서 과거의 생각은 죽는다. 그러므로 두 개의 시간이 하나로 합쳐지는 것"이라고 한 젠틸레와 거리를 두고자 했다(밝히지는 않았지만, 정치적 이유였을 것이다).70 뿐만 아니라 콜링우드는 1928년의 미공개 강의에서 표명한 자기 자신의 견

---

68 Dray, *History*, p. 53, note 33에서는 Collingwood의 질문이 "아슬아슬할 정도로 자신의 희화화에 가까운" 것이라 평했다. 그러나 그것은 Collingwood의 질문이 아니라, "이건 아빠 서재의 카펫이에요"라고 말했던 "운동복을 입은 한 어린아이"가 하는 말이었다 (Dray, *History*, p. 113).
69 Collingwood, *An Autobiography*, pp. 112-14; J. Connelly, "Art Thou the Man?", p. 106은 이 대목과 1937년 Gentile의 에세이에 대한 서평 사이의 간극을 간과했다. 과거가 현재의 맥락 안에 "포함되어 있다(incapsulated)"는 발상의 민족 중심주의적 함의에 대해서는 L. Strauss, "On Collingwood's Philosophy of History", *The Review of Metaphysics* 5 (1952): 559-86, 563 참조.
70 Gentile, "L'atto del pensare", p. 33; Collingwood는 자신의 *Autobiography*에서 Gentile가 파시즘에 자해적 충성을 바치기 전에는 "아주 유능하고 저명한 철학자"였다고 암묵적으로 언급했다(p. 158).

CHAPTER 18 - 미시사와 세계사

해와도 거리를 두었다. 강의에서 그는 "과거를 현재에 재현(re-enact)하는 것[예를 들면 단테의 시를 읽는 것]은 새로운 맥락에서 재현함으로써 새로운 성질을 부여하는 것이다. 새로운 맥락이란 과거 그 자체를 부정하는 것이다"라고 주장했었다.[71]

10) 차이와 통합, 두 관점이 함축하는 각각의 의미는 매우 광범위했다. 역사를 현재화의 행위로 간주한다면, 사실 조회로서의 역사 연구라는 관점(historia)과 양립할 수 없고, 나아가 역사적 거리(historical distance)라는 개념과도 양립하기 어렵다.[72] 반대로 두 가지 맥락(재현의 대상이 되는 과거와, 재현이 된 과거)의 차이를 강조하면, 콜링우드가 주목했던 의미를 들여다볼 수 있다. 즉 역사적 진리는 "질문과 대답으로 구성된 복합체"에 속한다.[73] 그러나 그것이 누구의 질문이고, 누구의 대답이란 말인가? 이른바 "재현(re-enactment)"이란, (콜링우드의 주장에 반대하는) 내가 보기에는 관찰자와 행위자가 각자의 언어로 주고받는 비대칭적 대화의 결과물이다. 이는 곧 케네스 파이크(Kenneth Pike)가 말했던 에틱(etic)과 에믹(emic) 데이터의 대화다.[74] 필연적으로 시대착오

---

71 Collingwood, *The Idea of History*, p. 447.
72 "presentification"이라는 신조어는 Husserl의 신조어 *Gegenwärtigung*을 번역하기 위해 처음 도입된 표현이다.
73 Collingwood, *An Autobiography*, p. 29 ff., 37; see H. S. Harris's introduction to Gentile, *Genesis*, p. 18.
74 C. Ginzburg, "Our Words, and Theirs: A Reflection on the Historian's Craft, Today", in S. Fellman and M. Rahikainen (eds.), *Historical Knowledge: In Quest of Theory, Method, and Evidence* (Cambridge Scholars Publishing, 2012), pp. 97-119.

적인 질문에서 시작할 수밖에 없는 관찰자(즉 역사가)는 난해한 행위자의 언어를 회수하는 데 성공할 수도 있을 것이다. 그러나 그것은 공감(empathy)을 통해서가 아니라, 비코가 옹호했던 넓은 의미의 문헌학을 통해서 가능한 일이다.[75] 과거의 재현(re-enactment)은 과거의 완전한 부활이 전혀 아니고, 관찰자와 행위자, 두 맥락의 반복적인 대화를 통해 제한된 범위에서 인위적 경험의 의미를 함축할 뿐이다.[76] 요약하자면 모든 역사는 비교사여야 한다.

역사가는 어느 정도 성공적이었던 사유의 실험에 의존하여 과거(사상뿐만 아니라 모든 종류의 과거)를 재현(re-enact)할 수도 있다. "실험고고학"의 경우, 재현(re-enactment)은 과거의 일부 측면(대부분은 기술적 측면)을 물질적으로 재구성함으로써 보충 자료를 얻을 수 있다. 이러한 실험을 19세기 민속경연대회의 현대판이나 다름없는 "역사적 재현(historical re-enactments)"과 혼동해서는 안 된다. 당시 참가자들은 과거의 인물로 가장하여 전투나 일상생활의 에피소드 같은 과거의 경험을 되살린다는 순진한 환상을 가지고 있었다.[77] 에밀 뒤르켐(Émile

---

75 Collingwood는 Croce, *The Philosophy of Giovanni Battista Vico* (1913)를 번역했으며, 스스로를 Vico의 제자라고 여겼다. *The Idea of History* (Oxford University Press, 1946) Part VIII을 해설한 T. M. Knox의 서문을 참조하라. 아마도 Collingwood는 여기에서 제시된 Vico 해석에 동의하지 않았을 것이다.
76 Collingwood 사후에 출간된 1928년 강의록에 접근할 수 없었던 H. Gadamer는 이 문제에 대해 통찰력을 인정하지만 동의하지는 않는다(*Truth and Method* [New York: Continuum, 2006], p. 366). B. Mcintyre, "Historicity as Methodology or Hermeneutics: Collingwood's Influence on Skinner and Gadamer", *Journal of the Philosophy of History* 2 (2008): 138-66 참조.
77 See J. Brewer, "Re-enactment and Neo-Realism", in I. McCalman et al (eds.), *Historical Reenactment: From Realism to the Affective Turn* (Basingstoke:

Durkheim)의 영향을 받은 마르크 블로크(Marc Bloch)의 말처럼, 역사적 현상(Historical phenomena)은 두 번 반복해서 무대에 오를 수 없다. 그래서 그는 역사가에게 실험이 금지되어야 한다는 결론을 내렸다. 그러나 사고 실험(thought experiments)은 역사가와 과학자 모두 접근할 수 있는 분야다.

11) 복잡한 독서를 바탕으로 이어지는 기나긴 여정은, 홉스에서 비코로, 비코에서 마르크스로, 마르크스에서 젠틸레로, 젠틸레에서 크로체로, 크로체(그리고 젠틸레)에서 콜링우드로 연결되었다. 불연속성으로 점철된 이 여정에서 표면적으로는 인공적인 것과 실험적인 것이 주제였지만, 애초의 핵심 문제(비코에 의해 해석된 홉스)는 주변부로 밀려나 잊혀갔다.[78] 콜링우드가 크로체와 젠틸레로부터 물려받은 깔끔한 관념론의 모델은 (내가 보기에) 두 가지 방향으로 재정비되었다. 첫째는 물질적 장애(갈릴레오 갈릴레이가 말한 impedimenti della materia)를 포함하는 것이고, 둘째는 각각의 맥락에 따른 질문과 대답의 비대칭성에 초점을 두는 것이었다. 재정비의 결과 또한 두 가지였다. (1) 모든 역사는 비교사여야 한다. (2) 모든 역사는, 정신이든 그 무엇이든, 실험을 포함해야 한다. 그러나 역사 연구마다 실험이 더 강조된 경우도 있고, 비교가 강조된 경

Palgrave MacMillan, 2010), pp. 79-89; 정교한 재현과 단순한 재현 사이의 연속성은 다음을 참조. K. Bowan, "R. G. Collingwood, Historical Reenactment and the Early Music Revival", in I. McCalman et al. (eds.), *Historical Reenactment*, pp. 134-58.

[78] Croce의 에세이 "Le fonti della gnoseologia vichiana" (1912), in *Saggio sullo Hegel* (Bari: G. Laterza and Figli, 1948), pp. 235-62에서는 Hobbes가 한 번도 언급되지 않는다.

우도 있다. 미시사(microhistory)는 인위적으로 선택된 대상에 근거를 두며, 대상을 매우 가까이 들여다보고 분석하므로, 실험적 접근의 극단적 경우에 속한다고 볼 수 있을 것이다.[79]

이 굴곡진 여정의 목적은 글로벌 히스토리(global history)의 도전에 직면하여 미시사의 잠재력을 명확히 하려는 것이었다. 접두사로 붙은 "미시(micro)"라는 말은 흔히 접근 방식의 문제가 아니라 연구 대상이 (은유적으로건 문자 그대로건) 작다는 의미로 오해를 받아왔다. 미시사의 핵심은 분석적(analytic) 접근 방식이다. 그러나 "분석적"이라는 말로는 충분하지 않으며, "인위적(artificial)"이라는 말도 덧붙여야겠다. 이와 같은 맥락에서 이탈리아의 역사가 에도아르도 그렌디(Edoardo Grendi)가 강조하여 유명해진 "평범한 예외(normal exceptional)"라는 개념을 떠올릴 수도 있겠다. 이 개념은 비정상에 초점을 맞춘 사례 연구가 일반화를 구축할 수 있는 최선의 전략이 될 수 있다는 의미다.[80] 마찬가지로 인위적인 조건 아래에서 미시적 연구 대상에 놓인 표본 실험이, 어쩌면 숨겨져 있는 평범함을 명확히 드러내줄 수도 있다. 하나의 사례를 면밀히 분석하는 연구가 어쩌면 훨씬 더 큰 (나아가 세계적인) 가설을 세울지도 모른다.

---

79 Franco Venturi는 미시사를 "첨가물이 들어간 역사"라고 빈정거리며 일축한 적이 있다. 나는 미시사의 인위적 성격이 오히려 미덕으로 간주되어야 한다는 입장을 지지한다.
80 C. Ginzburg and C. Poni, "The Name and the Game: Unequal Exchange and the Historiographical Marketplace", in E. Muir and G. Ruggiero (eds.), *Microhistory and the Lost People of Europe* (Baltimore, MD: Johns Hopkins University Press, 1991), pp. 2-10; 비정상에 대해서는 C. Ginzburg, *Thread and Traces*, pp. 221-2 참조.

사례 연구

1) 1704년 브뤼셀에서 《인도인과 유대인과 기타 고대 민족들의 관습의 일치(Conformité des coutumes des Indiens orientaux avec celles des Juifs et des autres peuples de l'antiquité)》라는 책이 출간되었다(저자는 Mr. De la C. +++).[81] 앞표지에 축약형(C. +++)으로 표기된 그의 실제 이름은 "크레키니에르 씨(Monsieur de la Créquinière)"다. 장교였던 그는 한때 인도 동남부의 프랑스인 엔클라베인 퐁디셰리(Pondichéry)에서 살았다고 한다.[82] 그의 배경은 알려진 바가 없다. 다만 그가 폭넓은 자료를 명석하게 읽었던 것으로 보아, 아마도 골동품상이 아니었을까 추측하기도 한다. 그렇다면 그의 책은 몇 년 전 이탈리아의 역사학자 아르날도 모밀리아노(Arnaldo Momigliano)가 제기했던, 민족학(ethnography)이 골동품 연구에서 비롯되었다는 가설에 부합하는 초기적 사례에 해당한다.[83] 크레키니에르는 책 서두에서 최초의 계획을 설명했다. 즉 농사, 복

---

81 S. Subrahmanyam, "Monsieur Picart and the Gentiles of India", in L. Hunt, M. Jacob and W. Mijnhardt (eds.), *Bernard Picart and the First Global Vision of Religion* (Los Angeles, CA: Getty Research Institute, 2010), pp. 197-214, 특히 pp. 199-201; C. Ginzburg, "Provincializing the World: Europeans, Indians, Jews (1704)", *Postcolonial Studies* 14 (2011): 135-50 (여기서는 새로운 증거를 기반으로 논의를 전개했다).

82 "Pondichéry, October 1st"로 날짜가 적힌 편지에서 La Créquinière는 François Martin(1634-1706년, 퐁디셰리의 초대 총독)이 자신에게 유리한 증언을 했다고 언급한다(Archives Nationales, Colonies, C2 65, 100-1) (이 문서의 사본을 보내준 Sanjay Subrahmanyam에게 깊이 감사드린다).

83 A. Momigliano, "Ancient History and the Antiquarian" (1950), in *Contributo alla storia degli studi classici* (Rome: Edizione di storia e letteratura, 1979), pp. 67-206; A. Momigliano, "Prospettiva 1967 della storia greca" (1967), in *Quarto contributo alla storia degli studi classici e del mondo antico* (Rome: Edizioni di

식, 음식, 다양한 속담, 언어적 특성, 그리고 "고대의 유물"에 관한 정보를 다양한 방식으로 수집할 계획이었다. 그러나 그렇게 연구를 하려면 해안 지역이 아니라 아직 유럽인과 접촉이 없는 순수 내륙 지역을 탐사해야 한다는 사실을 깨닫고는 마음을 바꾸었다. 그는 문헌과 자신의 경험을 바탕으로 인도인과 유대인의 관습을 비교해보기로 결심했다.

아브랑슈(Avranches)의 주교인 피에르-다니엘 위에(Pierre-Daniel Huet)는 《복음의 증거(Demonstratio evangelica)》(1679년)라는 자신의 저서에서 박학다식을 과시하며, 모든 종교의 모든 신화와 의례는 성경에 기원을 두고 있다고 주장했다. 크레키니에르는 위에 주교의 책을 익히 알고 있었다. 그러나 계보학적 접근법을 버리고, 오늘날의 용어로 말하자면 형태학적 관점을 선호했으며, 관습의 비교도 그렇게 했다.[84] 크레키니에르는 자신의 저서 말미에서 민족학과 골동품 수집 비교를 제쳐두고, 유럽과 오리엔트라는 서로 다른, 심지어 대립되는 두 문화권을 세계적 관점에서 고찰했다. 그는 오리엔트에 인도인과 유대인을 포함시켰다. 인도인과 유대인의 차이를 고려할 때, 나아가 현대 유대인과 성경에 등장하는 고대 유대인의 차이를 고려할 때, 사실 이들은 하나의 범주로 묶일 만한 연관성이 전혀 없었다.

훗날 저명한 교회사 연구자가 되는 클로드 플뢰리(Claude Fleury)는 젊은 시절에 호메로스의 서사시와 성경을 동방학의 관점에서 읽었다고 한다. 이는 "신구 문학 논쟁(Querelle des anciens et des modernes)"의 시각

---

storia e letteratura, 1969), pp. 43-58.
84 P. Alphandéry, in *Revue de l'histoire des religions* 47 (1923): 294-305.

을 따른 것이었다(신구 문학 논쟁이란 17~18세기 프랑스에서 있었던 학술 논쟁이다. 고대 문학과 근대 문학 중 어느 쪽이 더 우월한가가 논쟁의 초점이었다. 이는 단순히 문학만의 문제가 아니라 유럽 사회에서 과거와 현재, 전통과 진보를 어떻게 조화시킬 것인가의 문제였다. 고대 텍스트를 동방학의 관점에서 보았다는 것은, 신구 논쟁의 구도에서 동방을 고대와 전통의 범주에 두고 이해했다는 말이다. - 옮긴이).[85] 그로부터 25년 뒤, 크레키니에르는 호메로스에 관한 플뢰리의 미출간 주석을 알 리 없었지만, 그 또한 유럽과 동방의 대립 구도를 근대와 고대의 대립 구도로 이해했다. 크레키니에르에 따르면, 유럽에서는 궁정과 사치, 끊임없는 새로움의 추구 경향이 유행을 주도했다. 반면 동방에서는 법에 대한 순종과 모든 종류의 변화를 거부하는 태도가 주류였다. 그런데 이런 논의를 전개하다가 갑자기 "고대 전문가 혹은 엄격한 금욕주의자"의 목소리를 내세우며, 동방의 태도가 자연과 더 가까운 삶을 추구한다고 말했다.[86] (동방을 비난하는 듯하다가 문득 찬양하는 듯한 - 옮긴이) 크레키니에르의 모순적 태도는 훗날 계몽주의의 그림자에 비견할 만하다. 그때도 유럽은 식민지를 건설하는 바로 그 순간에 자신이 식민지 민중을 대변하는 목소리를 낸다고 떠들었다.

브뤼셀에서 출간되고 1년 뒤, 크레키니에르의 책은 영어로 번역되었

---

85 N. Hepp, *Deux amis d'Homère au xviie siècle* (Paris: Klincksieck, 1970); C. Fleury, *Ecrits de jeunesse*, N. Hepp and V. Kapp (eds.) (Paris: Champion, 2003), pp. 153-81; see also M. Finkelberg and G. G. Stroumsa, *Homer, the Bible, and Beyond: Literary and Religious Canons in the Ancient World* (Leiden: Brill, 2003); G. G. Stroumsa, *A New Science: The Discovery of Religion in the Age of Reason* (Cambridge, MA: Harvard University Press, 2010), pp. 49-61.
86 La Créquinière, *The Agreement of the Customs of the East Indies with those of the Jews* (London, 1705; reprint New York: AMS Press, 1999), pp. 136-7.

다. 또한 익명의 책임에도 불구하고 《세계 모든 민족의 종교 의례와 풍습(Cérémonies et coutumes religieuses de tous les peuples du monde)》(1723년)이라는 책에 주요 자료로 수록되었다. 방대한 분량의 이 책은 당시 매우 영향력이 컸던 작품으로, 장-프랑수아 베르나르(Jean-François Bernard)가 편집했고, 베르나르 피카르(Bernard Picart)의 삽화가 수록되었다.[87]

2) 크레키니에르의 책에 속편이 하나 있었지만 불행한 운명이었다. 프랑스 파리 국립도서관에 한 부가 남아 있다(ms. occidentaux français 9723).[88] 속편의 첫 페이지에는 베르사유 궁전에서 발행한 1707년 4월 9일자 왕실 특허가 수록되어 있다. "크레키니에르 씨(Sieur de La Créquinière)"에게 다음 책의 출간을 허락한다는 내용이다. 표시된 제목은 《유대인 및 기타 고대 민족들과 동인도 지역 사람들의 관습의 일치》다. 그리고 수기로 "인도에서 몇 년간 장교로 근무한 적이 있는 저자가" 1704년 브뤼셀에서 출간된 약간 다른 제목의 책을 "직접 개정 증보한 제2판"이라고 적은 메모가 포함되어 있다(여기서도 크레키니에르는 여전히 익명을 고수했을 뿐만 아니라 어떤 면에서는 익명성을 더욱 강화했다). 개정판에서는 초판의 페이지를 큰 종이에 붙여두고 여백에 수정 사항과

---

87 J.-F. Bernard and B. Picard, *Cérémonies et coutumes religieuses de tous les peuples du monde* (Amsterdam: Chez J. F. Bernard, 1723), Part I, Part II, pp. 7-50; La Créquinière의 *Conformité* 영어 번역본을 John Toland가 옮겼다는 주장은 의문의 여지가 있다(이 문제에 대한 의견을 준 Giovanni Tarantino에게 깊이 감사드린다).
88 나는 총 251쪽(앞면과 뒷면 포함)으로 구성된 가장 최근의 쪽수 표기를 따르고 있다.

추가 사항을 기록했다. 경우에 따라서는 교정지 페이지의 크기가 몇 페이지를 덮을 정도로 컸다. 교정지에 글을 쓴 사람은 세 사람이었다. 필경사, 저자 자신, 그리고 독자가 한 명 있었다. 초판의 마지막 페이지는 162페이지인데, 독자는 그 뒤에 이런 메모와 서명을 남겼다. "수상 각하의 명에 따라 동인도 관련 제목의 책을 검토했다. 매우 명석한 글이며, 대중적으로 출간할 가치가 있다. 1705년 7월 28일, 파리에서. 라게(Raguet)."

질-베르나르 라게(Gilles-Bernard Raguet)가 출간에 동의했음에도 불구하고 왕실 검열관은 개정판에 대한 왕실의 허가서를 충실히 이행하지 않았고, 결국 출판은 되지 못했다. 아마도 당시 알려지지 않은 이유로 크레키니에르가 바스티유의 감옥에 갇혀 있었던 것이 불허의 이유가 되지 않았을까 싶다.[89]

3) 파리 국립도서관 소장 필사본에는 라게와 크레키니에르, 검열관과 검열 대상이 대화한 흔적이 남아 있다. 아마도 두 사람은 같은 기관에서 전혀 다른 지위로 소속되어 있었던 것 같다. 그곳이 바로 프랑스 동인도회사였다. 라게는 회사의 정신적 지도자였고, 크레키니에르는 하급 관리였다. 그들은 배움의 열정을 공유했지만, 그들이 서로 만난 적이 있었는지 우리로서는 알 수 없다.

라게는 1668년 나뮈르(Namur, 벨기에)에서 태어나 1748년 파리에서 사망했다. 신부가 된 그는 성(聖)쉴피스회(Compagnie des Prêtres de Saint-

---

89 이 주제는 향후 발표할 논문에서 다룰 예정이다.

Sulpice)에 들어갔다. 추기경 플뢰리(Fleury)는 그를 비롯한 일부 학생들에게 왕세자 교육의 임무를 맡겼는데, 그 왕세자가 나중에 루이(Louis) 15세로 프랑스의 왕이 되었다. 1705~1721년 라게는 프랑스에서 가장 오래된 학술지 〈주르날 데 사방(Journal des sçavans)〉의 편집위원이었다. 그는 프랜시스 베이컨(Francis Bacon)의 소설 《새로운 아틀란티스(New Atlantis)》의 번역본을 증보하고 부록을 붙여 출간했다.[90] 또한 그는 대담집도 집필했는데(저자가 과연 그가 맞는지 논란이 있다), 이를 통해 장 마비용(Jean Mabillon)의 저서 《외교에 관하여(De re diplomatica)》가 출간되면서 촉발된, 고대의 외교 헌장(charters)과 위조품을 구분하는 여러 가지 방법에 관한 논쟁에 개입했다.

나중에 라게는 프랑스 동인도회사의 정신적 지도자로서 〈루이지애나의 영역과 경계(Du domaine et des limites de la Louisiane)〉라는 소책자를 썼는데, 미출간 원고로 남았다. 영국의 루이지애나 식민지 건설 시도에 즈음하여 프랑스 지배의 정당성을 강조한 책이었다(1724년 5월 30일자로 루이지애나는 라게의 영적 보살핌을 받아왔다). 라게가 영국에 제기한 주장 중 하나는 다음과 같다. "(원주민에게) 종교와 문명의 원칙으로 영감을 부여하는 것, 그것이 그들의 땅과 자유를 가지는 대가로 우리가 그들에게 줄 수 있는 유일한 것이다. 그러나 (영국인은) 그보다는 듣도 보도 못한 악행으로 점점 더 그들을 부패시키고 노예화한다."[91]

90 M. Raguet, *La Nouvelle Atlantide de François Bacon, Chancelier d'Angleterre* (Paris: Chez Jean Musier, 1702).
91 Bibliothèque nationale de France (henceforth BnF), ms. Z 1499 (16); *Du domaine et des limites de la Louisiane*, de l'abbé Raguet, pp. 13-14.

라게는 식민지 팽창을 정당화할 유일한 수단으로 주저 없이 기독교 신앙과 문명의 전파를 제시했다. 원주민이 억압받는 바로 그 순간에도 그들의 땅과 신체에 대한 그들의 "자연적 권리"는 인정되었다. 여기서도 우리는 약 20년 전 라게가 크레키니에르의 책을 검토했을 때와 비슷한 이중적 태도를 엿볼 수 있다.

4) 개정판을 위해 모아둔 필사 자료들은 결국 출판되지 못했지만, 크레키니에르가 라틴어뿐만 아니라 그리스어에도 능숙했다는 것을 보여주었다. 박식했던 그의 참고 자료 범위는 놀라울 정도였다. 성 아우구스티누스와 알렉산드리아의 클레멘스의 저술과 더불어 그가 신부들에게 전해주었던 그리스어와 라틴어로 작성된 이교도 문헌들은, 도미니코회 수도사 노엘 알렉상드르(Noël Alexandre)에서부터 암스테르담에서 동양어 교수로 일한 칼뱅주의자 목사 에티엔 모랭(Etienne Morin), 위대한 영국의 히브리어 전문가 존 스펜서(John Spencer) 등에 이르기까지, 교파와 상관없이 당시의 여러 학자에게도 전달되었다.

크레키니에르의 작업 방식을 짐작할 수 있는 한 가지 사례가 있다. 개정판에 향수에 관한 장이 포함되어 있는데, 여기서 성경의 〈이사야〉 18장 2절과 7절의 번역을 위해 불가타 성서(라틴어)와 70인역 성서(그리스어)의 교정을 시도했다. (히브리어를 몰랐던) 크레키니에르는 고대 이집트와 당시 무어인의 이슬람 신앙에서 머리를 깎는 관습과 비교하여, 불가타 성서에서 "dilaceratam(찢어진)"을 "depilatam(깎은)"으로 교정했다.[92] 그다음 페이지에서 크레키니에르는 70인역 성서에서 〈레위기〉 19장 27절의 번역어로 사용된 "sisoën"(머리카락을 묶어 만든 머리 정수리의 매듭)이라는 단어에 주석을 달면서 한편으로 몽골인과 인도인의 머리장식을 참고하기도 하고, 다른 한편으로는 마르티알리스(Martialis), 페트로니우스(Petronius), 유베날리스(Iuvenalis) 등 "고대 주석가"들의 글을 인용했다.[93] 크레키니에르는 또한 명시적으로 밝히지는 않았지만 사무엘 보샤르(Samuel Bochart)의 저서 《성스러운 지리학(Geographia sacra)》을 참고했던 것 같다. 〈레위기〉 19장 27절에 대한 사무엘 보샤르의 주석은 틀림없이 크레키니에르의 〈이사야〉 18장 2절과 7절의 수정에 영감을 주었을 것이다.[94] 서로 다른 텍스트를 결합하는 이와 같은 상상력 넘치는 방식은 골동품 수집가의 매우 독특한 경험에서 비롯되었다. 그들은 "기니(Guinea)뿐만 아니라 아메리카나 아시아의 일부 지역을 방문했을 때" 본 것들을 참고로 활용할 수 있는 사람들이었다.[95]

5) 이 모든 것이 크레키니에르의 개정판을 검토한 검열관의 주의를 끌었을 것이다. 특히 그가 《외교 분쟁의 역사(Histoire des contestations sur la diplomatique, avec l'analyse de cet ouvrage composé par R. P. dom Jean Mabillon)》을 저술한 저자였다면 더욱 그러했을 것이다. 이 책은 1708년 프랑스 파리에서 익명으로 출간되었다. 이후 저자가 예수회 수도사 랄

---

92 BnF, ms. occ. fr. 9723, 175 v-176 r; La Créquinière는 70인역의 불일치에 대해 언급했는데, 이 번역본은 〈이사야〉 18장 2절과 18장 7절에서 서로 다른 번역을 제시하고 있다. *Traduction œcuménique de la Bible*, new edition (Paris: Cerf, 1996)에서는 두 본문 모두에서 해당 단어를 "glabre"로 번역하고 있다.
93 BnF, ms. occ. fr. 9723, 176 r.
94 S. Bochart, *Geographia sacra* (Frankfurt: J. D. Zunneri, 1674), pp. 379-91 (esp. 381).
95 BnF, ms. occ. fr. 9723, 187 v; 기니 체류에 대한 다른 언급은 c. 111 r, 186 v 참조.

르망(Lallemant)으로 추정되었지만, 최종적으로 믿을 만한 근거를 통해 라게(Raguet) 신부의 저작이라는 사실이 밝혀졌다.⁹⁶ 이 책에는 여러 인물의 대담이 등장하는데, 그중 한 사람은 틀림없이 저자의 시각을 대변한 것으로 보인다. 대담집에는 그 인물이 예수회 수도사 바르텔레미 제르몽(Barthélemy Germon)을 공개적으로 비판하는 내용이 나온다. 제르몽은 과거 장 마비용(Jean Mabillon)의 《외교론(De re diplomatica)》을 공격했던 인물이다. 마비용은 베네딕토회 수도사이자 박학가로, 그의 저서 《외교론》은 외교학 연구의 비조로 일컬어진다. 라게 신부의 말, 즉 대담집에 수록된 그를 대변하는 인물의 말은 이렇다. "유감스럽게도 제르몽은 (…) 고대에 대한 충분한 지식이 없어서 우리 관습에 부합하지 않으면 모두 괴물로 간주합니다."⁹⁷ "관습의 일치"란 무엇을 의미할까? 크레키니에르의 저서 《관습의 일치》를 읽은 독자라면 이런 질문을 할 법도 하다. 조언자로 등장하는 수도원 대담의 다른 한 참가자는 그것의 사전적 의미를 이야기한다. "제르몽 신부는 (…) 시간과 장소에 따라 관습(moeurs)이 달라진다는 사실을 분명히 알고 있었습니다. (…) 우리의 조상들이 우리와는 다른 방식으로 말하고 글을 썼다는 사실을 보더라도 시간에 따른 차이를 알 수 있습니다."⁹⁸

---

96 *Histoire des contestations sur le diplomatique, avec l'analyse de cet ouvrage composé par Jean Mabillon* (Paris: F. Delaulne, 1708) (모든 인용의 출처는 이 판본이다). 이 책은 B. German, S. J., *Aurelianensis Disceptationes Diplomaticae* (Vienna: Typis J. nobilis de Kurzbeck, 1790)에서 라틴어로 번역되었으나, 그 라틴어 번역은 원문의 탁월한 문체를 제대로 살리지 못했다.
97 *Histoire*, p. 153; see B. Germon, *De veteribus regum Francorum diplomatibus et arte secernendi antiqua diplomata vera a falsis, disceptatio* (Paris: apud Joannem Anisson, 1706), pp. 52 ff.

젊은 시절 "거의 알려지지 않았다가 서서히 밝혀지게 된 고대 도시 알라우나(Alauna)"와 관련된 비문 해석을 전달하기 위해 마비용에게 편지를 보낸 적도 있는 라게 신부는, 아마도 《외교 분쟁의 역사》의 저자가 아니었을 것이다.[99] 이 책의 저자는 분명 크레키니에르의 《관습의 일치》를 읽은 적이 없었을 것이다. 그러나 관습(moeurs)이라는 단어의 빈번한 등장과 대두는 논란의 여지가 없다. 《외교 분쟁의 역사》에서 세밀히 분석된 바와 같이, 특정 시간 및 장소에 따라 달라지는 관습의 특수성을 면밀히 고려하면, 자신의 관습과는 다른, 다른 사람들이 공유하는 관습을 분석할 수 있게 된다. 라게의 보호자인 플뢰리 추기경의 저서 《이스라엘 사람들의 관습》에서는 히브리인, 튀르크인, 인도인, 중국인을 언급하며, 시공간적 거리가 관습의 차이를 더욱 강화했다고 주장했다.

만약 (시간과 공간이라는) 두 가지 거리를 고려한다면, 3000년 전 팔레스타인에 살았던 사람들의 관습이 우리와 다르다고 해서 놀라지는 않을 것이다. 거꾸로 우리와 비슷한(일치하는) 관습이 있었다면 그게 바로 놀랄 일이다.[100]

골동품 지식(그리고 문헌학)은 민족학을 낳았다. 지식의 형태를 갖춘 민족학은 지배의 형태이기도 했다.

---

98 *Histoire*, p. 154.
99 BnF, ms. fr. 17681 (vol. iv), 81 r-83 r; Alauna는 오늘날 노르망디의 Valogne이다.
100 C. Fleury, *Les Moeurs des Israélites* (Brussels: E. H. Frik, 1712), pp. 9-10.

6) 크레키니에르의 개정판에는 새로운 장이 추가되었는데, 제목은 "유럽인에 대한 인도인의 생각, 그리고 유럽인과 함께 살아가는 인도인의 방식에 관하여"였다. 그중 한 대목에서 크레키니에르가 생각했던 방향을 엿볼 수 있다. "그리스 사람들과 이후 로마 사람들은, 그들의 지성과 문명에도 불구하고, 다른 사람들을 판단할 때 가장 불공정하고 가장 맹목적이었다. 다른 민족을 야만인으로 간주한 것은 단지 그들이 싫다는 이유 때문이었다. 그들이 자신과 같은 부유함, 사치스러움, 웅장함, 장엄함을 보여주지 않았기 때문이다."[101]

고대에 맞닿은 유럽 문명의 뿌리와 일정한 거리를 둔 크레키니에르의 태도가 일반적인 성찰의 길을 열었다.

판단을 내리기 전에 먼저 선입관을 억제할 필요가 있는 일이 있다면, 그것은 바로 다른 사람들의 삶의 방식이다. 언제나 자신에게는 매우 호의적이고, 자신과 다른 존재에 대해서는 매우 적대적인 선입관에서 벗어나야 하지만, 편견 없이 판단하는 경우는 거의 없다. 모든 사람은 내부에 이런 약점을 지니고 있다.

이 대목에서는 관점을 뒤집기 위해 관찰자를 타인의 자리에 놓는 방법을 소개하고 있다(몽테스키외의 《페르시아인의 편지》가 출간되기 17년 전이었다).

---

[101] BnF, ms. occ. fr. 9723, 121 r; "Grecs et ensuite"라는 단어는 La Créquinière에 의해 행 위에 추가되었다.

유럽에 가면 어디나 웅장하고 장엄하다. 사회적 유대가 강하고, 동시에 동방의 나라들보다 여유롭다. 가능한 모든 분야에서 매우 깊은 학식을 가진 사람들이 주변에 있으며, 순수예술은 오늘날의 유럽처럼 멋있었던 적이 없었다. 그러나 이 모든 것에도 불구하고 인도 사람들은 그들이 우리보다 우월하며 우리보다 현명하다고 믿는다. 그들은 우리를 언제까지나 그들보다 열등한 존재인 것처럼 생각하며, 우리를 이런 식으로 판단하는 그들이 옳다고 믿는다.[102]

헤로도토스로부터 몽테뉴와 그 이후까지, 오랜 전통은 여러 민족의 관습의 다양성에 초점을 맞춰왔다. 크레키니에르도 그 문제에 대해 건조하게 답변을 제시했다. 문명과 예의라는 베일로 가려, 모든 인간이 공유하는 "본질", 즉 자신의 이익을 위한 끊임없는 탐색을 숨길 수 있는 사람은 얼마 되지 않는다. 인도 사람들도 예외는 아니다. 라브뤼예르(La Bruyère)가 궁중의 사람들에 대해 말했던 것처럼, 그들은 대리석에 비유할 수 있을 정도다. 빤질빤질하고 단단하다.[103] 자신의 경험을 회고하며 크레키니에르는 인도 사람들의 태도에 대한 평을 남겼다. "우선 인도 사람들은 우리를 세속적이고 오염된 사람으로 본다. 우리와의 교류를 가능한 한 절제하며, 이익의 범위 안에서만 관계를 맺는다. (…) 그들은 모든 종류의 동물, 특히 소를 먹는 사람이나 술을 마시고 때로 공공장소에서 취한 모습을 보이는 사람(등등)과도 친해질 수 없다." 크레키니에

---

102 BnF, ms. occ. fr. 9723, 121 v.
103 BnF, ms. occ. fr. 9723, 147 r.

르가 존경받을 만한 인물로 기억하는 그의 인도인 하인은, 그와 함께 식사를 하기보다는 하루 종일 굶는 편을 더 좋아했다.[104] 민족학 필드워크(fieldwork)로 아주 좋은 경험이었다.

7) 때로 라게(Raguet)는 필사본 여백에 기록된 내용에 동의할 수 없다는 의견을 표명하기도 했다. "어디서 이런 내용을 찾았을까?" 야곱의 꿈(〈창세기〉 28장 18절)이 여행을 떠나기 전에 일어나는 고대의 광범위한 관습이었다는 크레키니에르의 주장에 발끈하며 라게가 썼던 말이다.[105] 그러나 유럽인에 대한 인도인의 태도를 회고한 대목에는 전혀 검토한 흔적을 남기지 않았다. 입장을 바꿔서 보는 관점이 (잠재적으로는 전복의 위험이 있을 수 있지만) 신의 계시에 대한 도전은 아니었다. 그러나 크레키니에르는, 뒤틀리고 꼬인 방식이긴 하지만, 감히 위험한 방향으로 나아가고 말았다. 라게는 이를 결코 놓치지 않았다. 이집트인을 비롯한 다른 민족으로부터 할례의 확산에 관한 수많은 문헌을 상세히 조사한 뒤, 크레키니에르는 이런 글을 남겼다.

다른 민족과 차별화의 증거로 유대인이 할례의 관습을 하늘로부터 받았고, 다른 민족들이 이를 모방했음을 입증할 수 있는 더 많은 이유를 찾을 수도 있지만 (…) 내가 보기에는 이미 제시한 이유만 하더라도 반대 논리를 받아들일 위험의 소지는 충분한 것 같다. 그러므로 우리 시대의 유명

---

104 BnF, ms. occ. fr. 9723, 122 r.
105 BnF, ms. occ. fr. 9723, 18 v.

인사 두 사람을 포함해서, 그토록 많은 사람이 반대의 논리를 공유한다는 사실을 발견했을 때 나로서는 놀라지 않을 수 없었다. 만약 새로움을 좇는 사람들이 그 가설을 받아들인다면, 모종의 위험한 결과로 이어져, 아브라함과 이후의 모세도 다른 종교를 혼합하여 자신의 제사를 만들었다는 결론에 도달할 수 있을 것이다. 그 입장의 정당성을 주장할 주요 근거를 이 방인으로부터 가져온다면, 다른 이외의 것들도 인정할 수밖에 없을 것이다. 이신론자(理神論者)들은 우리 신학자들이 제시했던 다른 무기는 도외시하고 다만 이런 논지를 사용하기도 했다. 사실 나는 유명한 책《세 명의 사기꾼에 대하여(De tribus impostoribus)》가 유령이 아니라 현실 속에 존재했다면, 저자가 이토록 효과적인 논지를 사용하지 않았을 리 없다고 확신했다.[106]

크레키니에르는 존재하지 않는 책과 저자를 언급했고(중세에는 실체가 없이 제목만 소문으로 유포되는 경우가 있었다), 이를 통해 현실성이 없는 가설이라고 이야기하면서, 결국은 이신론과 유사한 주제를 이야기했다. 성경에 유대인의 것이라고 나오는 풍습 가운데 다른 종교와 공유한 사례들이 있었고, 할례는 그중 한 사례일 뿐이었다. 이것이 의미하는 바는 명백했다. 즉 성경의 계시라는 생각이 엉터리라는 것이었다. 우상숭

---

106 BnF, ms. occ. fr. 9723, 188 v; "우리 시대의 유명 인사 두 사람"은 아마도 John Marsham과 John Spencer를 가리키는 것으로 보인다. P. Hazard, *La crise de la conscience européenne* (Paris: Boivin, 1935), vol. iii, pp. 34-5 참조; La Créquinière는 Spencer, *De legibus Hebraeorum ritualibus*를 읽은 바 있다, BnF, ms. occ. fr. 9723, 108v 참조.

배와 그 원인에 관한 장은 개정판에서 다시 작성되었는데, 크레키니에르는 종교의 영역에서 모든 악은 원래 선한 것이었다고 설명한다. "시인들이 노래한 모든 거짓말은, 우리가 지금도 고백하고 있는 종교의 원천, 즉 진리에서 탄생한 것이다."[107]

어떤 종교를 말하는가? 고백하는 "우리"는 누구인가? 여기에 크레키니에르의 대답이 있다. "하늘, 땅, 별들의 규칙적인 움직임은 신의 존재를 증명하는 눈에 보이는 증거다. 그러나 가장 강력하면서도 가장 확신을 주는 증거는 인간의 마음속에서 일어나는 비밀스러운 움직임이다. 그것이 인간을 이끌어, 부지불식간에 인간을 더 높고 더 큰 것을 향해 나아가도록 한다." 그래서 인간은 눈앞에 펼쳐져 있는 다른 덧없는 존재들과 다르다. 크레키니에르는 나아가 "모든 나라 모든 민족의 일치된 견해로" 무신론자들과 그들의 경솔한 주장을 반박해야 하며, 그들로 하여금 "모든 것을 주재하시는 최고의 존재(Être suprême)를 인정하도록" 해야 한다고 주장했다.[108] "최고의 존재"라는 표현은 같은 페이지에서 두 번이나 등장한다. 이는 분명 계시를 배척하는 주장이었다.

이 페이지도 라게 신부는 틀림없이 읽었겠지만, 아무런 평을 달지 않았다. 어떤 단어도, 어떤 기호도, 어떤 교정부호도 남기지 않았다. 필사본 끝부분에 라게는 크레키니에르의 책이 "대단히 명석하며" 출간할 가치가 있다는 추천의 말을 남겼다.

---

107 BnF, ms. occ. fr. 9723, 18 v.
108 BnF, ms. occ. fr. 9723, 19 r; 또한 Bernard and Picard, *Cérémonies et coutumes*에 수록된 Jean-François Bernard, "Dissertation préliminaire"도 참조; 제1권 제2책에는 La Créquinière의 *Conformité*가 다소 축약된 형태로 포함되어 있다.

8) 여기서 분석한 사례는 두 가지 측면에서 이례적이다. 첫째, 증거의 측면이다. 초기 근대 유럽의 검열은 널리 퍼져 있는 관습이었다. 그러나 검사자와 피검사자의 대화가 기록으로 남은 사례는 드물다.[109] 둘째, 내용의 측면이다. 크레키니에르의 배경이나 활동이나 관계 등은 거의 알려진 바가 없기 때문에, 그는 미숙하고 고립된 인물로 보인다. 그러나 의도적인 실험을 강조한다면, 관련 정보의 상대적 부족을 오히려 미덕으로 볼 수도 있다. 파리 국립도서관의 고문서는 두 세력이 충돌하며 갈등과 상호작용을 반복한 공간이다. 우리도 여기에 개입하고 또 개입해서 반증을 시도해볼 수 있을 것이다.

예상치 못했지만, 결과적으로는 라게와 크레키니에르의 공모 관계가 성립했다. 이는 위에서 우리가 제기한 가설을 입증해준다. 계몽주의 안에서 모순적인 면모가 엿보이는 이유는, 계몽주의의 뿌리가 기독교에 있다는 점을 감안해서 이해해야 할 것이다.

9) 모순적 성격은 기독교의 독특하고도 지속적인 특성으로, 기독교와 유대교의 관계에서 비롯된 결과였다. 복음서의 상당 부분은 이미 성취된 예언, 특히 〈이사야〉의 구절을 서사로 재구성한 것이다. 기독교가 유대교 성경을 전용하고 기독교와 이스라엘을 동일시하는 개념은 두 종교의 역사적 관계의 반전을 함축하고 있다. 여기서부터 연속성과 불연속성, 존경과 경멸, 포용과 부정의 조합이 비롯되었다. 모순적 성격은 히

---

109 See A. Raz-Krakotzkin, *The Censor, the Editor, and the Text: The Catholic Church and the Shaping of Jewish Canon in the Sixteenth Century* (Philadelphia, PA: University of Pennsylvania Press, 2005).

브리 성경의 두 가지 해석(비유적 해석과 문자 그대로의 해석)을 초래했을 뿐만 아니라, 역사적 관점이라는 개념 자체를 구성했다. 기독교가 이교도의 성상과 경전을 만났을 때는 분명히 이와 같은 모순적 성격이 훨씬 더 약화되었다. 그러므로 우리가 말하는 모순적 성격의 문제는 기독교의 "본질"이라기보다 오래도록 지속된 역사적 현상이었다. 이와 같은 인식의 도구들(거리 두기, 원근법, 다르게 읽기 전략)은 유럽의 식민지 팽창에 유용한 무기로 사용되었다.[110]

실험과 잠재력의 관계는 언제나 비대칭적이다. 크레키니에르가 누구를 대변하는가, 식민지 지배자인가, 피지배자인가 하는 문제는 훨씬 더 큰 범위의 현상 속에서 논의해야 할 문제다. 개별 사례 연구가 "무엇 때문에 유럽의 세계 정복이 가능했을까?"라고 하는 무한히 큰 질문을 재구성하는 데 기여할 수도 있다. 미시사(microhistory)와 거시사(macrohistory), 세밀한 분석과 세계적 관점의 조망은 결코 서로 배타적인 관계가 아니라 상보적인 관계라 하겠다.

---

110 이러한 주제들에 관해서는 다음을 참조. "Ecce: On the Scriptural Roots of Christian Devotional Imagery", in C. Ginzburg, *Wooden Eyes: Nine Reflections on Distance* (New York: Columbia University Press, 2001), pp. 79-93; "Distance and Perspective: Two Metaphors", in Ginzburg, *Wooden Eyes*, pp. 139-56; "The Letter Kills: On some Implications of 2 Corinthians 3:6, *History and Theory* 49 (2010): 71-89.

더 읽어보기

Berlin, I., "A Note on Vico's Concept of Knowledge", in G. G. Tagliacozzo and H. V. White (eds.), *Giambattista Vico: an International Symposium* (Baltimore, MD: Johns Hopkins University Press, 1969).

Bloch, M., "Pour une histoire comparée des sociétés éuropéennes", in Ch.-E. Perrin (ed.), *Mélanges Historiques* (Paris: SEVPEN, 1963), vol. i, pp. 16-40.

Collingwood, R. G. "Croce's Philosophy of History", in *Essays in the Philosophy of History* (Austin, TX: University of Texas Press, 1965), pp. 3-22.

Collingwood, R. G. and J. van der Dussen (eds.), *The Idea of History* (Oxford University Press, 1993).

Connelly, J., "Art Thou the Man: Croce, Gentile, or de Ruggiero?", in D. Boucher et al. (eds.), *Philosophy, History, and Civilization: Interdisciplinary Perspectives on R.G. Collingwood* (Cardiff: University of Wales Press, 1995), pp. 92-114.

Croce, B., *La filosofia di Giambattista Vico* (Bari: Laterza, 1933).

_____, *Teoria e storia della storiografia*, 2nd revised edn. (Bari: G. Laterza, 1920), D. Ainslie (trans.), *Theory and History of Historiography* (London: G. C. Harrap, 1921).

de Vivo, F., "Prospect or Refuge? Microhistory, History on the Large Scale", *Cultural and Social History* 7 (2010): 387-97.

Dray, W. H., *History as Re-enactment: R. G. Collingwood's Idea of History* (Oxford University Press, 1995).

Funkenstein, A., *Theology and the Scientific Imagination from the Middle Ages to the Seventeenth Century* (Princeton University Press, 1986).

Gentile, G., *La filosofia di Marx* (1899) (Florence: Le Lettere, 2003).

_____, *The Theory of Mind as Pure Act*, W. W. Carr (trans.) (London: Macmillan and Co., 1922).

Ginzburg, C., "Distance and Perspective: Two Metaphors", in C. Ginzburg, *Wooden Eyes: Nine Reflections on Distance* (New York: Columbia University Press, 2002), pp. 139-56.

_____, "Ecce: On the Scriptural Roots of Christian Devotional Imagery", in C. Ginzburg, *Wooden Eyes: Nine Reflections on Distance* (New York: Columbia University Press, 2002), pp. 79-93.

_____, "Our Words, and Theirs: A Reflection on the Historian's Craft, Today", in S. Fellman and M. Rahikainen (eds.), *Historical Knowledge. In Quest of Theory, Method, and Evidence* (Cambridge Scholars Publishing, 2012), pp. 97-119.

_____, "Provincializing the World: Europeans, Indians, Jews (1704)", *Postcolonial Studies* 14 (2011): 135-50.

_____, "The Letter Kills: On some Implications of 2 Corinthians 3:6", *History and Theory* 49 (2010): 71-89.

_____, *Thread and Traces: True, False, Fictive* (Berkeley, CA: University of California Press, 2012).

Ginzburg, C. and C. Poni, "The Name and the Game: Unequal Exchange and the Historiographical Marketplace" in E. Muir and G. Ruggiero (eds.), *Microhistory and the Lost People of Europe* (Baltimore, MD: Johns Hopkins University Press, 1991), pp. 2-10.

Harris, H. S., "Croce and Gentile in Collingwood's New Leviathan" in D. Boucher et al. (eds.), *Philosophy, History, and Civilization: Interdisciplinary Perspectives on R. G. Collingwood* (Cardiff: University of Wales Press, 1995), pp. 115-29.

Labriola, A., *Essays on the Materialistic Conception of History*, C. H. Kerr (trans.) (Chicago: C. H. Kerr and Co., 1904).

_____, *Scritti filosofici e politici*, F. Sbarberi (ed.) (Turin: G. Einaudi, 1973).

Marx, K. and K. Korsch, *Das Kapital: Kritik der politischen Oekonomie* (Berlin: G. Kiepenheuer, 1932).

Momigliano, A., "Ancient History and the Antiquarian" (1950), in *Contributo alla storia degli studi classici* (Rome: Edizioni di storia e letteratura, 1979), pp. 67-206.

_____, "La storia antica in Inghilterra" (1945) in *Sesto contributo alla storia degli studi classici e del mondo antico* (Rome: Edizione di storia e letteratura, 1980), vol. ii.

Natoli, S., *Giovanni Gentile filosofo europeo* (Milan: Bollati Boringhieri, 1992).

Pipa, A., "Marx's Relationship to Vico: a Philological Approach" in G. Tagliacozzo (ed.), *Vico and Marx: Affinities and Contrasts* (Atlantic Highlands, NJ: Humanities Press, 1983), pp. 290-325.

Putnam, L., "To Study the Fragments/whole: Microhistory and the Atlantic World", *Journal of Social History* 39 (2006): 615-30.

Romanò, A. (ed.), *La cultura italiana del '900 attraverso le riviste* (Turin: Einaudi, 1960).

Saari, H., *Re-enactment: A Study in R. G. Collingwood's Philosophy of History* (Abo: Abo Akademi, 1984).

Shapin, S. and S. Schaffer, *Leviathan and the Air-Pump: Hobbes, Boyle and the Experimental Life* (Princeton University Press, 1985).

Sorel, G., *Étude sur Vico et autres texts*, A.-S. Menasseyre (ed.) (Paris: H. Champion, 2007).

Subrahmanyam, S., "Monsieur Picart and the Gentiles of India" in L. Hunt, M. Jacob and W. Mijnhardt (eds.), *Bernard Picart and the First Global Vision of Religion* (Los Angeles, CA: Getty Research Institute, 2010), pp. 197-214.

Trivellato, F., "Is there a Future for Italian Microhistory in the Age of Global History?", *California Italian Studies* 2 (2011).

van der Dussen, W. J., *History as Science: the Philosophy of R. G. Collingwood* (The Hague: Nijhoff, 1981).

Vico, G., *De antiquissima Italorum sapientia*, M. Sanna (ed.) (Rome: Edizioni di storia e letteratura, 2005).

_____, *Principi di scienza nuova*, A. Battistini (ed.) (Milan: Oscar Mondadori, 2011).

_____, *The Autobiography*, 2nd edn. M. H. Fisch (ed.) (Ithaca, NY: Cornell University Press, 1963).

_____, *The First New Science*, L. Pompa (trans.) (Cambridge University Press, 2002).

_____, *The New Science: Unabridged Translation of the Third Edition (1744) with the Addition of "Practic of New Science"*, T. Goddard Bergin and M. H. Fisch (trans.) (Ithaca, NY, and London: Cornell University Press, 1984)

케임브리지 세계사 14

세계화의 시대 4
근대 종교와 근대 역사학

2025년 9월 15일 1판 1쇄

제리 벤틀리·산자이 수브라마니암·메리 위스너-행크스 편집
류충기 옮김

펴낸곳 : (주)소와당笑臥堂 | 신고 번호 : 제313-2008-5호
주소 : (03994) 서울시 마포구 연남로 13(영상빌딩 3층)
전화 : (02)325-9813
팩스 : (02)6280-9185
전자우편 : sowadang@gmail.com

저작권자와 맺은 협의에 따라 인지를 생략합니다.
값은 뒤표지에 적혀 있습니다.
잘못 만든 책은 서점에서 바꾸어 드립니다.

ISBN 978-89-6722-042-6 94900
ISBN 978-89-6722-028-7 94900 (세트)